Hammersteins Töchter

GOTTFRIED PAASCHE ist emeritierter Professor für Soziologie an der York University in Toronto. Er wurde 1937 als Sohn von Maria Therese, geb. von Hammerstein, und Jochen Paasche in Japan geboren. Mit seiner Familie wanderte er 1948 in die USA aus. 1959 studierte er je ein Semester in Tübingen und an der Freien Universität Berlin. Seinen PhD in Soziologie erwarb er an der University of Michigan. Heute lebt er in Boston und auf der Familienfarm in den Wäldern von Upstate, New York.

Gottfried Paasche

Hammersteins Töchter

Eine Adelsfamilie zwischen Tradition und Widerstand

METROPOL

Gewidmet Franz von Hammerstein und Carol Levine Paasche
als Dank für ihre unermüdliche Unterstützung

Umschlagabbildungen:
Maria Therese „Esi“ von Hammerstein mit ihrem ganzen Stolz, einem neuen Motorrad, Anfang der 1930er-Jahre.
V. l. n. r.: Marie Louise „Butzi“ als Mitglied des Wandervogel, Mitte der 1920er-Jahre. – Esi in Motorradkluft, 1933. – Helga, Anfang der 1930er-Jahre. – Hildur, Ende der 1930er-Jahre.

Alle Abbildungen: Privatbesitz Gottfried Paasche.

ISBN: 978-3-86331-650-1

Ansbacher Str. 70 · D–10777 Berlin
www.metropol-verlag.de

Druck: buchdruckerei.de, Berlin

Inhalt

Zur Einführung
von Peter Steinbach

Äußern Historiker ihr Misstrauen gegenüber Zeitzeugen, verraten sie oft nur, dass sie sich selbst insgeheim misstrauen. Denn Überlieferungen sind vielfältig und müssen gefunden, erschlossen, vielleicht auch wie jede Quelle „gefasst" werden. Sehen Historiker im Zeitzeugen einem viel zitierten Spruch zufolge ihren „Feind", der die von ihnen gesicherte Überlieferung infrage stellt, geben sie sich nicht nur eine Blöße, sondern konzedieren eine gewisse Schwäche. Vielleicht sind sie außerstande, der „mündlichen Quelle" zuzuhören, weil sie dem Zeugen ihre eigenen Gewissheiten vermitteln wollen. Vielleicht sind sie unaufmerksam im vermeintlichen Glauben, Daten und Fakten besser zu kennen. Vielleicht haben sie aber auch hermeneutische Probleme, Schwierigkeiten mit dem Verständnis des Anderen, oder sie haben wenig Ahnung von der Hebammen- und Bergmannskunst des Historikers, wie sie Johann Gustav Droysen in seiner Historik so schön beschrieben hat.

Historiker haben oft beansprucht, in die Haut eines der Großen der Weltgeschichte zu schlüpfen. Sie kritisieren dann Verhandlungen, Kriegführung, Fehlentscheidungen. Denn sie wissen, was sich ereignet hat, weil es sich ereignet hat, deshalb halten sie sich retrospektiv für klug, über die Altvorderen erhaben. Zuweilen sind sie erstaunt, dass diese nicht so verständig waren wie wir als Nachlebende. Aber sie machen es sich sehr schwer, wenn es um die Verarbeitung von Erlebnissen, von Stimmungen und Gefühlen, um die Innenwelt von Menschen überhaupt geht. Menschliche Beziehungen haben im Alltag eine Dynamik, die die Wissenschaft überfordern kann. Dann müssen zuweilen doch die Zeitzeugen befragt werden. Sie erinnern sich an Stimmungen, vielleicht präziser als an Daten. Ob man immer weiß, wann man die Reifeprüfung abgelegt hat? Aber das Unbehagen vor der Prüfung bleibt Teil der Erinnerung. Und ebenso die Erinnerung an Überforderungen, an Scheitern, an Furcht und Unsicherheit.

Deutlich wird dies, wenn Gottfried Paasche die Gedanken seines Vaters Jochen schildert, der plötzlich wahrnimmt, dass er wegen seiner jüdischen Herkunft nicht mehr Teil der von den Nationalsozialisten proklamierten „Volksgemeinschaft" ist, dass die völkische Inklusion mit der Exklusion einhergeht. Ebenso deutlich wird der Moment schlecht verarbeiteter neuer Realität, wenn wir lesen, dass es nach dem „Kopfsprung in den Faschismus" eben keinen Trost gab, vielleicht, weil die Weimarer Verfassung nicht als etwas galt, „was mitriss". Denn Paasche bietet die Erklärung für die Indifferenz: „Wir kannten ihre Vorgeschichte nicht", die Revolution von 1848. Die Einsicht kam später und führte in die Distanzierung, schließlich – bei Paasches Tante Helga – in das „innere Exil" und in die Entscheidung, für die KPD und den „M-Apparat" zu arbeiten, also in die Konspiration.

In diesem Moment begründet sich in dieser neuen Welt ein Eigensinn, zerfällt ein überkommener Zusammenhalt und bildet sich ein neues Beziehungsgeflecht, trotz der räumlichen Distanz, die schließlich eine der Schwestern, Paasches Mutter, nach Japan führt, in eine andere Welt, die durch den Einfluss der Berliner NS-Regierung gleichwohl mit dem „Reich" verbunden bleibt. Das eigenständige Urteil, die Fähigkeit, sich von Zeitströmungen zu distanzieren, wie es Kurt von Hammerstein, seine Kinder oder Hans Paasche, der Großvater des Verfassers, vermochten, blieben jedoch erhalten. Und hier tun sich entscheidende Fragen der Widerstandsforschung auf: Was stattet Menschen mit der Kraft zur eigenständigen Urteilsbildung, zur Resilienz aus? Sind es Traditionen, Verfolgungserfahrungen, familiäre Konstellationen, sind es konfessionelle, politische, weltanschauliche Prägungen? Gibt es die Kraft zur situativen

Entscheidung, aus dem Augenblick heraus, ohne an mögliche Folgen zu denken?

Wer unbeeinflusst von den Sogströmungen der Zeit urteilte, konnte Tatsachen und Daten von Absichten und Meinungen scheiden. „Fühlen und Wissen" markieren ein Spannungsverhältnis und vermitteln die Entschlossenheit, die „Nationalsozialisten nicht in das Leben eindringen zu lassen". Diese Fähigkeit begründete eine neue, eine eigensinnige Faktizität, die eben nicht von der nationalsozialistischen Rassenideologie zu infiltrieren war. Auch antibolschewistische Phantasmen prägten nicht das Weltbild, vielleicht, weil es Korrektive gab, die der spätere bundesdeutsche Sowjetologe Klaus Mehnert, der mit einer der Töchter Hammersteins gut befreundet war, früh verkörperte. Die nationalsozialistische Lebenswelt war deshalb nicht unwirklich und schon gar nicht belanglos. Aber sie war in ihrer Eigenart durch Erfahrungen und Erlebnisse greifbar.

Veritas in actis – mit diesem Axiom hat die Alltags-, die Wahrnehmungs- und die Emotionsgeschichte gebrochen. Und was der Historiker damit gewinnt, zeigt dieses Buch. Gottfried Paasches Text über seine Mutter und seine Tanten, seinen Vater Jochen muss man folgen können, muss sich vertrauensvoll öffnen für eine vergehende Welt, sich dem Leben zwischen Bendlerblock 1933, Kaiserzeit, Revolution, Republik ausliefern wie einer Erzählung, die nach dem Leser greift. Die Schilderung der Rede Hitlers vor der Reichswehrführung Anfang Februar 1933 in demselben Raum, dem späteren Dienstzimmer Fromms, in dem sich General Ludwig Beck am Abend des 20. Juli 1944 selbst töten sollte, dimensioniert das Gewicht der Geschichte. Die Übermittlung dieser Rede an die Sowjets in Moskau lässt Alternativen zur künftigen Entwicklung und damit den viel zitierten „Atem der Geschichte" deutlich werden, der sich oftmals als eigentlich zu ergreifender „Zipfel" der Gelegenheiten entpuppt.

Viel zu schnell entscheiden sich Historiker, vor die Wahl zwischen Fiktion und Tatsachen gestellt, für Fakten und verfehlen die ganz eigene Relevanz des Fiktiven und Halbfiktiven, des Möglichen, der sich bietenden Alternativen von Handlungsoptionen. Gottfried Paasches Tante Helga wusste früh, auf welcher Seite sie stand. Sie hatte die Optionen erkannt und genutzt, die sich seit der Novemberrevolution boten. Ob es so war, wie Paasche beschreibt, ob er eine Wahrscheinlichkeit andeutet, ob er die Konsequenzen des richtigen oder des fehlgeschlagenen Handelns unterschätzt? Es ist nicht entscheidend.

Heinrich Böll bekannte in seiner Einleitung zu Tolstois „Krieg und Frieden", Geschichte lasse sich auf dreierlei Art beschreiben: als Quellendokumentation, als historische Darstellung und als Roman. Nicht immer ist das „Narrativ" säuberlich von der Tatsache zu trennen. Ob Marcel Proust, Uwe Johnson, Peter Weiss, Stefan Zweig – immer verschwimmen die Ebenen von Wahrnehmungen, Deutungen, Zeitschichten. Diese Offenheit gegenüber Überlieferungen sensibilisiert für Deutungen und die Versuche, den Sinnlosigkeiten des 20. Jahrhunderts, ihrer Geschichte zumindest nachdenkend noch einen Sinn zu geben, wie Theodor Lessing, auch ein Opfer des nationalsozialistischen Auslandsterrors, einmal schrieb.

Deshalb dürfen Historiker Überlieferungen von Zeitzeugen nicht nur faktologisch einordnen und bewerten. Allzu schnell werden sie dann zum Zensor, zum Besserwisser, zum Korrektor des Zeitzeugen. Wie haben Menschen früher empfunden, wie bewältigten sie ihre Gegenwart, wie stellten sie sich den zivilisatorischen Herausforderungen, den Dilemmata ihrer Zeit? War ihr Gefühl nicht ebenso wichtig wie die Tatsachen? Gottfried Paasche setzt die Erinnerungen an seine Eltern, an seine Tanten in den Indikativ, obwohl sie lebensgeschichtlich nach dem Konjunktiv möglicher Wahrnehmungen und subjektiver Verarbeitungen von Wirklichkeiten, nach der indirekten Rede und dem Fragezeichen verlangen, das keine Unsicherheit, sondern Neugier spiegelt.

Geschichte des 20. Jahrhunderts aus der Perspektive einer Familie zu sehen, die mit der deutschen Geschichte verkettet ist, dazu lädt Gottfried Paasches Buch ein. Als Sohn von Maria Therese, geborene von Hammerstein, und Jochen Paasche erarbeitet er eine bewegende historische Erzählung von den Wegen dreier Schwestern durch das 20. Jahrhundert, zwischen Ideologie, Kriegs- und Auslandserfahrungen, Verfolgungen. Drei Schwestern, jede steht für sich, und dennoch sind sie durch ihre Herkunft verbunden. Paasches Erzählung lebt aus der Multiperspektivität von Wahrnehmungen und Ereignissen.

Man stellt sich bei der Lektüre geradezu plastisch vor, wie er, 1937 in Japan geboren, am Mund seiner Mutter hängt. Mit diesem Buch verdanken wir ihm mehr als die verworrene und zugleich atmosphärisch dichte Beschreibung historischer Verstrickungen der drei Töchter des „roten Generals" der Reichswehr Kurt von Hammerstein. Gottfried Paasche verknüpft die drei Lebensstränge seiner Tanten Marie Louise und Helga Eleonore mit der seiner Mutter Maria Therese, die als Sandwich-Kind zwischen den beiden Schwestern stand. Stränge, die das 20. Jahrhundert zeitlich und auch räumlich vermessen, fügen sich zu einem Zeitbild, das seinesgleichen sucht. Paasche lernte erst nach der vorübergehenden Rückkehr über die USA nach Deutschland die jüngeren Brüder seiner Mutter, Kunrat, Franz und Ludwig, kennen, die in den Umkreis Claus Schenk Graf von Stauffenbergs gerieten und sich am Umsturzversuch des 20. Juli 1944 beteiligten. Ludwig und Kunrat gelang es, der Gestapo zu entkommen, indem sie desertierten und untertauchten.

Gottfried Paasche verfasst keine herkömmliche Biografie, die sich in der Aufzählung wichtiger Begegnungen erschöpft und die persönliche Bedeutung durch „Name-dropping" überhöht. Läge ihm daran, hätte er seinen Großvater Hans

Paasche, den Tucholsky in seinem Nachruf als einen „unserer Besten" bezeichnet hatte, viel hintergründiger und umfänglicher beschrieben. Auch Hans Paasche hatte die Kraft zur Distanzierung von den Strömungen seiner Zeit. Sein Damaskus-Erlebnis war der Kampf gegen einen Aufstand der Einheimischen in Deutsch-Ostafrika. Er sah in ihrer Kultur eine andere und bessere, eine lebensfreundlichere Welt. Er quittierte den Dienst als Mariner. Hans Paasche war niemals als Kapitän auf einem Schlachtkreuzer, sondern wurde als Wehrdienstverweigerer und „Landesverräter" eingekerkert und erst von den Soldatenräten 1918 befreit. Er gehörte zu den Lebensreformern der wilhelminischen Zeit, ganz sicher zum Kummer seines Vaters, eines nationalliberalen Reichstagsabgeordneten und Reichstagsvizepräsidenten. Hans Paasche wurde von Freikorpsleuten erschossen, zwei Jahre, nachdem seine Frau an der Spanischen Grippe verstorben war.

Eingangs schrieb ich, dass der Historiker kein Zensor ist. Insofern erspare ich mir hier aus meiner Verehrung für den Pazifisten Hans Paasche weitere Retuschen. Denn gerade dieses kleine Detail einer Ungenauigkeit und Oberflächlichkeit macht deutlich, dass es Gottfried Paasche nicht um sich, um seine Herkunft, um seine historische Bedeutung, sondern um das ungewöhnliche Leben von drei ganz- und teilemanzipierten Schwestern adeliger Herkunft in ihrer Zeit geht. Und zugleich geht es um Jochen Paasche, der als „Halbjude" diffamiert wurde, der als Bürgerlicher eine Tochter des adeligen Generals von Hammerstein heiratete, einen als „Novemberverbrecher" von den Nationalsozialisten verachteten Pazifisten zum Vater hatte und in der Entfremdung von seinem ursprünglichen nationalsozialen Selbstverständnis endgültig auch seiner Zeit entfremdet wurde, weil Privates und Öffentliches nicht mehr zu trennen waren und die Gestapo in den engsten Familienkreis vorgedrungen war.

Wir verdanken Gottfried Paasches Bericht, der viele Quellenauszüge enthält und so zu den romanhaft verdichteten Zeitbildern zu zählen ist, eine packende Erzählung der Widersprüchlichkeiten des 20. Jahrhunderts. Hier ist nicht der Ort, all die verschlungenen Wege nachzuzeichnen, die in ihrer Namensfülle an russische Romane erinnern. Unilinear lässt dich die Geschichte des 20. Jahrhunderts nicht erzählen, dieses zugleich extreme und irremachende Jahrhundert. Die Schilderung Paasches ergänzt Hans Magnus Enzensbergers „Eigensinn", aber steht nicht in der Nachfolge von dessen Versuch aus dem Jahr 2008, die Entstehung eines wirklich „adelnden" Eigensinns des traditionsbewussten Adels zu reflektieren, der sich in der Familie Hammerstein-Equord aufspüren lässt. Kennzeichen dieser Familie ist der Ausbruch aus dem Überkommenen, die Entscheidung für ganz anderes. Das verbindet die Hammersteins mit anderen Trägern bedeutender Namen, die sich bürgerlich vermählten. Das gilt für die Kreisauer Helmuth James Graf von Moltke und für Peter Graf Yorck von Wartenburg ebenso wie für Paasches Mutter. Der Intellektuelle Enzensberger blieb damals seinem eigentlichen Thema treu, als er den „Eigensinn" der Hammersteins in den Wirrungen und Verwirrungen deutscher Geschichte zwischen Kaiserreich, Weimarer Republik, nationalsozialistischer Diktatur nachzeichnend entfaltete.

Gottfried Paasche stützt sich auf Erzählungen und Überlieferungen und lässt uns zugleich an seiner eigenen Annäherung an seine Mutter teilhaben. So entsteht keine Schwärmerei für die Vergangenheit, auch keine Zeitkritik, sondern ein Zeitbild, das Handlungsoptionen, Hoffnungen, Wünsche, Scheitern deutlich macht und gestattet, historische Entwicklungen aus der Mitte, nicht vom Ende nachzuleben. Entstanden ist eine wichtige Quelle zur Geschichte des Adels in der Phase seiner Transformation.

Es hat Jahrzehnte gebraucht, bis die kritische Geschichtswissenschaft ein neues Bild des alten Adels zeichnen konnte. Das geschah nicht ohne Kritik und Polemik, ohne Beschwörung und nicht selten, wie der jüngste Hohenzollernstreit zeigt, nicht ohne Drohungen. Der Adel des 20. Jahrhunderts musste sich in die bürgerliche Gesellschaft einfügen. Der Unterschied zur bürgerlichen Familientradition schlägt sich aber weiterhin weniger im Familiensinn als vielmehr in der Verflechtung von Generationen, von Stämmen und Funktionen nieder. Traditionen werden gepflegt, sie werden erschlossen, sogar, wie dieses Buch zeigt, erforschend erarbeitet.

Als Verfasser zeigt Gottfried Paasche dies an den akribisch rekonstruierten „Familienbanden" – ein seit Karl Kraus zwielichtiger Begriff. Der Adel kennt seine Herkunft und pflegt alte Familienkontakte. Er bleibt in der Regel männlich orientiert, also auf Stammhalter als Namensträger fokussiert. Paasches Bericht greift hier korrigierend ein, denn er lenkt den Blick auf die drei älteren Schwestern, die in der Widerstandsgeschichte bis heute marginalisiert sind, und taucht in ihre Lebenswelt ein, die sich im 20. Jahrhundert zu behaupten hat. Es geht um drei junge Frauen im Spannungsfeld von Monarchie und Republik, von Demokratie und Diktatur, von adeligem Gesellschaftsleben und Industriegesellschaft, zwischen Konservatismus und Kommunismus. Diese Geschichte ist so bisher nicht erzählt worden. Denn in der Regel manifestiert sich im Lebensgefühl der Anspruch auf Beachtung, Respekt, Privilegien. Moderner Adel erschöpft sich nicht im Anspruch auf Bevorzugung, sondern erweist sich gerade im Widerstand als „Verantwortungsadel", der sich zur Verpflichtung bekennt, sich anders, als es die Nationalsozialisten forderten, für die „deutschen Dinge" einzusetzen.

Gottfried Paasche, nicht adelig und dennoch der Träger eines großen, bedeutenden Namens der deutschen Geschichte, des Pazifisten Hans Paasche, hat die Geschichte der Töchter

Hammersteins zu einem einzigartigen Bild gefügt. Es ist ihm gelungen, mehr als eine kleine Kollektivbiografie der drei Frauen zu schreiben. Sie standen immer im Schatten ihrer jüngeren Brüder Ludwig und Kunrat, die sich im Widerstand gegen den Nationalsozialismus engagiert hatten und denen es nach dem Scheitern des Anschlags, den Stauffenberg verübt hatte, gelungen war, vor ihrer Verhaftung unterzutauchen. Sie entkamen so dem Volksgerichtshof, der einige ihrer gleichaltrigen Kameraden zum Tode verurteilte. „Untertauchen" – so sagte man und umschrieb die Desertion, die Fahnenflucht, die andere noch lange nach dem Krieg „Kameradenverrat" nannten. Der neutralere Begriff „untertauchen" schien fast das tödliche Risiko hinwegzudeuten, das Desertion unausweichlich nach sich zog. Aber so war es mit vielen Begriffen der NS-Zeit, die die Realität des Krieges, der Deportation und des Völkermords camouflierten.

Faszinierend an dieser Erzählung ist die Verschränkung von Perspektiven, die Verknüpfung von Ereignissen, die Vermittlung von schriftlicher und mündlicher Überlieferung. Perspektivenverschränkung ist das erzählende Grundprinzip von Romanen. Die wirkliche Geschichte ist ähnlich reich an Blickwinkeln, Verkürzungen, Trennungen, Verschränkungen. Ist die Desillusionierung der Mutter Gottfrieds schier unvorstellbar, weil Hitler so lange an der Macht blieb, weil die Verletzung von Gerechtigkeit hingenommen wurde, weil die „Volksgemeinschaft" sich an die Brutalität gewöhnte, so übertrifft die Wirklichkeit selbst im Zufluchtsland Japan viele Befürchtungen. Die Annäherung des Deutschen Reichs und Japan hatte nicht einmal Jochen Paasche, der dem asiatischen Land so zugeneigt war, ahnen können oder wollen.

Bewundernswert ist die Verschränkung von Zitat und Erzählung, von draußen und innen. Es geht um Exil und „inneres Exil", Agententätigkeit als Widerstand, die Lebensverhältnisse in Japan, Nordamerika und Deutschland und eine Familie, die getrennt wurde und doch vereint blieb. Der Krieg markierte nicht nur einen historischen, sondern einen existenziellen Bruch, der schließlich in den Widerstand führte. Kurt von Hammerstein wurde kaltgestellt und erlag Ende April 1943 einem Krebsleiden.

Viele der erzählten Details finden sich nicht in den Akten, sondern wurden in der Erinnerung gespeichert. Diese immer spürbare Mischung von Quellenrecherche und überlieferter *Oral History* macht den literarischen Reiz dieses Berichtes aus, der Züge einer Familienchronik und zugleich auch die Multiperspektivität einer Geschichtserzählung hat. Bei aller Skepsis des Historikers gegenüber der elaborierten Erinnerungsliteratur: Diese präzise und ebenso gut recherchierte wie dokumentierte Darstellung lässt das Zutrauen in die Möglichkeiten dieser Art subjektiv reflektierter Familienchronik und der alltagsorientierten Geschichtsschreibung wachsen.

Seine eigene Biografie blendet der Verfasser fast gänzlich aus. Die Arbeit an diesem Buch wurde zu seinem Lebensinhalt. Das zeigt: Geschichte ist abgeschlossen, sie hat sich einmal ereignet und liegt doch nicht völlig klar vor den Augen. Selbstsicherheit des Historikers bei der Urteilsbildung ist hinderlich, die Fülle persönlicher Perspektiven, der Annäherungen und Abstoßungen, der neuen Verbindungen und Korrekturen zu erkennen. Zweifel sind angemessener bei der Beschreibung vergangener Wirklichkeit. Denn allzu große Sicherheit lässt vermissen, was der Aufklärer und Zeitgenosse Kants, Johann Georg Hamann, einmal in dieses Wortspiel fasste: „Kann man das Vergangene erkennen, wenn man das Gegenwärtige nicht einmal versteht? – Und wer will vom Gegenwärtigen richtige Begriffe nehmen, ohne das Zukünftige zu wissen? Das Zukünftige bestimmt das Gegenwärtige und dieses das Vergangene.“ Dies ist der Rahmen, aus dem heraus die drei Schwestern nach der Revolution von 1918 und der Ernennung Hitlers zum Reichskanzler ihren Kurs finden und ihren Weg gehen mussten.

Geschichte lässt sich auf verschiedene Weisen deuten, die zugleich auch Annäherungen spiegeln. Deuten wir sie vom Anfang, dann betonen wir Hoffnungen und Wünsche, Sehnsüchte und Ziele. Deuten wir sie vom Ende, dann haben wir gesicherte Kenntnisse vom Ausgang vieler Entwicklungen, Hoffnungen und Illusionen vor Augen. Entscheidend für die Einschätzung der Willensfreiheit ist das Handeln aus der Mitte der historischen Ereignisse, ohne Kenntnis des Ausgangs, ohne Verhaltenssicherheit in den offenen Situationen, inmitten ihrer Zwänge und Spielräume, vielleicht in der Ahnung, dass jede Entscheidung weitere Zwänge, auch Nachteile und Herausforderungen nach sich ziehen und zum Negativen ausschlagen könnte.

Als ich das Manuskript über die Schwestern von Hammerstein-Equord und die Ehefrau Jochen Paasches las, ahnte ich, was es bedeutet, in den Zeitströmungen zu stehen, ihnen ausgeliefert zu sein, immer wieder zu versuchen, dem Rad „in die Speichen zu fallen“, sei es, um mit dem Fallschirm über Oberitalien abzuspringen, um sich den italienischen Partisanen anzuschließen, sei es, um mit dem Attentat vom 20. Juli 1944 einen Umsturz des Systems zu erreichen.

Bis zuletzt bleibt der Ausgang dieser Familiengeschichte offen. So gesehen, gehört dieses Buch zu den Schlüsseltexten des 20. Jahrhunderts, nicht nur ein Jahrhundert der Extreme, sondern auch der richtigen und falschen Entscheidungen im Spannungsfeld zwischen Freiheit und Zwang, zwischen Diktatur und Demokratie, zwischen Illusion und Realität, Emanzipation und Unterdrückung, Utopie und Dystopie.

Hammersteins Töchter

Vorwort

Der Historiker Stephan Malinowski schrieb in seiner im Jahr 2004 erschienenen Studie „Vom König zum Führer. Deutscher Adel und Nationalsozialismus“ über die Hammerstein-Schwestern: „Auf der Suche nach […] gegen den Strom schwimmenden Mitgliedern des Adels stößt man schließlich auf eine Reihe von adligen Frauen, die sich aus eigener Kraft aus den Zwängen der Adelswelt befreit hatten. Neben eindrucksvollen Biografien, bei denen die politische Haltung jedoch unklar bleibt, fallen am äußersten Rande dieses Spektrums die faszinierenden Lebensgeschichten der Schwestern Marie Louise und Maria Therese v. Hammerstein ins Auge, Töchter des 1930–1933 als Chef der Heeresleitung agierenden Kurt v. Hammerstein-Equord.“

Tatsächlich schlugen Marie Louise und Maria Therese von Hammerstein Wege ein, die vom deutschen Adel vor 1945 selten, um nicht zu sagen überhaupt noch nie beschritten worden waren. Am interessantesten aber war wohl die dritte Schwester, Helga Eleanore, die Stephan Malinowski nicht erwähnt.

Ich bin der Sohn von Maria Therese von Hammerstein, und ihr widme ich dieses Buch. Sie steht nicht nur deshalb im Zentrum, weil ich sie am besten kenne, sondern auch, weil sie im Gegensatz zu ihrer älteren Schwester Marie Louise und ihrer jüngeren Schwester Helga Eleanore umfangreiche Aufzeichnungen über sich und ihre Familie hinterlassen hat. Das Material aus unzähligen Quellen zusammenzutragen und zu verbinden war eine Herausforderung. Nicht selten habe ich mich wie ein Archäologe gefühlt, der versucht, die Scherben eines antiken Gefäßes wieder zusammenzusetzen, wobei ich alle verfügbaren Informationen, aber auch meine Intuition und den gesunden Menschenverstand einbeziehen musste. Glücklicherweise standen mir auch öffentliche Quellen und private Unterlagen zur Verfügung.

Geboren wurde ich 1937 in Japan, wo ich zusammen mit meinen Eltern und drei meiner Schwestern auch während des Zweiten Weltkrieges lebte. 1948 emigrierten wir nach Amerika, wo ich den Großteil meiner Schulzeit verbrachte. Die erste Reise nach Deutschland trat ich 1959 an, im Alter von 22 Jahren, um mich für ein Semester in Tübingen und eines an der Freien Universität Berlin einzuschreiben. In Tübingen erinnere ich mich besonders an Hans Rothfels, den Zeithistoriker und Verfasser des Werkes „Die deutsche Opposition gegen Hitler“.

In den 1980er-Jahren war über den deutschen Widerstand gegen Hitler und die Nationalsozialisten bereits einiges geschrieben worden, auch über meine beiden Onkel Kunrat und Ludwig von Hammerstein, die als junge Offiziere Mitglieder der Verschwörung des 20. Juli 1944 waren. Aber auch über die „Sippenhaft“ der Gestapo nach dem Attentat, der etliche Familienmitglieder unterworfen waren. Meine Großmutter Maria von Hammerstein und ihre jüngsten Kinder Franz und Hildur wurden im Zusammenhang mit der geplanten „Alpenfestung“ Himmlers als Geiseln der SS festgenommen. Mir fiel auf, dass die Rollen, die die drei ältesten Kinder – meine Mutter und ihre beiden Schwestern – im Widerstand der Hammersteins gegen das Nazi-Regime gespielt haben, in den meisten Veröffentlichungen weitgehend unbeachtet geblieben sind. Wurden sie hingegen erwähnt, so historisch falsch. Erst der Fall der Mauer 1989 und die anschließende Wiedervereinigung Deutschlands sowie die Alterseinsicht meiner Mutter und ihrer Schwestern ermöglichten mir, Vorbereitungen für das vorliegende Buch zu treffen.

Da Historiker sich bis dahin mit meinem Großvater Kurt von Hammerstein nur am Rande beschäftigt hatten, wollte ich mir diese Aufgabe selbst vornehmen, bevor oder während ich mich dem Leben meiner Mutter und ihrer Schwestern zuwandte. Dieses Problem jedoch löste sich, als 2008 Hans Magnus Enzensbergers Buch über Hammerstein („Hammerstein oder Der Eigensinn“)

erschien. Enzensberger hatte wegen seines Projekts Kontakt zu mir aufgenommen, nachdem er auf einen Abdruck meines Vortrags „Die drei von-Hammerstein-Schwestern" gestoßen war, den ich 2004 auf der European Social Science and History Conference in Berlin gehalten hatte. Es folgten viele Briefe und ausführliche Gespräche in München. Ich beschloss, ihm alles, was ich zusammengetragen hatte, zur Verfügung zu stellen. Zufällig hatte ich gerade ein Jahr damit verbracht, die Schriften meiner Mutter zu transkribieren. Enzensberger konzentrierte sich auf Kurt von Hammerstein, während ich mich den Schwestern als den Hauptfiguren meines Buches zuwandte.

Mein Buch beginnt mit einer Hochzeit im Bendlerblock, dem Dienstsitz der Reichswehrführung, im März 1933, befasst sich dann mit den Jahren vor dem Ersten Weltkrieg, als Kurt von Hammerstein Maria von Lüttwitz den Hof machte, sie heiratete und die ersten Kinder zur Welt kamen. Anschließend geht es um die Weimarer Republik, um die Jahre des Nationalsozialismus und um die unmittelbare Nachkriegszeit. Ich hoffe, meine Darstellung macht verständlich, wie es kam, dass die drei Schwestern sich vornahmen, gegen den Strom zu schwimmen, und was für Folgen ihre Entscheidungen und Taten für ihr eigenes Leben und das ihrer Mitmenschen hatten. Die Lebensläufe von Marie Louise, Maria Therese und Helga Eleanore gehören wesentlich zur deutschen Geschichte des zwanzigsten Jahrhunderts. Ich hoffe, es ist mir gelungen, diesen drei bemerkenswerten und ungewöhnlichen Frauen gerecht geworden zu sein.

Hochzeit im Bendlerblock

Der Bendlerblock, ein Berliner Gebäudekomplex am Landwehrkanal in der Nähe des Tiergartens, war nach seinem Bau um die Wende zum zwanzigsten Jahrhunderts lange Zeit Sitz der Obersten Heeresleitung. Während der Weimarer Republik waren im Ostflügel in der Bendlerstraße 14 die Reichswehrführung und die Marineleitung einquartiert. In denselben Räumen warteten am 20. Juli 1944 die Verschwörer, die am Aufstand gegen Hitler beteiligt waren, auf die Nachricht seines Todes. Nachdem General Ludwig Beck, der Hitler ersetzen sollte, erfahren hatte, dass der „Führer" die Explosion der Bombe überlebt hatte, die Claus Schenk Graf von Stauffenberg in dessen unmittelbarer Nähe platziert hatte, versuchte er, Selbstmord zu verüben. Das misslang. Ein Feldwebel erhielt daraufhin von Generaloberst Friedrich Fromm den Auftrag, ihn zu erschießen. Noch in der folgenden Nacht wurden Stauffenberg sowie Friedrich Olbricht, Albrecht Ritter Mertz von Quirnheim und Werner von Haeften im Hof des Gebäudes ebenfalls erschossen. Erst 1953 setzte man den Toten dort ein Denkmal. 1955 erhielt die Bendlerstraße den Namen Stauffenbergstraße. Der alte Ostflügel wurde ab 1968 als „Gedenkstätte Deutscher Widerstand" eingerichtet. Sie erinnert an die Menschen und Organisationen, die sich gegen Hitler und das Nazi-Regime zur Wehr setzten.

In diesen Ostflügel der Bendlerstraße 14 war im Jahr 1930 die Familie Hammerstein gezogen, nachdem Kurt von Hammerstein zum Oberbefehlshaber des Heeres ernannt worden war. Im ersten Stock befanden sich die Büroräume der Heeresführung. Wer die Gedenkstätte heute besucht, kann an den Wandtafeln die genaue Lage des Büros und des offiziellen Speisesaals der Hammersteins ablesen. Die Wohnräume der Familie befanden sich im dritten Stock, weitere Schlafzimmer im vierten, direkt unter dem Dach.

Am 4. März 1933 feierte die Familie des Oberbefehlshabers des Heeres im Speisesaal der Bendlerstraße eine Hochzeit. Marie Louise, Jahrgang 1908, älteste Tochter von Kurt von Hammerstein-Equord und Maria von Lüttwitz, heiratete Mogens von Harbou, einen Berliner Rechtsanwalt. Fünf Wochen zuvor hatte Reichspräsident Paul von Hindenburg das Rücktrittsgesuch des Kanzlers Kurt von Schleicher angenommen und Hitler aufgefordert, eine Regierung zu bilden. Am 27. Februar hatte der Reichstag gebrannt, ein Ereignis, das Hitler und die Nazis zum Vorwand nahmen, die gesamte Opposition zu zerschlagen. Die ersten Opfer waren Mitglieder der Kommunistischen Partei (KPD), die die Nazis für das Feuer verantwortlich machten, aber auch Sozialdemokraten. Am 5. März, dem Tag nach der Hochzeit, wurden Reichstagswahlen abgehalten. Die Parteien rechts der Mitte erreichten eine knappe Mehrheit. Die NSDAP gewann gegenüber der letzten Wahl mehr als fünf Millionen Stimmen hinzu – nachdem sie bei der Wahl vom November 1932 noch rund zwei Millionen Stimmen weniger errungen hatte als bei der Wahl im Juli des gleichen Jahres. Es war zumindest kein günstiger Moment, um als Tochter des Oberbefehlshabers des Heeres, der als Gegner Hitlers und der Nazis galt, in der Bendlerstraße zu heiraten. Eine weitere Ironie der Geschichte war, dass diese Tochter eines konservativen Vaters, der dem deutschen Generalstab angehörte, Marxistin und Mitglied der Kommunistischen Partei war.

Ein Heeresfotograf hielt das Ereignis fest. Die Fotos zeigen ein Großereignis im Leben beider Familien, der Hammersteins wie der Harbous, das durch die historischen Erschütterungen kaum in Mitleidenschaft gezogen worden zu sein scheint. Auf den ersten Blick strahlen sie Zuversicht, Beständigkeit und Feierlichkeit aus. Die Hammersteins und die Harbous kannten

Hochzeit am 4. März 1933 in der Bendlerstraße.
Marie Louise von Hammerstein und Mogens von Harbou (Mitte),
rechts neben dem Brautpaar: Maria von Hammerstein,

der ehemalige Reichskanzler Kurt von Schleicher und seine Frau Elisabeth sowie Kurt von Hammerstein, der seine militärischen Orden trägt und eine Zigarre in der Hand hält sich väterlicherseits seit ihrer Zeit in der Hauptkadettenanstalt Berlin-Lichterfelde und später als Offiziersanwärter der Kriegsakademie in Berlin-Lichterfelde; die Beziehung Hammerstein – Schleicher datiert aus dem Jahr 1900, als beide im 3. Garde-Regiment zu Fuß dienten. Kurt von Hammerstein und Bodo von Harbou, Mogens' Vater, waren während des Ersten Weltkriegs zudem Offizierskameraden gewesen, und in den turbulenten Monaten, die auf die deutsche Niederlage 1918 folgten, dienten beide in Berlin, um die neue Weimarer Regierung zu schützen und zu unterstützen. Während Harbou anschließend eine Karriere als Geschäftsführer der Deutschen Kali-Stickstoff einschlug, beschloss Hammerstein, im Offizierskorps des auf 100 000 Mann reduzierten Heeres zu bleiben.

Kurt von Schleicher (2. Reihe, 3. v. r.) ist der berühmteste Gast. Er sitzt ungezwungen da und sieht gelassen in die Kamera. Im Gegensatz zu Hammerstein neigte er nicht zur Grübelei. Vor über einem Monat hatte er das Vertrauen des alten Feldmarschalls und Präsidenten Paul von Hindenburg verloren. Den Nationalsozialisten war es gelungen, den gewieften Schleicher zu überlisten. Damit war der schlimmste Albtraum Hammersteins wahr geworden: Als Oberbefehlshaber des Heeres war er nun isoliert und hatte keine Verbündeten mehr. Schleicher war ein enger Freund und Vertrauter Marias, und dass gerade er neben ihr sitzt, ist kein Zufall. Knapp sechzehn Monate später, am 30. Juni 1934, wurden Schleicher und seine Frau in ihrem Haus von Mitgliedern des SD und der SS erschossen, ohne dass das Militär vernehmlich dagegen aufbegehrt hätte.

Ein wichtiges Mitglied aus dem engeren Familienkreis fehlt: der einzige Verbliebene aus der Großelterngeneration der Braut, General Walther von Lüttwitz, Marias Vater. In seinem Stab hatten sowohl Hammerstein als auch Harbou Anfang 1919 gedient. Für Lüttwitz war es undenkbar, an einer Hochzeitsfeier teilzunehmen, bei der Schleicher zu Gast war. Immer noch versuchte er sich zu rechtfertigen, dass er im März 1920 den sogenannten Kapp-Lüttwitz Putsch angeführt hatte. Später, in seinem 1934 veröffentlichten Buch „Im Kampf gegen die Novemberrevolution“, in dem er für die Wiederherstellung der Monarchie plädierte, stellte er Hitler als Deutschlands Hoffnungsträger dar. Hitlers Kriegswille und seine verbrecherische Politik ließen jedoch bald Ernüchterung und Entsetzen anstelle dieser Illusionen treten. Noch im März 1933 war ihm in Gesellschaft von Schleicher wie auch seines Schwiegersohns Hammerstein unbehaglich zumute. Als Republikaner vertraten sie ein völlig anderes Weltbild. Am meisten unter seiner Abwesenheit litt seine Tochter Maria.

Helga Eleanore ist in der hinteren Reihe die Dritte von links. Am 3. Februar, nur einen Monat zuvor, hatte sie dafür gesorgt, dass eine Niederschrift der Rede Hitlers vor den Generälen, die er in genau diesem Raum im Bendlerblock vorgetragen hatte, heimlich auf Mikrofilm aufgenommen wurde und innerhalb weniger Tage nach Moskau gelangte, um Josef Stalin vor Hitlers Angriffsplänen zu warnen. Sie tat das zusammen mit ihrem jüdischen Lebensgefährten Leo Roth, der Agent des M-Apparates, des Nachrichtendienstes der KPD, war.

Maria Therese steht rechts außen neben ihrem Onkel Günther von Hammerstein, der ebenfalls seine Uniform und seine militärischen Auszeichnungen trug. Ihr Freund war Werner „Nafta“ Nobel, ein jüdischer Medizinstudent. Gemeinsam mit ihren zionistischen Berliner Freunden bereitete sie sich darauf vor, im Rahmen des Völkerbundmandats für Palästina in einem Kibbuz zu arbeiten. Acht Monate später sollte sie Hans Joachim Paasche kennenlernen und ihn fünf Monate danach heiraten. Er war der Sohn von Hans Paasche, der im Ersten Weltkrieg zum Pazifisten, Vegetarier und Feministen wurde. Die Freikorps-Brigade Ehrhardt ermordete ihn im Jahr 1920.

Die Braut, Marie Louise, wirkt ruhig und ernst, aber irgendwie abwesend. Der Bräutigam, Mogens, Jahrgang 1905, blickt zufrieden und zuversichtlich in die Kamera. Er macht fast noch den Eindruck eines Jugendlichen, obwohl er bereits ein gut situierter Anwalt mit eigener Kanzlei war. Helga Eleanore sieht zu Boden und scheint geistig abwesend zu sein, während Maria Therese distanziert wirkt, wie sie vom Rand aus den Blick über die versammelte Hochzeitsgesellschaft schweifen lässt. Dies sind die drei Schwestern, die in den Friedensjahren vor Ausbruch des Ersten Weltkrieges geboren und in den Jahren der Weimarer Republik erwachsen wurden und deren Leben sich durch die sich überstürzenden, folgenschweren Ereignisse der Dreißigerjahre radikal änderte.

Eine derart pompöse Hochzeitsfeier war zu diesem Zeitpunkt und an diesem Ort für jeden der Anwesenden problematisch und löste die widersprüchlichsten Gefühle aus. Für Maria war sie ein Triumph, der sich in ihrer Haltung und Mimik auf dem Foto widerspiegelt. Helga Eleanore und Maria Therese befanden sich in einem Zwiespalt, denn sie wussten, dass ihre Schwester von der gewissermaßen von den Vätern arrangierten Ehe nicht ganz überzeugt war. Die Ehe wurde drei Jahre später geschieden.

Auf dem Foto ganz vorne sind die vier jüngeren Kinder der Hammersteins zu sehen, die aus einer anderen Welt zu kommen scheinen. Zweiter von rechts ist Kunrat, selbstbewusst und elegant, obwohl er noch eine kurze Hose trägt. Am anderen Ende sitzt Ludwig, ganz locker, und in der Mitte Hildur, die direkt in die Kamera blickt. Franz, im Matrosenanzug, wirkt gelangweilt. Der kleine Junge in der Mitte, dessen Hände auf seinen Beinen ruhen, ist der Sohn von Horst von Mellenthin, des Adjutanten Hammersteins, der am 3. Februar Hitlers Monolog vor den Generälen mitgeschrieben hatte. Sein Kopf ist kaum zu sehen hinter Marias Schwester Eleanore, der Fünften von rechts.

Unter den übrigen Gästen finden sich der geliebte Bruder Marias, Smilo von Lüttwitz, der schon am Ersten Weltkrieg teilgenommen hatte und seinen Dienst unter dem Kommando der

NATO beenden sollte, außerdem seine Frau, die ebenfalls Maria hieß, sowie Hammersteins Schwester Adeline und verschiedene Harbous, unter anderem Mogens' Vater Bodo mit seiner Frau und seinem Bruder. Ganz links außen steht der Reichsbischof, der die Trauung vornahm. Interessant ist, dass er Protestant war, denn Maria und alle ihre Kinder waren katholisch getauft worden, nur Kurt war protestantisch. Angesichts des überwiegend protestantischen Offizierskorps ist es bemerkenswert, wie tolerant die Familien Lüttwitz und Hammerstein dem Katholizismus gegenüberstanden. Auf dem Hochzeitsfoto ist nur eine Jüdin zu sehen, nämlich Helene Luise von Holten, die Frau von Harbous älterem Bruder, dem Maler Adolph von Harbou, die ganz links außen steht. Zwei Reihen davor ihre Tochter Andrea, später Geliebte Martin Heideggers.

Dem offiziellen Menü zufolge begann das festliche Mahl mit Kaviar in einer dekorierten Eisbombe, einem Geschenk des sowjetischen Botschafters. Als Hauptgang gab es Zander mit gerührter Butter und getrüffelte Poularde, dazu die Weine 1929er Kaseler Hitzlay und einen 1920er Rüdesheimer Schloss Schönborn. Zum Nachtisch wurden Fürst Pückler Eis, Baumkuchen und Käsestangen gereicht.

Diese Hochzeit war der Höhepunkt im Leben der Hammersteins. Nie wieder sollte es ein derartiges Ereignis geben. Es ist das letzte Foto, auf dem die ganze Familie, die Eltern und die sieben Kinder, zusammen zu sehen sind. Im März 1933 war Hammerstein bereits klar, dass er bald seinen Abschied einreichen würde.

Kaiserliche Lebenswelten

Kurt von Hammerstein und Maria von Lüttwitz lernten sich auf einem Kostümball des Grafen von Castell kennen, eines Regimentskameraden ihres Vaters Walther von Lüttwitz. Es war der 16. Februar 1904. Maria war achtzehn und Kurt fünfundzwanzig Jahre alt. Sie erblickten sich über die Tanzfläche hinweg. Ihr fiel seine ruhige, wortkarge, bedachte Art auf, ihm ihr Strahlen und ihr unbefangenes Verhalten. In Berlin hatte sie eine Vorstellung der amerikanischen Tänzerin Isadora Duncan gesehen und sich von ihr inspirieren lassen. Duncan war bekannt dafür, in ihre Darbietungen auch natürliche Bewegungen einfließen zu lassen; 1904 gründete sie in Berlin eine Tanzschule. Kurts ruhige Stärke gefiel Maria. Er war direkt und ehrlich, ungekünstelt, sagte, was er meinte. Seine Kindheit hatte er in der Försterei seines Vaters verbracht, der Wald und die Auen waren seine Zuflucht. Marias Welt war die Stadt mit ihren kulturellen Ereignissen, den geselligen Anlässen und der Gesellschaft anderer Kreise. Sie hatte Ausstrahlung und das Talent, mit jedem, den sie traf, ins Gespräch zu kommen, ungeachtet seiner sozialen Stellung. Kurt war sich seiner Herkunft bewusst, ohne überheblich zu sein.

Im Alter von zehn Jahren war Kurt von Hammerstein zusammen mit seinem Bruder Günther in die Kadettenanstalt in Plön geschickt worden, anschließend hatte er sich auf eine Karriere im Offizierskorps in der Kriegsakademie Berlin-Lichterfelde vorbereitet. Unterdessen diente er dem König von Preußen als Page. Nach seinem Abschluss wurde er ausgewählt, demselben angesehenen Regiment beizutreten, dem auch Walther von Lüttwitz angehörte. Erst die Tatsache, dass er in dieses Regiment aufgenommen wurde, ermöglichte es Kurt, Maria kennenzulernen. Maria war bis zum Alter von sechzehn Jahren in einem exklusiven Internat im schlesischen Breslau erzogen worden, in dem Mädchen aus dem Adel wie aus dem Bürgertum ihre Schulzeit verbrachten und das von den Ursulinen geführt wurde. Die folgenden Jahre hatte sie gut genutzt, indem sie die kulturellen Angebote vor allem Berlins wahrnahm und all die Bälle besuchte, die hochrangige Offiziere gaben, um jüngeren Offizieren heiratsfähige Frauen vorzustellen.

Auch Marias Vater war in einer Försterei aufgewachsen und in jungen Jahren in eine Kadettenanstalt nach Wahlstatt in Schlesien geschickt worden. Anders als Kurt war Walther in einer Familie erzogen worden, die das Militär verehrte. Seine viel bewunderten Onkel hatten noch lebendige Erinnerungen an die Feldzüge von 1870. Die Familie stammte aus Schlesien, das ja eine lange und tiefe Verbindung zu Preußen hatte. Marias Mutter Louise stammte aus der wohlhabenden, deutschsprachigen ungarischen Familie von Wengersky. Sie brachte in die Ehe die Mittel ein, durch die Walther sich das Leben eines Offiziers erst wirklich leisten konnte. Louise war es auch, die es der Familie ermöglichte, die Kinder ausbilden zu lassen, um ihnen einen Platz in der Gesellschaft zu sichern. Sie waren nicht reich, aber er hatte gut geheiratet, wie es von einem Offizier bescheidener Herkunft erwartet wurde. Maria kannte das Leben einer Offiziersfamilie von klein auf. Sie wusste, dass regelmäßige Umzüge ebenso dazugehörten wie ein abwesender Ehemann und Vater.

Maria war in einer größeren Familie aufgewachsen als Kurt, einer Familie, die tief getroffen war vom frühen Tod der an Diphterie erkrankten zwei jüngeren Brüder. Sie hatte eine ältere Schwester, Eleanore, eine jüngere, Cecilie, und zwei weitere Brüder, Walther, der „Golli" gerufen wurde, und Smilo. Trotz ihrer mentalen Stärke baute ihre Mutter Louise, die nie über eine robuste Gesundheit verfügt hatte, mit jeder Schwangerschaft mehr ab.

Kurt stammte aus einer uradeligen Familie, die ihre Wurzeln im Rheinland auf der Burg Hammerstein am Rhein nahe

Neuwied und im niedersächsischen Equord in der Nähe von Hildesheim hatte. Frühere Generationen hatten ihre Ländereien verloren, und Kurts Großvater und Vater widmeten sich der Verwaltung von Wäldern, ein fordernder und äußerst angesehener Beruf, der es ihnen erlaubte, ein dem Adel angemessenes Leben zu führen, auch ohne über eigenes Land zu verfügen. Der soldatische Geist war in der Familie nicht besonders ausgeprägt, auch wenn er sich bei der kostenlosen Ausbildung, die der preußische Staat in seinen Militärakademien anbot, als nützlich erwies. Nur der dritte und jüngste Sohn, Carl-Heino, machte das Abitur und ließ sich zum Förster ausbilden, was er dem Jurastudium vorzog. Kurts Schwester Adeline erhielt nur die nötigste Schulbildung, anders als Maria und ihre Schwestern.

Walther von Lüttwitz wünschte sich für seine Töchter ein Leben auf mindestens dem Niveau, das er ihnen geboten hatte, was bedeutete, dass seine Töchter entsprechende Verehrer finden mussten. Er und Louise waren nicht vermögend genug, um eine Mitgift zur Verfügung zu stellen, die den niedrigen Offizierssold ausglich. Maria entschied sich für einen Mann, der in Walthers Augen kein angemessener Kandidat war, aber das kümmerte sie nicht. Liebe allein galt 1904 in diesen Kreisen nicht als Grundlage für eine gute Ehe, Maria jedoch zeigte sich entschlossen und sorgte auf einfallsreiche Weise dafür, dass sie weiterhin umworben wurde. Allen Berichten zufolge war sie die Lieblingstochter ihres Vaters, in der er viel von sich selbst wiedererkannte. Meist setzte sie ihren Willen durch. Mit ihrer Beharrlichkeit überwand sie auch den Widerstand ihres Vaters gegen die Verlobung mit Kurt.

Im Dezember 1906, beinahe zwei Jahre nach dem ersten Werben um Maria, sprach Kurt noch einmal bei Walther von Lüttwitz vor. Und diesmal lautete die Antwort: Ja. Zweierlei hatte sich verändert. Marias Mutter Louise trat nach dem Tod eines Onkels unerwartet ein kleines Erbe an, und Kurts Onkel,

Hochzeitsfoto von Kurt und Maria, 1907

Kurt und Maria 1907 inmitten ihrer Familie: Zu ihrer Rechten steht Kurts Bruder Günther, hinten links Marias Bruder Smilo. Zweiter von rechts in der zweiten Reihe ist Kurt von Schleicher,

Walther von Lüttwitz sitzt vor der Braut, neben ihm Ida, Kurts Mutter, links vor dem Bräutigam Marias Mutter Louise, Kurts Vater ist in der ersten Reihe der Zweite von rechts der Bruder seiner Mutter, gab ein Geldgeschenk. Die Tatsache, dass seine Tochter nicht genug Vermögen mit in die Ehe bringen würde, um den mangelnden Reichtum des Bräutigams auszugleichen, hatte sich nicht geändert. Immerhin ermöglichten diese Mittel eine Hochzeitsreise und legten den Grundstock für einen eigenen Haushalt. Das hinderte Walther jedoch nicht daran, noch jahrelang über die finanziellen Lebensumstände Marias seit ihrer Eheschließung zu lamentieren.

Der Liebe und Entschlossenheit von Maria und Kurt tat die finanzielle Lage keinen Abbruch. Die Hochzeit fand am 18. August 1907 im Haus der Familie Lüttwitz in Karlsruhe statt. Wegen der angeschlagenen Gesundheit von Louise fand keine große Feier statt. Aus der weitläufigen schlesischen Verwandtschaft von Walther und Louise wurden nur wenige eingeladen.

Sieben Friedensjahre

Sein erstes Zuhause richtete sich das junge Paar in Berlin ein. Zwischen 1907 und 1910 hatte Kurt von Hammerstein als einer der vielversprechendsten Offiziere die Möglichkeit, die Preußische Kriegsakademie in Berlin-Lichterfelde zu besuchen. Hier war er auch zusammen mit Bodo von Harbou, dem späteren Schwiegervater seiner Tochter Marie Louise. 1911 wurde er der Aufmarschabteilung des Großen Generalstabs zugewiesen, auch das ein Erfolg. 1913 folgte die Beförderung zum Hauptmann im Generalstab. In den Jahren vor Ausbruch des Ersten Weltkrieges verlief Kurts Laufbahn beim Heer also stetig aufwärts.

Ihr erstes Kind, Marie Louise, genannt „Butzi“, wurde 1908 geboren, ihr folgten 1909 Maria Therese, genannt „Esi“, und 1913 Helga Eleanore, die „Helga“ gerufen wurde. Die ersten beiden Schwestern lagen im Alter nah beieinander, die dritte war deutlich jünger. Fünf Jahre und ein Krieg vergingen, ehe das nächste Kind geboren wurde, diesmal ein Junge. Die beiden ältesten, Butzi und Esi, konnten ihre frühe Kindheit im Frieden verbringen. Esi erinnerte sich an eine glückliche Zeit, die mit den Kriegserklärungen Anfang August 1914 ein jähes Ende fand. Helga kam zu spät zur Welt, um diese ersten Ehejahre ihrer Eltern zu erleben, in denen auf der Welt noch Frieden herrschte.

Wenn Kurt seine jährlichen Manöver absolvierte, fuhr Maria mit den Kindern zur Familie Lüttwitz, wo sie Gesellschaft hatte und Unterstützung für die Kinder erhielt. Später zogen auch die Lüttwitz' nach Berlin, und die Familien sahen sich häufiger. Die Sommerferien verbrachte man gemeinsam an der Nordsee.

Es gehört zu Esis frühesten Erinnerungen, wie ihr Vater sie und Butzi in Berlin mit in den Stall nahm und ihnen zeigte, wie man einem Pferd Zucker gibt, ohne seine Finger zu gefährden. Sie sollten den Daumen fest an die Hand drücken, das war seine einzige Lehre, an die sich Esi aus der Zeit vor dem Ersten Weltkrieg erinnerte. Reiten und sich mit den Pferden beschäftigen war Kurts Leidenschaft in seiner Kindheit. Seine Begeisterung übertrug sich in Teilen auch auf die drei jungen Töchter.

Maria und Kurt nahmen sich vor, ihre Kinder anders zu erziehen, als es bei den Eltern ihres großen Freundeskreises und ihrer weitläufigen Familien üblich war. Kurt demonstrierte weder Maria noch seinen Kindern gegenüber eine patriarchale Überlegenheit. Das resultierte aus der Erfahrung mit seinen eigenen Eltern, zeugte aber auch von dem starken Gefühl, dass es nicht seine Aufgabe sei, sich in das Leben anderer einzumischen, auch nicht in das seiner Kinder. Seine Ansichten waren in Teilen eine Reaktion auf das, was er in der Kadettenanstalt Plön in der Holsteinischen Schweiz erlebt hatte, in die er im Alter von zehn Jahren zusammen mit seinem älteren Bruder Günther geschickt

Butzi auf dem Arm ihrer stolzen Mutter, 1909

worden war. Walther von Lüttwitz hatte die Erziehungsmethoden, die er einst in einer dieser Kadettenanstalten erlebte, genau beschrieben:

„Die Kadettenerziehung war eine sehr raue, spartanische und mangelhafte. Die Abhärtung wurde gar zu weit getrieben: Wir schliefen und wuschen uns in Sälen, die fast nie geheizt wurden; der Mantel wurde fast niemals angezogen, das Essen war einförmig und schlecht zubereitet, wir waren dauernd in den Wänden des Corps eingesperrt. Ausgänge allein gab es nicht. Erziehung und Unterricht ließen sehr zu wünschen übrig.

Kurt mit Butzi

Die Lehrer waren mehrfach Karikaturen. Die Erzieher, besonders die Offiziere, gehörten nicht zur besten Sorte. Um die Erziehung des Einzelnen kümmerte man sich nicht; die Masse dagegen wurde straff im Zaum gehalten. Die Kadetten der höchsten Klasse: Brutalitäten waren unglaublich, und das wurde übersehen und geduldet. Als Vorbereitung für den äußeren militärischen Beruf war es ganz gut. Man lernte entsagen, sich fügen, pünktlich, peinlich, aufs Wort gehorsam sein; dagegen wurden die Wissenschaften und die Entwicklung auf das Innenleben des Einzelnen vernachlässigt.

Welche Poesie das Wort ‚Ferien' besitzt! Aber für uns in dem so strengen Internat hatte es womöglich einen noch höheren Reiz. Wir kamen uns vor wie die freigelassenen Vögelchen. Vor allem galt es dann, den aufgebahrten Hunger zu stillen."

Kurt von Hammerstein kam nie darüber hinweg, so früh von seiner Familie getrennt und dieser Kadettenerziehung ausgesetzt zu werden. Er war entschlossen, seine eigenen Kinder zu Hause zu behalten. Plön hatte ihn seinem Vater entfremdet, in dem Alter, in dem seine Kinder waren, als er die Familie verlassen musste. Ergebnis war, dass er seine eigenen Wege ging und anderen erlaubte, ihre eigenen zu gehen. Im Alltag bedeutete dies, dass Maria selbst entscheiden konnte, wie sie mit den Kindern umging, und sie tat es ganz anders, als sie es in ihrer Jugend erlebt hatte. Bei ihr zu Hause hatte ihr autoritärer Vater den Ton angegeben. Da Kurt diese Rolle nicht einnahm, suchte sie ihren eigenen Weg, die Kinder zu erziehen. Sie nahm großen Anteil am Leben jedes einzelnen Kindes, tat aber nichts, um sie beständig zu kontrollieren. Schon sehr früh hatte die Hammerstein-Familie den Ruf, „wilde" Kinder aufzuziehen – was zu dieser Zeit schlicht bedeutete, dass sie größere Freiheiten hatten, ihren eigenen Interessen und Impulsen zu folgen, als es in ihren Kreisen üblich war.

Maria hatte in ihrer Ehe viel Raum für sich und konnte ihre Persönlichkeit frei entfalten. Kurt gefiel sie, wie sie war – er hatte seine Freude an ihr. Maria passte sich den Gepflogenheiten ihrer Zeit nicht immer an. Sie hatte Spaß, Verhaltensweisen an den Tag zu legen und Dinge zu tun, die viele Freunde und Familienmitglieder verblüfften, oft zum Vergnügen ihrer Kinder. Manchmal bedeutete das, dass sie sich ihren Kindern anschloss und mit ihnen zusammen Kind war. Sie verfügte über eine Kraft, die der Begriff „Resilienz" am besten charakterisiert – eine Eigenschaft, die Kurt nicht besaß. Er ähnelte eher einer Eiche, sie einer Weide. Wo er sich als beständig und stet erwies, zeigte sie im Laufe ihres Lebens eine große Anpassungsfähigkeit und schaffte es, vieles in ihrer Persönlichkeit zu vereinen. Auf die Rückschläge, die sie im Leben zu verkraften hatten, reagierten beide auf ihre jeweils eigene Weise. Bei ihm vernarbten die seelischen Wunden nur sehr langsam, wenn überhaupt, während sie ihre Verletzungen nach außen trug und nicht lange haderte. Diese Unterschiede in ihren Charakteren stärkten ihre Ehe, aber sie waren auch die Quelle von Schmerz und Frustration.

Marias Dilemma war, dass ihre Töchter teilhaben sollten an dem, was angesichts ihres Status und ihrer gesellschaftlichen Position von ihnen erwartet wurde, obwohl sie das dafür notwendige Verhalten eigentlich missachtete. Dies führte dazu, dass sie sich viele Sorgen um ihre Töchter machte, wobei sie deren Entscheidungen meist tolerierte und sogar von ihnen lernte.

Maria Therese (Esi) hatte in diesen ersten Jahren in der Familie einige Schwierigkeiten zu bestehen und kämpfte stets um die Aufmerksamkeit und Zuneigung ihrer Mutter. Maria machte durchaus deutlich, dass ihre Erstgeborene, Marie Louise (Butzi), ihr mehr am Herzen lag. Butzi war ihr Herzenskind und konnte sich alles erlauben. Sie stand im Zentrum ihrer Aufmerksamkeit, bis zehn Jahre später ihr erster Sohn geboren wurde. Dazu kam, dass sie aus ihrem Wunsch, einen Sohn zu bekommen, nie einen Hehl gemacht hatte. Sie hatte gehofft, dass ihr zweites Kind, Esi, ein Junge werden würde. Marias dritte Schwangerschaft endete mit der Fehlgeburt eines männlichen Fötus, was sie Esi durchaus wissen ließ. Mehr als drei Jahre später wurde Helga geboren, das „Baby" dieses „ersten Schwungs" von Hammerstein-Kindern.

Esi erkannte in Marias unverhohlenem Wunsch nach einem Sohn auf ihre kindliche Weise eine Möglichkeit, ihrer Mutter näherzukommen und sie glücklich zu machen: Sie versuchte sich so zu verhalten, wie es ein Junge ihrer Meinung nach tun würde. Zu Weihnachten wünschte sie sich jungenhaftes Spielzeug wie Zinnsoldaten und ein Schaukelpferd und stellte eine Aggressivität zur Schau, die Mädchen in ihren Kreisen und zu ihrer Zeit

Maria mit ihren beiden Töchtern Butzi und Esi

Butzi, Esi und die kleine Helga

nicht zugestanden wurde. Der Versuch, dadurch Aufmerksamkeit und Zuneigung zu erheischen, schlug fehl, und so probierte sie es mit der demonstrativen Zurschaustellung von Frömmigkeit. Sie faltete beispielsweise zum Einschlafen die Hände, als würde sie beten. Auch das hatte keinen Erfolg. Esis labile Gesundheit von klein auf erforderte eine starke Zuwendung durch die Mutter. Jede Trennung von ihr brachte sie aus dem Gleichgewicht.

Die große Aufregung ihrer Eltern über den Ausbruch des Ersten Weltkrieges übertrug sich auf Esi: „1914 war ich schon fünf Jahre, und ich erinnere mich, dass meine Eltern um den Frühstückstisch herumjagten, weil jeder zuerst die Zeitung lesen wollte. Es muss der Mobilmachungsbefehl gewesen sein. Ich flüchtete unter den Tisch. Bald danach sah ich meinen Vater morgens, als ich noch in meinem weiß gestrichenen Holzbett lag, durch die Tür. Ich hatte ihn noch nie so gesehen: er hatte einen Helm mit einem weißen Pferdeschweif auf seinem Kopf, und ward nicht mehr gesehen."

Kurt fuhr im Sonderzug des Kaisers an die Front. Er war Hauptmann im Großen Generalstab. Für Esi war es das frühe Ende ihrer Kindheit mit Mutter *und* Vater. Als Kurt an jenem Augusttag 1914 unter Pomp und feierlichem Getöse in den Zug stieg, sah kaum jemand voraus, dass es vier Jahre dauern würde, bis er endgültig zurückkehrte. Als der Krieg im November 1918 schließlich endete, war es eine andere Ehe und eine andere Familie.

Kein kurzer Krieg

„Meine Tochter Hammerstein ist gleich nach Kriegsbeginn auf unseren Wunsch zu uns gezogen, weil sie durch die Ereignisse sehr allein war und des Anschlusses bedurfte", hielt Walther von Lüttwitz in seinem Tagebuch fest.

Es ist schwer zu verstehen, dass im Sommer 1914 beinahe alle von einem kurzen Krieg ausgingen. Unter diesen Umständen schien es Kurt und Maria nicht sinnvoll, langfristige Pläne zu schmieden, sondern stattdessen so weiterzumachen, wie sie es die ganze Zeit gehalten hatten, wenn er nicht zu Hause war. Maria war immer wieder für längere Zeit bei ihrer Familie, die inzwischen in Darmstadt lebte, behielt aber ihr Zuhause in Berlin. Es schien eine gute Lösung zu sein. Die Lüttwitz' hatten ein geräumiges Haus mit der Möglichkeit, Maria und ihre drei kleinen Kinder aufzunehmen.

Walther von Lüttwitz war ebenfalls sofort einberufen worden, genau wie sein Sohn Walther („Golli"), sodass in Darmstadt nur noch Marias Mutter, ihre ältere Schwester Eleanore, ihre jüngere Schwester Cecilie und ihr jüngster Bruder Smilo lebten. Bei Louise, der Großmutter der Hammerstein-Kinder, war 1908 Tuberkulose diagnostiziert worden, weshalb sie an ihr Zimmer im Obergeschoss und die dazugehörige Veranda gebunden war. Eleanore führte den Haushalt mithilfe der Dienstboten. Maria und ihre drei kleinen Kinder fanden dort ein gastfreundliches und lebendiges Zuhause. Man kümmerte sich gut um sie. Die zwei älteren Mädchen erinnerten sich an eine schöne Zeit. Aber es gab auch dunklere Momente. Butzi und Esi sahen, wie ihre Großmutter sie von der Veranda aus beim Spielen beobachtete. Sie verstanden nicht, warum sie nicht zu ihnen kam. Sie blieb für sie eine schemenhafte Erscheinung. Sie waren zu jung, um zu begreifen, dass sie sich von ihnen fernhielt, um sie nicht anzustecken. Dieses Bild von ihrer Großmutter, die von oben zu ihnen heruntersah, hinterließ bleibenden Eindruck auf Butzi und Esi. Es ist die einzige Erinnerung, die Esi an die Großmutter hatte, und zu ihr gehört ihr „fremdartiges, längliches Gesicht". Sie war die Enkelin einer Ballerina, die aus einer Roma-Familie stammte, und hatte Gesichtszüge, die ihrer Familie „fremd" erschienen.

Die Stimmung im Haushalt der Lüttwitz' war deutlich konventioneller und kühler als die lockere Atmosphäre, die Butzi und Esi von zu Hause in Berlin gewohnt waren. Esi schrieb: „Meinen Großvater mochten Butzi und ich nicht leiden. Der Großvater hatte keine Beziehung zu uns hergestellt. Aber er schrieb meiner Mutter jeden Tag eine Karte. Seine älteste Tochter lebte immer zuhause, weil er ihr verboten hatte, den Mann, den sie liebte, zu heiraten. Abends aßen wir Reisbrei in der Pantry, während die Großen nebenan im Esszimmer ihr Dinner verzehrten. Bei meinem Großvater ist jede Mahlzeit etwas Feierliches und wird mit Zeremoniell gegessen, aber wir haben keinen Teil daran. Es gibt kein ‚Familienleben', an dem wir teilnehmen. Wir sitzen nie mit den ‚Großen' am selben Tisch, auch nicht zwischen den Mahlzeiten."

Der Eindruck fehlender Wärme in diesem Haus und das Verhalten des alten Mannes ihnen gegenüber führten dazu, dass sie dem Großvater später den Rücken kehrten. Für ihn schämten sie sich, denn er repräsentierte alles, was sie falsch fanden. Ihre Mutter Maria dagegen blieb ihrem Vater gegenüber immer loyal und kümmerte sich sein ganzes Leben lang um ihn (er starb 1942), aber sie akzeptierte, dass er und die Verwandtschaft das Verhalten ihrer Kinder missbilligten. Maria lebte gewissermaßen in „zwei Welten", in der von Kurt und ihren Kindern und in der ihres Vaters und der Lüttwitz-Familie, was zeitweise gewiss schwierig und schmerzhaft gewesen war. Walther Lüttwitz erkannte das, auch wenn er nicht verstand, welch emotionale Belastung das für Maria bedeutete.

Kurt tolerierte Marias Wunsch, weiterhin zur Welt der Lüttwitz' zu gehören. Auch er lebte auf seine Weise in zwei Welten: in der Welt derer, die sich mit der neuen Ordnung arrangierten, die sich im Laufe des Krieges und der Zeit danach in Deutschland etablierte, und in der Welt derer, die das nicht taten. Zu Letzterer gehörten sein eigener Schwiegervater und die große Mehrheit des Offizierskorps.

Einmal, noch in Darmstadt, hüpften Esi und Butzi zur Schlafenszeit auf ihrem Bett herum, und Golli, der für ein paar Tage Urlaub von der Front erhalten hatte, ermahnte sie und sagte, sie würden ihre Großmutter stören. Es sollte das letzte Mal sein, dass sie Golli sahen. Er starb am 23. Dezember 1916 an der Ostfront. Viele aus der Familie Lüttwitz verloren während des Krieges ihr Leben, jedoch niemand aus der Familie Hammerstein. Die Lüttwitz' hatten die Pflicht verinnerlicht, an vorderster Front zu kämpfen – eine Haltung, die die Hammersteins nicht teilten. Ging es um das Heer und den Dienst im Offizierskorps, herrschten in den beiden Familien sehr unterschiedliche Auffassungen.

Als Kurt 1915 klar wurde, dass Deutschland ein längerer Krieg bevorstand, mussten er und Maria über ihre Zukunft nachdenken, und dieses Mal, ohne die Darmstädter Familie in Anspruch zu nehmen. Es war der Beginn eines neuen Lebens. Auch für die Familie Lüttwitz änderte sich die Situation. Louise wurde zunehmend schwächer und verbrachte immer längere Zeiten in Sanatorien – eine große Belastung für die Finanzen der Familie in einer Zeit, in der die Lebenshaltungskosten stark stiegen und der Schwarzmarkt angesichts mangelnder Grundnahrungsmittel blühte. Die Familie sah sich kaum noch in der Lage, Maria und ihren drei Kindern Zuflucht zu gewähren. Walther schrieb in sein Tagebuch: „Anfang Juni [1915] war ich ein paar Tage in Darmstadt. Meine liebe Louise war damals recht munter, meine Tochter Hammerstein mit Kindern war anwesend, es waren glückliche Tage. Aber im Juli verließ meine Tochter Hammerstein Darmstadt für einige Wochen mit ihren Kindern. Auf die Dauer gingen ihre Kinder meiner armen kranken Louise so auf die Nerven, dass eine mehrwöchige Trennung geboten war."

Mit Gollis Tod an der russischen Front hatte der Krieg auch das Haus der Lüttwitz' erreicht. Es war ein schwerer Schlag, ungeachtet der patriotischen Heldenrhetorik, mit der Walther und Louise ihn bemäntelten. Maria weinte still um ihren Bruder, den sie so geliebt hatte, genau wie Louise – aber nicht still genug, dass Esi es nicht bemerkt hätte: „Meine Mutter bekam eine schöne grüne Ledermappe geschickt. Es ist ein Bild Onkel Walthers darauf, der noch vor kurzem die Treppe herauf sprang. Er ist gefallen. Sie weint, immer wieder, er war ihr Lieblingsbruder." Vater Walther von Lüttwitz zeigte seine Trauer, indem er seinen Sohn auf dem Familienfriedhof der Lüttwitz' im schlesischen Gorkau begraben ließ, wo er ihn für den Rest seines Lebens bei jeder sich bietenden Gelegenheit besuchte.

Durch Gollis Tod und Louises sich verschlechternde Gesundheit war das Haus in Darmstadt nicht mehr, was es im August

1914 gewesen war. Bald wurde es zugunsten eines bescheideneren aufgegeben, um die steigenden Kosten für Louises Aufenthalt in Davos aufbringen zu können. Für Maria war es ein herber Schicksalsschlag in einer Zeit, in der sie mit ihren kleinen Kindern allein war, dass sie nicht mehr in den Kreis der Familie zurückkehren konnte.

Kurt sah durch seine Position ziemlich klar, welchen Verlauf der Krieg nehmen würde. Ein baldiges Ende war nicht in Sicht. Er schlug Maria vor, in ein kleines Dorf zu ziehen, um besser für das gewappnet zu sein, was ihnen bevorstand. Er war seit früher Kindheit daran gewöhnt, auf dem Land zu leben, wo er sich besonders wohl fühlte. Doch Maria empfand dies als einen zu einschneidenden Vorschlag, der ihre Art zu leben völlig umgekrempelt hätte. Dass sie nicht sofort und auf Dauer aufs Land zogen, war sein Zugeständnis an Maria und ihr Bedürfnis, in der Stadt zu leben.

Den Sommer und Frühherbst 1916 verbrachten sie in einem gemieteten Wachhäuschen eines Schlosses in Barntrup, Lippe/Detmold. In der dortigen Dorfschule wurden Butzi und Esi eingeschult. Maria und Kurt mussten damit zurechtkommen, dass Darmstadt nur noch für kurze Besuche infrage kam, während das Leben in Berlin immer schwieriger wurde. Der Winter 1914/15 hatte bereits deutlich genug gemacht, welche Opfer von der Bevölkerung erbracht werden mussten, insbesondere in größeren Städten. Immer mehr Menschen begegneten dem Mangel an Nahrungsmitteln und den steigenden Preisen, indem sie aufs Land zogen, wo sie unmittelbar auf die Erzeugnisse der Bauern zurückgreifen konnten.

Ende 1916 kehrten Maria und die Kinder nach Berlin zurück und verbrachten dort die Wintermonate. Anschließend zogen sie wieder in ein Dorf, diesmal nach Schmalnau in der Rhön – ein Muster, das sich im Frühjahr 1917 wiederholte, als sie sich in Sparbrod (Rhön) niederließen. In den Jahren 1916 und 1917 lebten sie jeweils lange auf dem Land, vom beginnenden Frühling bis in den Spätherbst hinein, und die Wintermonate wiederum in Berlin. Für das Leben auf dem Land erwies sich eine von Kurt sehr geschätzte Tante als wichtig. Die Schwester seines Vaters amtierte seit Jahren als sehr angesehene Äbtissin des Stifts Wallenstein in Fulda. Sie half Kurt und Maria, geeignete Häuser zur Miete zu finden. Zwar wäre es besser gewesen, sich jedes Mal wieder im selben Dorf niederzulassen, aber angesichts des unvorhersehbaren Kriegsverlaufs war es unmöglich, soweit im Voraus zu planen.

Das Hin und Her zwischen Berlin und diesen Dörfern brachte es mit sich, dass die beiden größeren Kinder drei verschiedene Dorfschulen besuchten und ihre Berliner Schule während des Schuljahrs immer wieder verließen. Butzi kam damit ganz gut zurecht, aber Esi fiel es sehr schwer, denn sie konnte sich nicht daran gewöhnen, immer wieder neue Freundinnen finden zu müssen. Sie reagierte darauf, indem sie Butzi als ihre wichtigste Spielkameradin betrachtete und deren Freundinnen als ihre. Erstmals zeigte sich das, als Maria ihre Töchter 1915 zum Schuleintritt in derselben Klasse anmeldete. Im Gegensatz zu Butzi hatte Esi Schwierigkeiten beim Lesenlernen, was dazu führte, dass sie sich ihrer Schwester unterlegen fühlte.

In den Dörfern konnten Butzi und Esi frei über die Felder und durch die Wälder streifen und mit anderen Dorfkindern spielen. Da Maria mit Helga und dem Haushalt beschäftigt war, beaufsichtigte sie die beiden kaum. Für Esi waren diese Zeiten auf dem Land etwas ganz Besonderes, weil sie dort ihrer Mutter viel näher sein konnte als in Berlin. Doch zugleich spürte sie deren Abweisung: „Ich bin selig, ich will meine Mutter umarmen, aber sie schüttelt mich mit einem Ruck ihres Körpers ab. Sie will nicht geküsst werden von mir. Sie mag mich nicht. Warum?“

Maria gab auf dem Land eine ziemlich beeindruckende Figur ab, denn hier galt der Adel in jener Zeit viel. In jedem der Dörfer

Sehr verhalten wirken die drei Töchter und ihre Mutter, 1913.

oder in ihrer Umgebung gab es Adelige sowie die Oberschicht, die aus dem Pastor oder Priester bestand, aus den Lehrern und den Regierungsbeamten. Maria war zwar vollkommen unprätentiös, ihrem Verhalten nach aber unverkennbar eine Aristokratin. Sie war eine echte Lüttwitz und ähnelte ihrem Vater auch darin, sich ihres Platzes in der Gesellschaft vollkommen bewusst zu sein und sich damit wohlzufühlen. Für die Bewohner dieser Orte war es vermutlich durchaus ein Erlebnis, eine Adelige in ihrer Mitte zu wähnen, die sich den dörflichen Lebensgewohnheiten keineswegs verschloss. Sie lernte die einheimische Küche schätzen, auch kochte sie zum ersten Mal für ihre Familie. So durchbrach sie die Sitten und Gebräuche ihrer eigenen Erziehung, was natürlich Auswirkungen auf ihre Kinder hatte. Auf der anderen Seite nutzte Kurt seine kurzen Fronturlaube, um seinen Kindern einen intensiven Naturbezug zu vermitteln: „Er brachte uns in jungen Jahren bei, uns im Wald ruhig zu verhalten und aufmerksam zu sein, wodurch wir der Natur gegenüber ein beinahe ehrfürchtiges Gefühl entwickelten."

Die Winter in Berlin waren für Esi sehr viel schwieriger auszuhalten als die Zeit in den Dörfern. Familienleben fand kaum statt, und ihre Mutter kümmerte sich nur wenig um sie. Esi empfand das als Kränkung und entwickelte ihr gegenüber ein aggressives Verhalten. Im ersten Kriegswinter meldete Maria Butzi und Esi auf einer katholischen Privatschule an. Um dorthin zu kommen, mussten sie eine lange Fahrt mit der Straßenbahn auf sich nehmen. Erst als sie dort regelmäßig von Männern belästigt wurden und deshalb immer wieder die Bahn wechselten, meldete Maria beide Kinder auf einem Lyzeum an, das sie zu Fuß erreichen konnten. Auch auf dieser Schule fühlten sie sich fremd, und erneut fand Esi keine Freunde. Erschwert wurde das geschwisterliche Verhältnis, weil Butzi zu Hause lieber mit Helga spielte, sodass Esi sich auch hier ausgeschlossen fühlte. Sie begann sich zurückzuziehen.

In diesen Jahren, in denen Kurt regelmäßig und lange abwesend war, wurde die Distanz zwischen ihm und seinen Töchtern immer spürbarer. Sie entwickelten und veränderten sich schnell, aber Kurt hatte daran keinen Anteil. Nach einem seiner Heimaturlaube küsste er Esi zum Abschied. Es war ein so selten gezeigter Ausdruck seiner väterlichen Liebe, dass Esi sich ihr Leben lang daran erinnerte.

Maria wuchs in einem militärischen Haushalt auf, aber nicht zu Kriegszeiten. Ihr Vater nahm als hochrangiger Offizier am

Weltkrieg teil und gehörte zu denjenigen aus Adel und Offizierskorps, die sich der Überlegenheit deutscher Waffen sicher und überzeugt waren, dass der Krieg gewonnen werden würde, wenn man es dem Militär überließ, womit er das Offizierskorps meinte. Diese verengte Sicht auf das Verhältnis von Politik, Gesellschaft und Militär trug dazu bei, dass er die Schuld an der deutschen Niederlage und Kapitulation 1918 den „Juden, Bolschewiken und Sozialisten“ an der Heimatfront gab und damit die „Dolchstoßlegende“ teilte. Als 1916 Feldmarschall Paul von Hindenburg und General Erich Ludendorff das Kommando übernahmen und so gewissermaßen zu Deutschlands Diktatoren aufstiegen, war er dagegen, dass der Kaiser und der Kronprinz entmachtet wurden. Die später neu gegründete Republik lehnte er strikt ab.

Kurt dagegen gehörte zu den überwiegend jüngeren Offizieren, die bereits um die Jahreswende 1914/15 glaubten, dass Deutschland seine Kriegsziele nicht erreichen könne. Er sah sich damals verpflichtet, Vorbereitungen für Friedensverhandlungen zu treffen. Mit seinem scharfen analytischen Verstand erfasste er die Bedeutung von Informationen schnell. Unmissverständlich nannte er die Dinge beim Namen. Seine Kritik an der desaströsen militärischen Führung behielt er für sich und reflektierte sie nur insgeheim. Mehr als einmal litt er unter quälenden, nervlich bedingten Erkrankungen. Er verstand auch, dass erst die Tatsache, dass Teile der Arbeiterorganisationen und vor allem die SPD das Militär und die Kriegsanstrengungen sowie die Zivilregierung unterstützten, eine Fortführung des Krieges nach 1915 möglich machte. Doch als er aus dem Krieg kam, hatte er keine Illusionen darüber, wer für Deutschlands Niederlage verantwortlich war: das militärische Kommando, das zunächst der Kaiser und später Hindenburg und Ludendorff übernommen hatten.

Kurt hatte sich durch seine Erlebnisse im Krieg auf eine Weise verändert, die er Maria nicht vermitteln konnte. Sie musste mit ihren eigenen inneren Konflikten zurechtkommen und war von

Stolz präsentiert Maria ihren neugeborenen Sohn Kunrat, 1918.

ihrem Temperament und Intellekt her nicht in der Lage, Kurt auf dem Weg zu begleiten, für den er sich innerlich entschieden hatte. Sie sah und spürte, dass er litt, verstand aber nicht, warum. Sie lebten in unterschiedlichen Welten. Auf die Veränderungen, die Kurt in den Kriegsjahren durchgemacht hatte, war sie nicht vorbereitet.

Im Juni 1918, in den letzten Kriegsmonaten, gebar Maria ihr viertes Kind, ihren ersten Sohn. Sie und die Kinder verbrachten die ersten Monate der Schwangerschaft noch in dem Dorf Schmalnau in der Rhön, die letzten Monate jedoch in Berlin. Für sie war es eine einsame und schwierige Zeit, da der Krieg noch wütete und ihre Mutter Louise in Darmstadt unter ihrer schweren Erkrankung litt. Aber sie war stolz und freute sich auf die

Die Familie 1918 in Adolphseck bei Fulda

Geburt ihres ersten Sohnes Kunrat, den Kurt erst kennenlernen sollte, als er bereits drei Monate alt war. Maria präsentierte ihn Freunden ihrer Eltern, darunter der Familie von Admiral von Tirpitz, dem Befehlshaber der deutschen Marine. Dessen Tochter Margot war bei den Ursulinen in Breslau eine Klassenkameradin von Maria gewesen; Tirpitz wurde Taufpate des Neugeborenen. Ein anderer Taufpate und Freund der Lüttwitz' war der Klavierbauer Edwin Bechstein. Die Hammersteins waren schon vor dem Krieg regelmäßig zu Gast auf dem Landsitz der Bechsteins in

Erkner und in ihrem Berliner Haus gewesen. Edwin und Helene Bechstein führten einen lebhaften und inspirierenden Salon, in dem Kurt Menschen mit unterschiedlichsten Ansichten und Hintergründen kennenlernte. Erst durch Marias familiäre Kontakte wurde Kurt mit der extremen Rechten in seinem eigenen Haus konfrontiert, während sein eigenes politisches Milieu konservativ, aber nicht nationalistisch war. Walther von Lüttwitz notierte in seinem Tagebuch, Bechsteins Tiraden gegen die Juden seien so extrem gewesen, dass sogar er nur noch den Kopf schüttelte.

Die Bechsteins erwiesen sich der Familie gegenüber als großzügig. Das Offizierskorps genoss in jener Zeit höchstes gesellschaftliches Ansehen, und in Anbetracht der finanziellen Zwangslagen vieler seiner Mitglieder war es üblich, mit großbürgerlichen Familien eine Verbindung einzugehen. Es war ein Arrangement, von dem beide Seiten profitierten. Maria wuchs mit solchen Arrangements auf und hatte Talent darin, sie zu pflegen. Zunächst nahm sie hin, dass Helene Bechstein eine glühende Verehrerin und Förderin von Adolf Hitler war. In den späten 1920er-Jahren hatte sie Hitler Hammerstein und Schleicher vorgestellt. Erhebliche Geldbeträge stellte sie der NS-Zeitung „Völkischer Beobachter“ zur Verfügung.

Aufgrund der bevorstehenden Niederkunft verließen Maria und ihre drei Kinder Berlin im Frühsommer nicht, wie sie es in den Jahren zuvor getan hatten. Stattdessen schickte sie die Kinder rechtzeitig vor der Geburt allein zu ihren Verwandten Else und Victor von Websky im schlesischen Karlsdorf-Weinberg. Victor besaß dort eine florierende Chemiefabrik, die den Wohlstand der Webskys begründete. Die Kinder fanden ein Leben vor, das unbeeinträchtigt war von den Entbehrungen des Krieges. Sie waren nicht die einzigen Kinder, die die Webskys in diesem Sommer und Herbst beherbergten.

Es war das erste Mal, dass Butzi und Esi für längere Zeit von ihrer Mutter getrennt waren. Esi weinte sich jeden Abend in den

Schlaf und hatte immer noch Mühe, Anschluss an neue Freundinnen zu finden. Else von Websky nannte sie „ein schwieriges Kind". Doch mit der Zeit wurden die Webskys für Esi zur Ersatzfamilie und Karlsdorf einer ihrer Lieblingsorte. In Victor, dem „Pappi", fand sie eine warmherzige und zugängliche Vaterfigur, an die sie sich in jenen Jahren wenden konnte, in denen sie diese Eigenschaften an ihrem eigenen Vater noch immer vermisste.

Helga hingegen war schon in jungen Jahren immer wieder von ihrer Mutter getrennt gewesen. Weil sie Herzprobleme hatte, musste sie immer wieder lange Zeit in Krankenhäusern verbringen. Als Erwachsene äußerte sie, dass sie keineswegs aus gesundheitlichen Gründen regelmäßig fortgeschickt worden war, sondern auch, um ihrer Mutter eine Last von den Schultern zu nehmen, zunächst wegen der Kriegszeiten und später, weil Maria noch vier weitere Kinder hatte.

Im Juli, vier Wochen nach der Geburt von Kunrat, stieß Maria zu den drei Mädchen in Wüstewaltersdorf im Eulengebirge, einem weiteren Anwesen der Webskys in Schlesien. Ihre Mutter wirkte auf die Mädchen glücklich und stolz auf ihren ersten Sohn. In dieser wunderschönen Umgebung verbrachten sie gemeinsam ein paar idyllische Monate. Sie lebten auf Einladung Webskys in einem kleinen Schloss, zum Haushalt gehörten ein Kindermädchen und eine junge Gehilfin. Esi war glücklich, weil sie endlich ihre Mutter in der Nähe hatte. Wenn Maria Lebensfreude ausstrahlte, ging es auch ihr besser. Doch Maria ertrug das Anlehnungsbedürfnis von Esi, das sie für „Schwäche" hielt, schlecht und reagierte darauf mit Spott und regelrechter Grausamkeit.

Im September besuchte Kurt seine Familie während eines kurzen Urlaubs und sah zum ersten Mal seinen Sohn. Er bereitete Maria auf die schwierigen kommenden Zeiten vor und erzählte ihr von den Revolutionswellen, die sowohl die Armee als auch die Städte überschwemmten. Er besprach mit ihr, wie man sie und die Kinder vor den Ereignissen abschirmen könnte, die Berlin, wie er bereits ahnte, bevorstanden.

Während ihres Aufenthalts in Wüstewaltersdorf besuchte Maria mit den Kindern zuletzt im Herbst 1918 Gorkau, den Ort in Schlesien, den die Lüttwitz' als ihr Zuhause bezeichneten, und stellte den kleinen Kunrat ihrer weiteren Familie vor. Er wurde bei diesem Besuch sehr bewundert, aber später änderte die Familie ihre Meinung über ihn und seine Geschwister. Man fand die Hammerstein-Kinder zu „unkonventionell und wild", um von den Lüttwitz' akzeptiert zu werden.

Als die Hammersteins im November wieder in Berlin lebten, zog Kurts Schwester für einige Zeit zu ihnen. Es war der Monat, in dem Marias Mutter Louise ihrer langen Krankheit schließlich erlag. Walther besuchte sie auf seinem Weg von der Westfront nach Berlin, als sie dem Tod bereits nahe war. Louise bestand darauf, dass er seine Pflicht tat, nach Berlin zu fahren, um das Kommando über die Truppen zu übernehmen, die die Regierung vor den revolutionären Kräften schützen sollten. Kurz darauf starb sie. Um ihren Vater zu trösten und ihm zu helfen, zogen Maria und die Kinder in die weitläufige Amtswohnung in der Hardenbergstraße 32. Dort feierten sie 1918 Weihnachten, allerdings ohne Kurt. Er war noch nicht zurückgekehrt.

Berliner Unruhen

Ende November 1918, also nach dem Waffenstillstand, der Abdankung des Kaisers und der Ausrufung der Republik unter dem Sozialdemokraten Friedrich Ebert, wurde ein Flugblatt an die Truppen an der Front verteilt, das mit „v. Hindenburg" unterschrieben war. Ob das Flugblatt von der OHL herausgegeben wurde, ist nicht gesichert. Gleichwohl sollen die Inhalte in der Truppe bekannt gewesen sein. Das Flugblatt fasste die Position der OHL zu diesem Zeitpunkt zusammen:

1. Das Ziel der inneren Umwälzung ist die politische Gleichberechtigung aller. Dieses Ziel ist nur zu erreichen, wenn die Stimme eines jeden Einzelnen zur Geltung kommt und das Ergebnis aller Stimmen in der Nationalversammlung die zukünftige Gestaltung Deutschlands regelt.
2. Unabhängige und Spartakusleute wollen die Einberufung der Nationalversammlung verhindern. Sie streben vielmehr die Herrschaft einer Klasse oder einer Partei an.
3. Unabhängige und Spartakusleute wollen die Klassenherrschaft auch ohne Mitwirkung des Feldheeres zu einer dauernden Einrichtung machen. Die heimischen Soldaten und Arbeiterräte folgen ihnen zwar zum großen Teil, aber sie bestehen aus jungen Burschen, die daheim viel Geld verdienten, während das Feldheer unter dauernder Lebensgefahr und unter den größten Entbehrungen an Leib und Seele am Feinde stand.
4. Die heimischen Arbeiter- und Soldatenräte haben schon jetzt viel Unheil angerichtet.
5. Wenn die radikalen Elemente, die schon soviel Unheil angerichtet haben, völlig zur Herrschaft kämen – und das würden sie, wenn Ebert stürzte –, so würde Deutschland zu russischen Zuständen gelangen. Dort ist alles der sinnlosen Gewaltherrschaft einer kleinen Gruppe unterworfen.
6. Es ist nicht daran zu denken, dass die Entente mit uns Frieden schließt, wenn die Unabhängigen, „Spartakus“ und Liebknechtleute die Herrschaft übernehmen. Die Vereinigten Staaten haben klar ausgesprochen, dass sie nur mit einer Regierung, die sich auf die Mehrheit des Volkes stützt, nicht aber mit einer Kaste oder Klasse Frieden schließen wollen.

Neues Kriegselend würde über uns hereinbrechen, wenn Ebert gestürzt würde.

7. Wenn die Radikalen ans Ruder kämen, würden große Teile Deutschlands sich loslösen, da sie den Unsinn nicht mitmachen wollen, große örtlich Gebiete abfallen, das linke Rheinufer nicht wieder an Deutschland zurückkommen. Zerstückelung, Kleinstaaterei wären die Folgen. Anzeichen sind schon jetzt vorhanden.
8. Daher muss das Feldheer die jetzige Regierung stützen. Sollte sie gestürzt werden, muss es die bürgerlichen Elemente wieder an die Herrschaft bringen. Es muss sein Mitbestimmungsrecht und die baldige Einberufung der Nationalversammlung fordern. Das ist der letzte Dienst, den das Feldheer für die Heimat leistet, Kinder und Enkel würden es ihm unendlich danken.

Zwei Monate nach Kriegsende, im Januar 1919, wurde Hammerstein in den Generalstab seines Schwiegervaters Lüttwitz berufen, der das Kommando über die Truppen in und um Berlin führte. Hammerstein und Lüttwitz hatten unterschiedliche Blickwinkel auf die großen Ereignisse jener Zeit. Als junger Offizier im Generalstab konnte Hammerstein das Verhalten und die Persönlichkeiten seiner Vorgesetzten gut beobachten.

Nachdem der Kaiser bereits in der zweiten Hälfte des Jahres 1914 begonnen hatte, sich aus der militärischen Führung zurückzuziehen, lag die Macht in Deutschland de facto im Offizierskorps, das zunächst Erich von Falkenhayn und später Paul von Hindenburg und Erich Ludendorff unterstand. Hammerstein hatte vorhergesehen, dass der Krieg für Deutschland nach dem katastrophalen Scheitern des Schlieffenplans 1914 verloren war. Aber die „Falken“ innerhalb des Offizierskorps brauchten bis zum 9. November 1918, um sich endlich geschlagen zu geben. Ab diesem Zeitpunkt wandten sich Hindenburg und Ludendorff an die größte Partei im Reichstag, die Sozialdemokraten unter der Führung Friedrich Eberts, um die Bedingungen des Waffenstillstands und des Friedens auszuhandeln.

Hammerstein war psychisch und gedanklich darauf vorbereitet, dass Deutschland große Veränderungen bevorstanden. Er hatte die Kapitulation der Monarchie hautnah miterlebt, nachdem sie sich 1916 ihrer wichtigsten Aufgabe nicht gewachsen gezeigt hatte, dafür zu sorgen, dass die Armee und die Zivilregierung den Krieg gemeinsam entschlossen zu einem für Deutschland akzeptablen Ende brachten. Außerdem hatte er eine ignorante Militärführung erlebt, die immer wieder aufs Neue beteuerte, dass ein deutscher Sieg kurz bevorstehe, und sich lange weigerte, die Situation realistisch einzuschätzen. Kurt beobachtete all das und zahlte psychisch und physisch einen hohen Preis dafür, deutlich auszusprechen, was er sah.

Auch Lüttwitz begriff, dass im Offizierskorps Fehler gemacht und in der Kriegführung falsche Entscheidungen getroffen worden waren. Er empfand eine große Verantwortung für die Truppen, die er befehligte, und hatte nicht vor, sich auf riskante Abenteuer einzulassen. Wesentlich fühlte er sich der Idee einer starken Monarchie, der Armee und Offizierskorps loyal ergeben sein sollten, verpflichtet. Die großen Veränderungen, die sich durch den Krieg in der Gesellschaft anbahnten, wollte er nicht akzeptieren. In der russischen Oktoberrevolution sah er einen Vorboten der kommenden Ereignisse in Deutschland. Dagegen in jeder Weise Widerstand zu leisten, hielt er für seine Pflicht.

Hammerstein und Lüttwitz zogen unterschiedliche Schlüsse aus den Kriegserlebnissen. Hammerstein stand noch am Anfang seines Berufslebens, Lüttwitz befand sich auf dem Zenit. Hammerstein gehörte einer Generation junger Offiziere an, die während des Krieges und danach ein neues Deutschland entstehen sahen und es für das Beste hielten, sich darauf einzustellen. Lüttwitz fand den Gedanken vollkommen unerträglich, dass das Nachkriegsdeutschland alles zerstörte, woran er glaubte. Sie gingen mit verschiedenen Mentalitäten und Erfahrungen in den Krieg, der auf beide eine ganz unterschiedliche Auswirkung hatte. Den Offizier Hammerstein prägten die Kriegsereignisse nachhaltig, Walther nicht. Über Hammerstein schrieb Lüttwitz in sein Tagebuch: „Später trat leider eine Spannung zwischen mir und Kurt Hammerstein ein: Er wurde nach dem Kriege Opportunist und da stießen wir aneinander.“

Damit befanden sie sich auf Kollisionskurs. Der eine, pragmatisch angesichts der neuen Realität, der andere entschlossen, den Zustand von 1914 wiederherzustellen. Die Folge war, dass Lüttwitz alles tat, um die revolutionären Kräfte in Berlin und Deutschland 1918/1919 zu unterdrücken und zu zerstören, währenddessen er sich um Probleme der aktuellen Regierung nicht scherte. Hammerstein arbeitete mit anderen zusammen, darunter mit Schleicher und Harbou, professionell und gewissenhaft, wobei sie ihre Talente geschickt vereinten. Anders als bei Lüttwitz motivierte sie nicht in erster Linie die Gefahr, die von den Revolutionären ausging, sondern die Rechtmäßigkeit der neuen Regierung und die Rolle der Armee, die es zu verteidigen galt. Grundlage ihrer Auffassung war der Ebert-Groener-Pakt vom 10. November 1918, der Lüttwitz ein Dorn im Auge war, Hammerstein und ein paar gleichgesinnten Offizieren unter den gegebenen Umständen aber vernünftig erschien.

Nach dem Fehlschlag von Erich Ludendorffs letzter Offensive folgte ihm Wilhelm Groener als Erster Generalquartiermeister. Als der Kaiser abgedankt hatte, unterstützte er im Einverständnis mit Feldmarschall von Hindenburg Friedrich Eberts Wahl zum Staatsoberhaupt und einigte sich mit ihm auf neue Grundlagen für die Regierung Deutschlands. Ziel war, die Zerrissenheit Deutschlands zu überwinden und einen starken parlamentarischen Staat aufzubauen. Friedrich Ebert sollte als Kopf der Sozialdemokraten eine Interimsregierung leiten, gestützt von der Armee, die sie vor revolutionären Elementen schützen sollte. Im Gegenzug blieben Armee und Offizierskorps intakt und behielten ihre bisherige Form und ihren Platz im deutschen Staat. Dies war ein bemerkenswertes Ereignis – der Vorsitzende der SPD und der Oberkommandierende der Armee einigten sich aufgrund ihrer jeweiligen Interessen darauf, was in Deutschland an die Stelle der Monarchie treten sollte. Es war ein Pakt, den die Sozialisten des linken Flügels der SPD (USPD, bald jedoch die KPD) nicht unterstützten, aber auch die Konservativen mehrheitlich ablehnten.

Obwohl Kurt und seine Familie wieder vereint waren, fand ein Familienleben kaum statt. Die Ereignisse in Berlin, die Kurt sich sehr zu Herzen nahm, überstürzten sich. Er führte keinen Krieg mit einem Feind außerhalb des Landes, sondern musste lernen, Konflikte mit Arbeitern und entlassenen Soldaten auszutragen. Die enorme Belastung forderte ihren Tribut, 1919 musste er sich in eine militärische Rehabilitationseinrichtung begeben, während Helga zufällig in einem benachbarten Kinderheim untergebracht war. Sie erinnerte sich an liebevolle Besuche ihres Vaters. Maria war vor allem mit dem kleinen Kunrat beschäftigt und bereits mit ihrem fünften Kind schwanger.

Esi berichtete, dass „die Welt der Erwachsenen“ für sie und ihre Geschwister „nicht existierte“: „Was in der Welt vorging, drang nicht bis zu uns, trotzdem man 1918 oder 1919 schrieb. Dass unser Vater wieder da war, weiß ich überhaupt nur von einer Szene: mein Vater muss sehr aufgeregt gewesen sein, sonst hätte er nicht vor uns Kindern berichtet. Er kam vom Flur in das Berliner Esszimmer und rief aufgeregt meiner Mutter zu, dass ein rotes Weib an ihren Haaren in den Kanal geworfen worden wäre. Daran erinnerte ich mich mit Entsetzen, als ich mit 18 Jahren Rosa Luxemburgs Briefe aus dem Gefängnis las und von ihrer Ermordung erfuhr. Es war die erste wirkliche Untat, von der ich hörte. Ich stellte mir vor, dass es rote Haare waren. Mein Vater war sehr aufgeregt, aber nicht empört. War Rosa Luxemburg für ihn kein Mensch? Vielleicht oder fast sicher wusste er nichts von ihr. Und ahnte nicht, dass seine kleinen Töchter eines Tages wahrscheinlich …“

Rosa Luxemburg war zusammen mit Karl Liebknecht die maßgebliche Stimme der Opposition gegen den Krieg und gegen die Einigung der Sozialdemokraten unter Führung von Friedrich Ebert, gegen die alten Eliten und Strukturen, insbesondere deren Zugeständnisse an die Armee. Sie setzten sich für eine Demokratisierung der Gesellschaft und der Wirtschaft ein und damit für die revolutionäre Veränderung der Gesellschaft. Am 15. Januar 1919 wurden Liebknecht und Luxemburg von Mitgliedern des Freikorps ermordet – paramilitärischen Einheiten, die die aufgrund des Versailler Vertrages auf 100 000 Mann verkleinerte Armee aufstocken sollten. Die Leiche von Luxemburg ließen die Mörder in den Landwehrkanal werfen.

Kurt war in erster Linie nicht darüber schockiert, dass die Anführer der revolutionären Kräfte tot waren, sondern die Art ihres Todes. Sie waren kaltblütig hingerichtet worden. Die Morde hießen für ihn, dass bei den Soldaten und Offizieren, die das Freikorps bildeten, keine Disziplin herrschte. Walther dagegen sah in den Morden ein Zeichen dafür, wie nützlich das Freikorps war, das offiziell nicht Teil der Militärhierarchie und Kommandostruktur war. Später sollten es Personen wie Liebknecht und insbesondere Luxemburg sein, die die Hammerstein-Töchter faszinierten.

Der Sommer 1919 verlief für Maria und die Kinder wieder anders als die vorherigen. Zu Esis großem Ärger fuhren sie nicht erneut nach Schlesien, wo sie im Jahr davor so glücklich gewesen waren und man sich so gut um sie gekümmert hatte. Kurt wollte in keinem Fall auf Marias Familie angewiesen sein und zog Gegenden vor, die ihm vertrauter waren. So mietete er ein Quartier im schönen alten Schloss Adolfseck bei Fulda, dessen auffallendste Attraktion für die Kinder ein prächtiger weißer Hirsch war. Kurts Tante, die protestantische Äbtissin des Freiadligen Stifts Wallenstein in Fulda, half ihnen auch diesmal.

Maria erwartete ihr fünftes Kind im November – das zweite Kind der langsam entstehenden „zweiten Familie“. Die Gründung einer jüngeren Familie fünf Jahre nach der Geburt des letzten Kindes der „ersten Familie“ war Kurt sehr wichtig, nachdem er die ersten drei Kinder „verpasst“ hatte. Maria hatte sich einen Sohn gewünscht, jetzt hatte sie einen. Weitere Kinder waren für sie nur eine Last. Sie interessierte sich nicht besonders dafür, Kinder großzuziehen, und lehnte es ab, ihre Anstrengungen darauf zu konzentrieren. Sie war nicht in der Lage, so viele Haushaltshilfen anzustellen, dass sie mit all den Anforderungen leicht hätte zurechtkommen können: Sie war mit vier Kindern vollkommen zufrieden. Nicht so Kurt. Er genoss es, Kinder um sich herum zu haben, nachdem er selbst seine Familie zu früh verlassen hatte. Sogar bei den drei Großen bestand er darauf, dass sie zu Hause lebten, als sie bereits zur Universität gingen.

Im Sommer 1919 ergriff Maria die Initiative und stellte für Butzi und Esi zum ersten Mal eine Erzieherin ein. Doch es war „zu spät“. Butzi und Esi rächten sich, indem sie ihrer Betreuerin ständig davonliefen und sich lieber Abenteuerspielen zuwandten. Zwar versuchte Maria, Butzi und Esi Manieren und etwas Gehorsam beizubringen. Sie achtete drauf, dass sie die Erwartungen erfüllten, die die Gesellschaft an sie stellte. Aber beide waren bereits zu sehr daran gewöhnt, zu Hause nicht von Erwachsenen beaufsichtigt zu werden und machen zu können, wozu sie Lust hatten. Dass Maria eine Erzieherin einstellte, war ein Versuch, die beiden im Zaum zu halten. Aus jenem Sommer stammt auch eine Familiengeschichte, die man sich noch lange gerne erzählte: Helga erinnert sich, dass ihre Mutter an den Wochenenden aus Berlin kam, um nach ihnen zu sehen, und da für sie kein Zimmer gemietet worden war, schlief sie „unter freiem Himmel in einer Äckerfurche“. Eine von den dreien durfte jeweils bei ihr schlafen – was immer ein großes Erlebnis war.

Während Esi auch hier einsam blieb, fiel es Butzi nicht schwer, neue Freundinnen zu finden. Sie schloss sich mit der Tochter des Pförtners in ihrem Zimmer ein und las mit ihr gemeinsam Bücher. Esi beneidete die beiden, war aber zu schüchtern, um sie zu bitten, das geheime Abenteuer mitmachen zu dürfen.

Eine neue Welt

Am 13. März 1920 kam es zwischen Hammerstein und Lüttwitz schließlich zum Konflikt. Schon im Juli des vorangegangenen Jahres hatte Hammerstein seinem Schwiegervater geraten, der Regierung kein Ultimatum zu stellen. Der Versailler Vertrag sollte bald unterschrieben werden. Er limitierte die Größe der Armee auf 100 000 Mann und beschränkte ihre militärische Kapazität auch sonst auf drastische Weise. Lüttwitz gab weitverbreiteten Vorbehalten im Offizierskorps eine Stimme. Die Bedingungen des Versailler Vertrags hielten viele in Deutschland für unzumutbar. Am stärksten war die Ablehnung innerhalb der nationalistischen Rechten, während die Moderaten wie Hammerstein, Schleicher und Harbou überzeugt waren, dass eine Revision des Vertrags, gegen den auch sie massive Vorbehalte hatten, mit der Zeit unausweichlich sein würde, nicht zuletzt wegen der Spaltung innerhalb der Entente. Die Alleinschuld-Klausel, wonach Deutschland „Urheber für alle Verluste und Schäden“ des Krieges sei, streute Salz in die Wunde der Niederlage. Für Lüttwitz waren die Vertragsauflagen für die Armee schlicht der Tropfen, der das Fass zum Überlaufen brachte. Anders als die Moderaten vertraute er nicht darauf, dass die Republik zusammen mit einem sehr eingeschränkten Militär ein starkes und einiges Deutschland garantieren könne. Dieses Ziel konnten für ihn nur das alte Preußische Offizierskorps und eine wiederhergestellte Hohenzollernmonarchie gewährleisten.

Als Lüttwitz befohlen wurde, das ihm ergebene militante Freikorps des Korvettenkapitäns Hermann Ehrhardt aufzulösen, fasste er zusammen mit dem nationalistischen Politiker Wolfgang Kapp einen folgenschweren Plan. Sie setzten sich zum Ziel, die Regierung in Berlin unter Einsatz eben dieser Brigade zu stürzen und zu ersetzen.

Als fatal für die junge Republik erwies sich bei diesem Putschversuch, dass die Armee unter der Führung von General Hans von Seeckt sich weigerte, etwas gegen die rebellierenden Soldaten zu unternehmen. Eben die Armee, die den Pakt mit Ebert geschlossen hatte, lehnte es ab, eine Armeerebellion gegen die Republik niederzuschlagen. Der Kapp-Lüttwitz-Putsch offenbarte, wie hohl die Bekenntnisse der Armee gegenüber der Republik waren. Von der Rechten wurden Hammerstein und alle Militärs gleicher Ansicht als „Opportunisten" abgestempelt. Hammerstein blieb aber auch hier Realist und Pragmatiker. Denn er wusste, dass ein Putschversuch der Rechten genauso fehlschlagen würde, wie der von der Linken misslungen war. Vergeblich versuchte er, seinem Schwiegervater dieses Scheitern und die daraus folgenden Konsequenzen zu ersparen.

Es kam zu einer wütenden, bitteren Konfrontation zwischen Hammerstein und Lüttwitz, die zur Folge hatte, dass Kurt seinen Abschied nahm. Schleicher mahnte: „Überlege reichlich, du hast fünf Kinder." Kurts Antwort: „Lass sie betteln gehen, wenn sie hungrig sind."

Wenige Tage nach dem Scheitern des Putsches und dem Rückzug der Soldaten, die er kommandierte, floh Lüttwitz aus Berlin und ging in den Untergrund. Er beschaffte sich falsche Papiere, nahm eine neue Identität an – „General Walter Laurence" – und floh nach Ungarn, wo Louises Verwandte ihm Unterschlupf gewährten. Bald reiste er illegal wieder nach Deutschland ein, und mithilfe von Unterstützern gelang es ihm, sich unbemerkt an unterschiedlichen Orten aufzuhalten. Zwar hatte er seine Pension verloren und musste auf seinen Besitz verzichten, aber nach fünf Jahren erwirkten Freunde und Anhänger eine Amnestie für ihn.

Vor den Putschplänen, im Februar 1920, hatte Smilo, Lüttwitz' einziger überlebender Sohn, der selbst Soldat war, seinen Vater zu dessen 61. Geburtstag besucht und ihn weniger gut gelaunt vorgefunden als üblich. Er wirkte angespannt und nervös und sagte, er habe wichtige Entscheidungen zu treffen. Erst am folgenden Tag, als Smilo Kurt besuchte, erfuhr er, dass sein Vater zusammen mit anderen Generälen und Politikern einen Putsch gegen die Regierung vorbereitete. Kurt berichtete Smilo, er habe seinem Vater klargemacht, dass der Versuch fehlschlagen werde, und ihm seine Gegenargumente vorgetragen. Noch wichtiger, er hatte unmissverständlich erklärt, dass er sich nicht beteiligen würde. Smilo, der beruflich wie persönlich sehr viel von Hammerstein hielt, begann an der Politik seines Vaters zu zweifeln: In der Folge verweigerte er Befehle von Lüttwitz-Getreuen. Ihm war wohl bewusst, welche Qualen der Konflikt zwischen Walther und Kurt seiner Schwester Maria bereitete. Das aber schien Lüttwitz zu verdrängen, als er in sein Tagebuch schrieb: „Gottlob hat diese Spannung zwischen Schwiegervater und Schwiegersohn sich nicht auf das überaus glückliche Verhältnis zwischen mir und meiner Tochter Maria übertragen. Maria hat es verstanden, sich die Liebe zum Manne und zum Vater in derselben Weise zu erhalten, wie vor der Entfremdung.“

Es hätte für Maria kein größeres Unglück geben können. Für sie, die vor, während und nach dem Ersten Weltkrieg Teil der Welt ihres Vaters geblieben war, bedeutete es das Ende einer Ära. Sie konnte sich auf ihren Vater verlassen, der Umgang miteinander war herzlich, sie sorgten füreinander. Für ihn war sie die Prinzessin, so schwer das Schicksal auch war, das sie durch ihre Ehe auf sich genommen hatte. Sie war Kurt treu ergeben, trotz seiner Launen und der Veränderungen durch die Erfahrungen im Krieg. Für Kurt waren ihre Leichtigkeit, ihre Lebendigkeit und Beständigkeit eine Quelle der Inspiration, mit deren Hilfe er sein seelisches Gleichgewicht zurückzugewinnen suchte. Da Maria sich auf Kurt, der emotional für sie nicht erreichbar war, nicht mehr verlassen konnte, war sie jetzt trotz des Zuspruchs ihres Vaters einsamer als zuvor.

Butzi und Esi spürten die Spannungen. Sie begriffen, dass ihr Großvater und ihr Vater auf verschiedenen Seiten standen. Walther erlebten sie als ferne Figur, als Teil einer längst vergangenen Ära, und sie empfanden nicht viel für ihn. Die ungarischen Güter, auf denen er Zuflucht suchte, kannten sie nicht. Seine Welt war für sie eine Schattenwelt, die Pracht seines Amtssitzes ebenso wie die feudalen Güter von Louises Familie.

Am Tag, an dem Lüttwitz aufgab und sich zur Flucht bereit machte, bemühte sich Maria mit Butzi und Esi, ihren Vater noch einmal zu sehen, ehe er die Stadt und Deutschland verließ. Sie suchten in Walthers Büro nach ihm, wo eine unheimliche Atmosphäre herrschte und sie hinter jedem Stuhl einen Verfolger vermuteten. Er war bereits geflohen. Die Kinder spürten die schreckliche Angst und Aufregung ihrer Mutter, die ihren jungen Töchtern Butzi und Esi nicht verbergen konnte, welch bedrohlichen Konflikte die Politik beherrschten – Konflikte, die selbst den Kern ihrer Familie spalteten. Zu Hause war die Badewanne voll, falls sie von der Wasserversorgung abgeschnitten würden. Der Generalstreik, ausgerufen von den Gewerkschaften, die beim Scheitern des Putsches eine entscheidende Rolle gespielt hatten, dauerte immer noch an.

Nur vier Monate zuvor, im November, hatte in eben jenen prachtvollen Räumen eine sehr viel fröhlichere Veranstaltung stattgefunden. Kurt war beschäftigt, neben dem Sitz des Generals fehlte eine Gastgeberin, die Maria für ihren Vater übernahm. In der Hardenbergstraße hatte Maria die letzten Wochen ihrer Schwangerschaft verbracht, hier wurde ihr zweiter Sohn und fünftes Kind Ludwig im November 1919 geboren. All das kam zusammen, als sich in Walthers Leben etwas Bedeutsames ereignete. Der kurz zuvor in den Ruhestand getretene Feldmarschall Paul von Hindenburg – noch immer der Held, den der Krieg aus ihm gemacht hatte – kam, um dem kommandierenden General seinen Respekt zu zollen, dem General, der hauptverantwortlich dafür gewesen war, die letzten Gefahren abzuwenden, die der neuen Regierung von der radikalen Linken drohten. Maria war in ihrem Element und beschloss, den großen Mann zu bitten, Pate ihres neugeborenen Sohnes zu werden. Sie forderte Butzi auf, mit einem Blumenstrauß vor ihn zu treten, einen Knicks zu machen und die Bitte auszusprechen. Butzi drückte sich. Esi ergriff die Gelegenheit und fragte schüchtern den hohen Gast.

Es sollte Hindenburg sein, der kurz nach seiner Wahl zum Präsidenten der Republik im Sommer 1925 in aller Stille dafür sorgte, dass Lüttwitz Amnestie gewährt wurde, und zwar rechtzeitig genug, um bei seiner Amtseinführung an seiner Seite zu stehen.

Kurt kümmerte sich um den vorübergehenden Umzug seiner Familie nach Steinhorst, dem Wohnsitz eines entfernten Teils des Hammerstein-Geschlechts in einem kleinen Ort in der Nähe von Celle. Es gab viele Gründe, Frau und Kinder im Frühjahr 1920 aus Berlin fortzubringen. Maria fühlte sich In der Hauptstadt nach der Katastrophe mit ihrem Vater nicht mehr wohl. Noch entscheidender war, dass Kurt zum Oberstleutnant ernannt worden war und Chef des Stabes beim Gruppenkommando 2 in Kassel werden sollte – zwei Jahre vorpatentiert von einer Armee, die ihm nach dem Kapp-Lüttwitz-Putsch zu Dank verpflichtet war. Er hatte kaum eine andere Wahl, als in der Armee zu bleiben, unabhängig von einem anderen Berufswunsch. Er war zweiundvierzig Jahre alt, hatte eine große und noch immer wachsende Familie zu versorgen und keine weiteren Einkommensquellen. Da das Offizierskorps in der Folge des Versailler Vertrags stark dezimiert wurde, hatte er Glück, dort einen Platz gefunden zu haben und sogar befördert zu werden.

Auch Kurt von Schleicher blieb in der Armee. Als General Wilhelm Groener im Oktober 1918 als Erster Generalquartiermeister auf General Erich Ludendorff folgte, diente Schleicher ihm in politischen Fragen als Berater. Später zog Groener in das politische Büro des neu eingerichteten Reichswehrministeriums. Als er zwischen 1928 und 1932 dessen Leitung übernahm, wurde Schleicher sein Nachfolger. Schleicher durchlief die Kadettenanstalt in Plön, absolvierte von 1896 bis 1900 die Hauptkadettenanstalt Lichterfelde, wurde zum 3. Brigaderegiment abkommandiert, lernte dort Kurt von Hammerstein kennen und wurde schließlich an die Kriegsakademie beordert. Daraus ergab sich eine enge persönliche Beziehung, die sich durch die gleiche Einschätzung der Stellung der Armee in der Weimarer Republik noch verstärkte. Schleichers Aufstieg im Reichswehrministerium förderte Kurts Karriere, denn auf ihn konnte er sich verlassen.

Ende März fuhren Maria und die Kinder vom Lehrter Bahnhof in Berlin über Celle mit dem Zug ins nahe gelegene Steinhorst in der Lüneburger Heide. Die Möbel waren bereits vorausgeschickt worden. Ein paar Wochen lebten sie in einem alten Fachwerkhaus, das einem entfernten Verwandten gehörte. Nach kurzem Aufenthalt dort mieteten sie das zweistöckige Backsteinhaus eines ehemaligen Forstmeisters am Ortsrand. Für die Kinder war es ein herrlicher Platz. Berlin geriet bald in Vergessenheit.

An den Umzug nach Steinhorst hatten Esi und Butzi zwei lebhafte Erinnerungen. Als Esi den angeheuerten Arbeitern spontan half, die Möbel an ihren neuen Platz zu stellen, kommentierte Kurt ihre Hilfsbereitschaft mit den Worten „gutmütig, aber dumm“. Sie fühlte sich unwohl, wenn andere für sie arbeiteten. Dass Butzi sich nicht um die Möbelträger kümmerte und stattdessen das neue Haus und den Garten erkundete, nahm er dagegen billigend zur Kenntnis.

Die andere Erinnerung betraf einen Ausläufer der Revolution bei ihnen zu Hause. Das Haus, das sie gemietet hatten, war von einer Familie „besetzt“ worden, die sich in ein paar Zimmern verschanzt hatte, zu denen auch die Küche gehörte. Sie dachten nicht daran auszuziehen, nur weil ein adeliger Offizier es gemietet hatte. Demonstrativ verteidigten sie sich mit einer Pistole. Kurt seinerseits reagierte ebenfalls mit einer Pistole und setzte sich ins Esszimmer neben eine Barrikade. Man drohte, aber begegnete einander nicht. Kurt erwirkte einen Räumungstitel und konnte so das ganze Haus für die Familie nutzen. Es waren Butzis und Esis einzige Erinnerungen an die Revolutionswirren – und das weitab von Berlin.

Doch ihr Vater war nicht oft zu Hause. Ab und zu kam er auf Besuch. Esi erinnerte sich, mit ihm auf Pilzsuche gegangen zu sein. Er genoss es, mit seinen Kindern seine eigene Kindheit zu wiederholen. Doch das gemeinsame Spazierengehen funktionierte nicht, weil er notorisch schwieg. Esi versuchte eine Verbindung zu ihrem Vater aufzubauen, aber sie wusste einfach nicht, worüber sie mit ihm reden sollte, wenn er nicht antwortete. Steinhorst war der Ort, an den die Familie bis 1924 in den Schulferien regelmäßig zurückkehrte.

1920 waren Butzi, Esi und Helga richtige Kriegskinder. Sie litten während des Kriegs und in den Monaten danach unter Mangelerscheinungen, darunter auch Skorbut. Sie waren wie die gesamte Bevölkerung von den Folgen der Ereignisse betroffen, den Rationierungen und der Versorgungsnot, die in ganz Deutschland herrschten. Im Juli 1920 wurden sie unter dem Schutz des Roten Kreuzes für mehr als sieben Wochen zu einer Familie in die Schweiz gebracht. Margot, die Hausherrin,

Tochter des Admirals Alfred von Tirpitz, und Maria waren gut befreundet. Margot arbeitete in Berlin für das Rote Kreuz und war eine weitere Patentante von Esi. Sie sorgte dafür, dass alle drei in der Familie ihrer Verwandtschaft unterkamen, nämlich bei Gundalena Inez und Ulrich Wille, dem Sohn eines Schweizer Generals und Nachkommen von Bismarck.

Auf den ersten Blick mag es seltsam wirken, dass Hammersteins, obgleich durch ihre Position privilegiert, das großzügige Hilfsangebot des Schweizer Roten Kreuzes in Anspruch nahmen. Es zeigt, wie verzweifelt Maria in diesen Monaten des Jahres 1920 gewesen war. Sie musste die Mädchen ins Ausland schicken und mit einem Zweijährigen und einem acht Monate alten Baby den Umzug nach Kassel vorbereiten. Kurt fiel als Hilfe wegen seiner umfangreichen neuen Aufgaben im Generalstab aus. Dass Margot sich in dieser Situation einschaltete, war ein Glücksfall.

Butzi und Esi waren aufgeregt und begeistert von dem, was sie im Rückblick als großes Abenteuer erinnerten. Im Juli 1920 war Butzi beinahe zwölf und Esi zehneinhalb. Für Helga, die gerade ihren siebten Geburtstag gefeiert hatte, war die Trennung von ihrer Mutter am schwersten, aber sie hatte Butzi, zu der sie eine enge Beziehung pflegte, und sie hatte das Glück, Teil der Familie Wille zu werden, die ihr die Wärme und Liebe gab, die sie so dringend brauchte. Für sie war es der Beginn einer langen Verbundenheit. In den folgenden Jahren wurde sie zu verschiedensten Anlässen zu Willes geschickt, vordergründig immer aus gesundheitlichen Gründen. Die Willes mit ihren drei Töchtern (von denen eine, Gundalena, 1937 den Physiker Carl Friedrich von Weizsäcker heiratete) wurden in ihrem Leben zu einem Anker, sie waren eine Familie, auf die Helga sich verlassen konnte. Um in die Schweiz zu gelangen, mussten die Mädchen an der kleinen Haltestation Bebra in der Nähe von Kassel in den Sonderzug des Roten Kreuzes steigen. Esis einzige – dafür sehr lebhafte – Erinnerung an diese Reise waren die Brote und der Kakao, die man ihnen anbot. In Brunnen am Vierwaldstättersee wurden sie von Gundalena Wille abgeholt, von wo aus die Kinder auf die 1200 Meter hoch gelegene Blüemlisalp im Berner Oberland fuhren. Den Rest des Weges legten sie zu Fuß zurück, ihr Gepäck wurde auf einen Ochsenkarren geladen.

Esi hatte ein Tagebuch mitgebracht, das sie hier zu führen begann. In vierzehn knappen Einträgen zwischen dem 21. Juli und dem 3. August verzeichnete sie Wanderungen, Besuche bei Bauern, Kochen unter freiem Himmel und „Indianerspiele" sowie das Fest zum Schweizer Nationalfeiertag, an dem es ein großes Lagerfeuer gab. Betreut und angeleitet wurden sie meist von „Onkel Wille", dem Mann von Inez. Am 4. August zogen insgesamt zehn Kinder in das Haus der Willes in Zürich. Hier lernten sie schwimmen und wurden mit kulturellen Aktivitäten vertraut gemacht. Die Tage bis zu ihrer Abreise am 26. August waren dicht gefüllt, wie man Esis Tagebuch entnehmen kann.

Ende August bereitete man sie zusammen mit den anderen „Kriegskindern" auf die Heimreise vor. Tante Inez versorgte sie zu ihrer Freude nicht nur mit Reiseproviant, sondern auch mit Seife, Filzschuhen, Schokolade und Taschentüchern. Zweiter Klasse zu reisen war für sie ein weiteres Erlebnis, bislang waren sie an die vierte Klasse gewöhnt. Sie schafften es, in Basel umzusteigen, und kamen schließlich in Kassel an, wo sie nach längerem Warten von Maria abgeholt wurden. Sie hatte Großmutter Hammerstein mitgebracht und Adeline, ihre Tante, die von der Familie „Addy" genannt wurde. Sie waren auf dem Heimweg nach Neustrelitz in Brandenburg, und es war eines der seltenen Zusammentreffen mit der Großmutter Hammerstein und ihrer Tante.

Die Jahre in Kassel sollten für Butzi und Esi entscheidend werden. Die Stadt war voller Kultur und Geschichte und klein genug, um von den Kindern auf eigene Faust erkundet zu werden. Die Familie lebte direkt im Zentrum. Es war das erste Mal, dass sie alle gemeinsam das ganze Schuljahr über dieselbe Schule besuchten. Das erste Jahr war für Butzi schwierig, und für Esi waren es sogar die ersten beiden. Kurt und Maria arrangierten sich langsam mit den Auswirkungen ihres Getrenntlebens während des Krieges. Die Spannungen aber hielten noch Jahre an. Im August 1920 wurden Butzi und Esi an einer Schule angemeldet, die ihnen, wie Esis Tagebuch deutlich macht, nur Unglück und Enttäuschungen brachte.

Maria erinnerte sich an ihre schöne Schulzeit im Breslauer Ursulinenkloster und meldete darum Butzi und Esi nicht auf dem säkularen Oberlyzeum, sondern in einer exklusiven katholischen Klosterschule an, die von einem Orden für die Töchter aus dem Adel und der bürgerlichen Oberschicht eingerichtet wurde. Beide Schwestern aber verfügten nicht über die Voraussetzungen für eine solche Erziehung. Im Unterschied zu ihnen war Maria in einem Haushalt aufgewachsen, der ihr das, was sie bei den Ursulinen erlebte, als erträglich und sogar befreiend erscheinen ließ. Für Butzi und Esi kam es einer Katastrophe gleich. Schon die Erzieherin, die Maria 1919 angestellt hatte, scheiterte mit ihrem Versuch, die Kinder in konventionelle Bahnen zu lenken: Es war „zu spät“. Sie empfanden die Nonnen, die sie unterrichteten, als beschränkt und unterwarfen sich nicht der strengen Schuldisziplin. 1969 schrieb Esi: „Warum haben uns meine Eltern nicht in das Oberlyceum gegeben anstelle von der blöden, rückständischen Klosterschule? Mein Vater hätte sich damals einmischen müssen und dafür sorgen, dass wir nicht in eine engstirnige katholische Schule geschickt wurden, aus der wir ausbrechen mussten. Hätte er diese Einsicht oder dieses Interesse für uns gehabt, hätte er sich und uns viel Kummer erspart. Aber er hatte nicht das geringste Interesse für uns und keinerlei Kontakt. Er sprach nicht mit uns. Die Entfremdung, die durch den Krieg hervorgerufen worden war, war total zu dieser Zeit.“

So ergriff die dreizehnjährige Butzi nach einem Jahr die Initiative, die Klosterschule zu verlassen und stattdessen in die Kasseler Studienanstalt zu wechseln, eine säkulare Schule, die Beamtentöchter auf die Universität vorbereitete. Butzi war entschlossen, eine umfassendere Schulbildung zu erhalten als ihre Mutter und auch ihr Vater. Dass Maria zunächst Butzi und später auch Esi darin unterstützte, eine andere Schule zu besuchen, war typisch für sie. Sie stand ihren Kindern bei deren Entscheidungen nicht im Weg, auch wenn sie sich Sorgen machte und bisweilen hinter ihrem Rücken Fäden in die Richtung zog, die sie für richtig hielt. Butzi hatte das Talent und die Fähigkeit umzusetzen, was sie wollte, und damit durchzukommen. Sie spielte eine wesentliche Rolle für Esi und später auch für Helga. Sie öffnete ihnen Türen, und beide traten in ihre Fußstapfen. Die Erfahrungen mit der Klosterschule und insbesondere die religiöse Engstirnigkeit der Nonnen ließen sie zum Katholizismus auf Distanz gehen.

Zu Hause wurden die Mädchen mit der Tatsache konfrontiert, dass ihre Mutter unglücklich war, denn sie spürten die Entfremdung zwischen ihren Eltern. Als Esi ihrer Mutter einmal mit der Wäsche half, weinte Maria und schüttete ihr das Herz aus. So erfuhr Esi auch von einer anderen Frau, auf die ihre Mutter eifersüchtig war, weil sie glaubte, Kurt interessiere sich für sie. Er war 42, aber Krieg und Revolution hatten tiefe Spuren hinterlassen; sie hatte während seiner langen Abwesenheiten den Zugang zu ihm und die Fähigkeit, wieder eine Verbindung zu ihm herzustellen, verloren. Die Kriegsumstände hatten aus ihm einen auf sich bezogenen Menschen gemacht. Kurt war als ungewöhnlich intelligenter und talentierter, aber konventionell denkender Offizier in den Krieg gezogen. Fünf Jahre später waren seine vorgefassten Meinungen auf die Probe gestellt und herausgefordert worden. Der Krieg war sein Abitur und seine Universität. Maria war besten Willens, aber Kurt in vielerlei Hinsicht, auch intellektuell, nicht gewachsen. Die Kinder spürten die Entfremdung ihrer Eltern.

Bei allem Zwist war es erstaunlich, dass Maria Kurt anstachelte, Ehrgeiz zu entwickeln und die Karriereleiter höher zu klettern. Ihrem gemeinsamen Freund Erich Marcks zufolge sagte Maria beispielsweise zu Kurt leicht spöttisch: „Du sagt doch immer, du seist so was Kolossales. Warum wirst du dann nicht mehr?“ Esi ergriff in ihren frühen Jahren für ihre Mutter Partei, später für ihren Vater, aber am Ende stellte sie fest, dass sie von beiden etwas in sich trug. Eher aber versuchte sie ihrem Vater nachzueifern und wie er ein nachdenklicher, vernünftiger Mensch zu werden.

Zweimal war Kurt während des Krieges an Gürtel- und Gesichtsrose erkrankt. Äußerlich zwar genesen, blieb ihm der psychische Druck der Kriegsjahre und der unmittelbaren Nachkriegszeit eine große Last. Seinen Ärger, seine Wut und Enttäuschung machte er im Gegensatz zu Maria mit sich alleine aus. Das war auch der Grund, weshalb es lange dauerte, um eine Normalität im Zusammenleben wiederzufinden, ein neues Gleichgewicht herzustellen.

In den ersten Monaten in Kassel war Maria schwanger geworden und erwartete im Frühsommer 1921 ihr sechstes Kind. Franz war das dritte Kind in schneller Folge. Kurts Wunsch, eine „zweite“ Familie zu gründen, ging an den Bedürfnissen von Maria vorbei. Sie wollte an der Welt teilhaben und nicht zu Hause eingeschlossen sein, wo sie sich ständig überlastet fühlte.

Esi hatte Mitgefühl mit ihrer Mutter. Sie begann ihr zu helfen und übernahm einen Großteil der Verantwortung für Kunrat und Ludwig, gelegentlich auch noch für Franz. So gewann sie allmählich die Zuneigung und Aufmerksamkeit ihrer Mutter, nach der sie sich immer gesehnt hatte. Butzi dagegen buhlte weniger um die Gunst ihrer Mutter, sie fand immer wieder Möglichkeiten, außerhalb der Familie Beziehungen zu knüpfen.

Kassel

In der Kasseler Studienanstalt lernte Butzi Mädchen kennen, die aktive Mitglieder in der Wandervogel-Jugendbewegung waren. Das war genau das, was sie suchte und brauchte und ein entscheidender Schritt in ihrem Leben. Von da an hatte sie ihre eigene Welt, die sie von ihrer Familie trennte.

In der katholischen Klosterschule hatte Esi eine Tochter aus dem Bürgertum kennengelernt, damals für die beiden Mädchen eine ziemlich seltene nähere Begegnung: „Als mich einmal Gretchen Göttgens, das bekannteste Mädchen in meiner Klasse, die Tochter des Juweliers, besuchte, fiel eine Sandale von ihr in den Springbrunnen, und ich hatte danach das Gefühl, dass sie mich als Angehörige einer barbarischen Klasse ablehnte. Sie muss etwas an sich gehabt haben, was mir fremd war. Ich bewunderte ihr gepflegtes Aussehen: hübsche Schürze mit der br. Borte: sie hatte nur eine ältere Schwester, während ich immer nebenbei noch drei kleine Brüder mit beaufsichtigte. Alles an ihr war proper, fast preziös verglichen mit mir. Aber ich kam mir ihr nicht überlegen vor, im Gegenteil: ich kam gar nicht an sie ran. Sie lebte in einer mir verschlossenen Welt, und es war ein Wunder, dass sie sich einmal zu uns gewagt hatte. Was ich spürte, war wohl die Sesshaftigkeit, die mir fremd war, die relative Wohlhabenheit. Dies war eigentlich meine einzige Berührung mit dem Kasseler Bürgertum."

Kassel war für Butzi und Esi der richtige Ort, und sie waren im richtigen Alter, auch wenn die Zeiten hart waren und die Inflation wütete: „Es erinnerte nichts an Berlin. Wir atmeten fast französische Luft. Wir waren plötzlich aus der Unkultur der Berliner Vorstadt in die Kultur versetzt. Wir wohnen mitten darin. Ich gehe überall hin allein. In der Staatsbibliothek am Friedrichsplatz sind alte Handschriften ausgestellt, die mein Interesse für Geschichte wecken. Wir hören, dass Napoleon III. in dieser

Stadt residiert hat. Wir gehen in Wilhelmshöhe auf seinen Spuren. […] Wir sind wie in einer neuen Welt! Aber ich hatte auch Reitstunden bei einem Feldwebel, ging in die Museen rings um den Friedrichsplatz und die Galerie auf der ‚Schönen Aussicht' – Die Architektur der einstigen Residenzstadt beeindruckte mich tief, besonders da wir am Friedrichsplatz wohnten und ihn täglich überquerten – das war anders als Friedenau."

All das beeinflusste Esi, als sie aus der Klosterschule „ausbrach" und, wie Butzi, in die Kasseler Studienanstalt wechselte. Für sie war dieser Schulwechsel ihre erste selbstständige Entscheidung, auf die sie ihr ganzes Leben lang stolz sein sollte. Durch familiäre Umstände war sie mal hierhin, mal dorthin geschubst worden, aber jetzt hatte sie dank Butzi den Mut gefunden zu tun, was für sie das Beste war. Und mit dreizehn war sie dafür im richtigen Alter: „Von da an war mein Leben anders: ich hatte plötzlich Freundinnen und ging gerne zur Schule. Es war mir, als ob das Leben erst anfing: Ich gehe in mein erstes Konzert. Ich hörte Brahms und bin überwältigt; stand in der Gemäldegalerie mit Erstaunen vor Rembrandt's ‚Jakob segnet seine Enkel' und sehe es heute noch vor mir; machte einen Klassenausflug zur Wartburg und war obenauf. Kurz, das Leben bekam ein neues Gesicht. Die Kindheit lag wie ein dunkles Unglück hinter mir. Die Kinderjahre waren endlich vorbei, und ich fühlte mich zum ersten Mal wie ein Mensch."

Kassel hatte viel zu bieten, war jedoch auch provinziell, und man merkte von den politischen und sozialen Stürmen, die noch immer über Deutschland hinwegfegten, wenig. Hier konnten Butzi und Esi sich frei bewegen und in ihrem eigenen Tempo Erkundungen anstellen – ähnlich wie in den Dörfern ihrer frühen Kindheit. Es verschaffte ihnen und dem Rest ihrer Familie eine Atempause, eine Zeit zwischen ihrem früheren und künftigen Leben in Berlin. Es war auch eine Zeit, in der Esi und Butzi noch sehr durch ihre Erziehung und die Werte und Normen ihrer

Familie beeinflusst waren. Esi drückte es so aus: „Zu Hause finde ich meines Vater's Ausgabe von Gustav Freytag – außer seinen Indianergeschichten. Der erste Gedichtband, den ich lese, ist von Börries Freiherr von Münchhausen. Ich werde nationalistisch, weil wir das Elend der alten Leute, der Rentner, sehen und weil wir wissen, dass die Franzosen am Rhein sind. Es beeinflusst uns niemand, aber wir suchen den Feind außen, wie es wohl unserem Alter entspricht. Die Autorität der Erwachsenen um mich herum ist für mich noch unangetastet, und nichts Revolutionäres kam an mich heran in diesen Jahren." In ihrem Tagebuch beschrieb Esi detailliert und in all seiner militärischen und sportlichen Pracht ein Kasseler „Turnfest". Sie war wie gebannt von den Reitern und ihrem Können und genoss jede Phase des ganztägigen Spektakels.

Der städtischen Kasseler Studienanstalt, 1909 gegründet, wurde 1923 ein Lyzeum („Realgymnasium für Mädchen") angegliedert. Die Schule war zu ihrer Zeit eine bemerkenswerte Einrichtung. Sie hatte sich der humanistischen Erziehung von Frauen verschrieben und legte Wert auf die Beziehung zwischen Lehrern und Schülerinnen. In Esis Tagebuch erscheint ihr Klassenlehrer von 1923 als nahbarer und liebenswürdiger Mensch, der Diskussionen unter den Schülerinnen und mit ihm förderte. Er pflegte eine lockere und freundliche Atmosphäre. Esi blühte in dieser Umgebung auf. Und sie fand Freundinnen. Das schüchterne Mädchen, das so viele Jahre Schwierigkeiten hatte, Freundschaften zu schließen, hatte damit endlich Erfolg. Sie sonnte sich darin. Für sie war es der Schlüssel zu allem anderen, der es ihr erlaubte, unabhängiger zu sein, auch von Butzi, und ihre Umgebung in vollen Zügen zu genießen. Es hieß, dass sie ihrer Mutter nun zu Hause half, weil sie es wollte, und nicht, weil sie sich so allein fühlte.

Weder Maria noch Kurt hatten Butzi und Esi aufgehalten, aus ihrem gewohnten und vorgezeichneten Leben auszubrechen.

Maria, weil sie sich dem Wunsch nicht widersetzen wollte, und Kurt, weil er sich aus ihrem Leben ausgekoppelt hatte und sich nie einmischte, egal, was er gedacht haben mag. Er bewunderte Butzis Entschlossenheit und ihren Willen zur Selbstbehauptung. Sich selbst hatte er immer eine andere Erziehung gewünscht, und Butzi lebte ihm vor, was er als Jugendlicher vielleicht auch gern getan hätte. Auch Maria kannte dieses Gefühl. So gehorsam und gern sie die Wünsche ihrer Eltern erfüllt hatte – ganz frei von Neid war sie nicht, als sie sah, wie Butzi und Esi ihr Leben gestalteten und welche Ausbildungsmöglichkeiten sie im Gegensatz zu ihr hatten. Die Schulzeit ihrer Töchter würde nicht mit sechzehn zu Ende sein wie ihre eigene, was sie noch immer bedauerte.

Für Butzi währte diese lebhafte Phase nach dem „Ausbruch“ in Kassel fast zwei Jahre, aber für Esi war sie kurz nach Beginn ihres zweiten Schuljahrs in der Studienanstalt wieder vorbei. Im Offizierskorps war durchgehender Schulunterricht für Kinder nicht üblich. Die meisten wählten ein Internat oder die Kadettenanstalt. Nicht so Kurt. Er wollte nicht, dass seine Kinder fortgeschickt werden, in dieser Hinsicht engagierte er sich sehr. Komme, was wolle, sie sollten zu Hause bleiben.

Magdeburg

Im Juni 1923 wurde Kurt nach Magdeburg versetzt. Esi schreibt in ihrem Tagebuch: „Nun ist die schöne, doch leider so kurze Zeit in der Kasseler Studienanstalt bald zu Ende. Schwer, sehr schwer fällt es mir, von ihr zu scheiden. Besonders schwer wird’s mir wohl werden, mich von Mechtild, Herta und Margret und auch Anne zu trennen. Wird man sich wieder sehen in diesen Zeiten, wo das Reisen so teuer ist? Auch Herrn Sopp habe ich so gern,

Esi mit der 1923 geborenen Hildur („Puppe“)

und seine Lateinstunde, trotzdem sie uns immer mit Zittern und Beben erfüllte, werde ich sie wohl sehr entbehren. Ach ja, ich bin jetzt in einer scheußlichen Stimmung. Eben war ich mit Herta baden. Je mehr ich mit ihr zusammen bin, je trauriger werde ich.“

Butzi und Esi verlängerten ihre Zeit an der Schule um die ersten Herbstmonate, indem sie zunächst zu zweit in Kassel zurückblieben. Tagebuch schrieb Esi erst wieder während ihrer Magdeburger Zeit. Für sie war diese weitere Entwurzelung problematisch. Wieder wurden die drei Ältesten auf die „nächstbeste Schule“ geschickt. Esi fand die Magdeburger Schule im Vergleich zu Kassel uninteressant. Aber die Jahre in Kassel hatten ihr Selbstvertrauen gegeben, und so ging sie in Magdeburg Freundschaften ein, die ein Leben lang hielten. Butzi orientierte sich im Wandervogel. Die Bewegung war hier sehr lokal ausgerichtet, die Gruppen umfassten etwa zwölf Mädchen, die mit einem größeren Netz anderer Wandervogelgruppen in Verbindung standen und deren Mitglieder sie aus Feldlagern bereits kannte.

In Magdeburg wurde das letzte der sieben Kinder von Maria und Kurt geboren. Butzi hatte ihre Helga, nun bekam Esi ihre Hildur oder „Puppe", wie sie gerufen wurde. Esi, die gerade fünfzehn wurde, als Hildur zur Welt kam, fand an diesem Baby großen Gefallen. Ein Jahr später, als sie sechzehn wurde, erklärte sie ihrer Mutter, dass sie für die Kinderbetreuung nicht mehr zur Verfügung stehe. Aber nun, mit fünfzehn, eine kleine Schwester zu bekommen, war etwas Besonderes. Auch Helga war jetzt alt genug, um Verantwortung für die Kleinen zu übernehmen, tat das aber mit wenig Begeisterung. Nachdem sie von klein auf so viel Zeit getrennt von ihrer Familie verbracht hatte, brauchte sie die Aufmerksamkeit der Familie eher selbst, als dass sie bereit gewesen wäre, die Verantwortung für mehrere widerspenstige Jungen zu übernehmen.

In Kassel und später in Magdeburg suchte Kurt wieder Kontakt zu mehreren alten Regimentskameraden, die das Militär am Ende des Ersten Weltkrieges verlassen hatten. Zu ihnen gehörte auch Rudolph Zoeppritz von der Firma Gebrüder Zoeppritz, der sie in Kassel besucht und ihnen in seiner Fabrik hergestellte Decken mitgebracht hatte. Er und seine Frau lebten in der Nähe von Stuttgart, und da sie eine Tochter in Esis Alter hatten, luden sie die Hammersteins zu sich ein. Bei einem dieser Besuche ging Esi mit der Zoeppritz-Tochter in die neue Stuttgarter Waldorfschule, die Zoeppritz 1921 mit gegründet hatte. Alle seine Kinder besuchten diese Schule. Es war das erste Mal, dass ein Freund ihres Vaters Esi in sein Haus bat.

In Magdeburg nahm Kurt auch die Verbindung zu Ernst von Niebelschütz wieder auf, dem bekannten Schriftsteller und Kunsthistoriker. Er war zehn Jahre älter als Kurt, hatte bereits vor 1914 dem Preußischen Generalstab angehört und war sein Mentor. Es war typisch für Kurt, dass er Freundschaften mit Regimentskameraden pflegte, die ganz andere berufliche und soziale Hintergründe hatten als er. Er war sehr weltoffen und sorgte durch das Interesse, das er anderen Menschen entgegenbrachte, dafür, dass seine Zugewandtheit erwidert wurde.

Die anhaltendste und wichtigste Folge des Kontakts zur Familie Niebelschütz war, dass Maria eine junge Frau namens Else Caspari kennenlernte, die dort im Haushalt arbeitete. Sofort fragte sie, ob sie wegen der im Dezember bevorstehenden Geburt ihres Kindes auch ihr helfen könnte. „Pari", wie man sie liebevoll nannte, wurde bei den Hammersteins für viele Jahre zum Familienmitglied. Wann immer Maria sie darum bat, war sie ihr mit Blick auf die kleineren Kinder eine unverzichtbare Hilfe, und für die größeren, insbesondere für Esi, wurde sie zu einer Vertrauten. Als Else Caspari ihre Beschäftigung bei den Niebelschütz' aufgab, um für die Familie des Industriearchitekten Paul Schaeffer im benachbarten Heyrothsberge zu arbeiten, lud sie Esi ein, sie dort zu besuchen. Paul Schaeffer stand gerade am Beginn seiner glanzvollen Karriere als Baumeister Magdeburgs.

Esi war ganz bezaubert von dieser jungen Familie und verbrachte, solange sie in Magdeburg lebte, jeden freien Moment bei ihnen. Es war ihre Version von Butzis Wandervogel. Vor die Wahl gestellt, wäre sie gerne ganz bei den Schaeffers eingezogen. Die junge Familie mit zwei kleinen Kindern war in Esis Augen alles, was eine Familie ausmachte. Hilde Schaeffer hatte immer ein verständnisvolles Ohr für sie, eine Mutterfigur mit scharfem Verstand, breit gestreuten Interessen und einem Hang zum Spirituellen. In Paul fand Esi einen aktiven und engagierten Vater, der lange Gespräche mit ihr führte und sie in das lebendige künstlerische Leben der Familie einbezog, zu dem auch die Aufführung von Theaterstücken gehörte. Esi wurde die ältere Schwester der zwei jüngeren Kinder. Sie las ihnen aus Büchern der Familienbibliothek vor und widmete sich selbst beliebten Werken der Zeit wie Theodor Storms „Der Schimmelreiter". Es war eine Familie, in der sie sich wohl und verstanden fühlte. Hilde wusste, dass Maria für ihre Vorkriegskinder wenig Zeit hatte.

Die Eltern von Ulla Krebs, Esis neuer Freundin, und die Schaeffers kannten einander, beide gehörten dem Magdeburger Bürgertum an. Esi hatte schon in Kassel Freundinnen aus der Mittelschicht gefunden, als sie die Studienanstalt besuchte, nun aber entwickelte sie enge Beziehungen zu Gleichaltrigen des gehobenen Magdeburger Bürgertums. Das war weit entfernt von den Dorffamilien und den Spielkameradinnen früherer Zeiten: „Ich hatte Ulla in ihrem Haus in Magdeburg besucht, und da meine Familie in einer Wohnung lebte, erschien mir ihr Haus wunderschön. Durch Ulla und meine anderen Freundinnen, Luise Miller und Barbara Ackermann, nahm ich am Magdeburger Leben teil. Luise, die Tochter eines Stadtsenators, lebte in einer Villa am Stadtrand. Barbaras Vater war Arzt, sie lebten am Elbufer nahe der Steinbrücke. An einem meiner ersten Schultage fiel ich beim Ballspielen auf dem Hof hin und schürfte mir das Knie auf. Elisabeth von Kardorff kam zu mir und brachte mich zum Wasserhahn, wusch mir das Knie und band ihr Taschentuch darum. Elisabeth, die eine gute Freundin wurde, lebte bei Barbara, weil ihre Mutter, Katherine, jetzige von Oheimb, Politikerin in Berlin war."

Elisabeth von Kardorff heiratete später den ältesten Sohn der Ackermanns, den Anwalt Hans Ackermann, der 1940 in der Nähe von Paris starb und vier Kinder hinterließ. 1943 heiratete sie den Dirigenten Wilhelm Furtwängler und lebte mit ihm in Clarens am Genfer See. Elisabeth starb 2013 im Alter von 102 Jahren. Sie und Esi hatten ihre Freundschaft in den 1970er-Jahren wiederaufgenommen.

Im Juni 1924 wurde Kurt erneut befördert und nach Berlin in den Stab des Wehrkreises III versetzt. Nach nur neun Monaten in Magdeburg empfand Esi diesen Umzug als Katastrophe. Sie war in Magdeburg glücklich geworden. In ihr Tagebuch schrieb sie, dass die Beziehungen zu Hilde und Paul Schaeffer sowie zu Ulla Krebs ihr zu wichtig waren, als dass sie ohne Schmerz wegziehen konnte. Berlin weckte dunkle Erinnerungen, die sie erst in Kassel und nun in Magdeburg hatte verdrängen können. Ihre Rückkehr schob sie mehrere Wochen auf, indem sie eine Einladung der Schaeffers für einen längeren Besuch in deren Haus annahm. Butzi dagegen, jetzt sechzehn, betrachtete Berlin als Gelegenheit, die Vorzüge der Großstadt gründlich zu erkunden.

In Magdeburg hatte Kurt wieder Kontakt zu Max von Asseburg aufgenommen, seinem Freund aus Kindertagen, der vier Jahre älter als er und sein frühester Jagdbegleiter war. Aufgewachsen war er auf dem Gut der Asseburgs in Groß Menow, das an die Försterei der Hammersteins in Steinförde im havelländischen Brandenburg grenzte. Max und seine Familie lebten jetzt auf dem Familiengut in Neindorf bei Oschersleben in der Nähe von Magdeburg, auf dem Kurt schon in seiner Jugend zu Besuch gewesen war. Nun wurden seine Kinder eingeladen, an Pfingsten 1924 dorthin zu kommen, damit Maria und Kurt ihre neue Unterkunft in Berlin vorbereiten konnten.

Esi war ganz verzaubert von Gut Neindorf und seinem Park. Seit ihrem Aufenthalt im Sommer 1918 auf dem Anwesen der Webskys in Karlsdorf und Wüstewaltersdorf in Schlesien hatte sie so etwas nicht mehr gesehen. Bei ihrem ersten Besuch waren es das Anwesen und der Ort, die sie faszinierten, aber mit der Zeit wuchsen ihr auch die Asseburgs selbst ans Herz, Onkel Max, Tante Ebba und ihre Kinder. Alexander, „Jungi“ genannt, war drei Jahre älter als Esi und der einzige Sohn. Erika war vier Jahre älter, ihre Schwester Ilse etwa gleichaltrig. Ursula, „Puppy“, war die jüngste. Wieder hatte sie eine Familie gefunden, in der sie willkommen war, diesmal – anders als bei den Schaeffers – mit Kindern in ihrem Alter. Kurt gefiel es, dass seine Kinder sich mit denen seines alten Freundes anfreundeten und glücklich waren in einer Umgebung, die ihm so vertraut war. Er kam nun öfter aus Berlin zu Besuch. Mit Max ging er regelmäßig auf Hasenjagd.

Von Berlin aus entstand im Laufe des nächsten Jahres eine Freundschaft zwischen Esi und zwei der Asseburg-Töchter. Auch verliebte sie sich zum ersten Mal – und zwar in ihren Tennis- und Tanzpartner Jungi. In Berlin gab es hingegen einen solch vertrauten Freundeskreis noch nicht. Während Butzi an den Wochenenden und in den Schulferien mit dem Wandervogel unterwegs war, besuchte Esi die Asseburgs und Schaeffers, allerdings nur in den Ferien. Diese Reisen waren es, die ihr das erste Jahr in Berlin erträglich machten. Die Begegnung mit der Familie von Max von Asseburg war für sie in mehrfacher Hinsicht von großer Bedeutung. Die Asseburg-Kinder wuchsen in einer Familie von Großgrundbesitzern auf, die sehr viel traditionsbewusster, konservativer und wohlhabender waren als die Hammersteins. Esi gewann erstmals einen Einblick in das Leben einer solchen Familie. Sie bewunderte alles, was mit den Asseburgs zu tun hatte. Der Kontakt brachte sie ihrem Vater näher, und ihre regelmäßigen Besuche in Neindorf erfüllten sie sehr. Wenn sie nicht gerade auf dem Weg dorthin war, träumte sie von dem Anwesen und der Familie. Mit den Schaeffers hatte Esi das Milieu einer avantgardistischen bürgerlichen Familie kennengelernt und die neu erworbenen Freiheiten und lebhaften kulturellen Gegenströmungen der unmittelbaren Nachkriegszeit aufgesogen; bei den Asseburgs war sie einem noch intakten konservativen Adel begegnet. Jedes dieser Milieus bereicherte sie, in jedem fühlte sie sich wohl.

Eine Familie gab es noch, die Esi während ihres ersten Jahrs in Berlin mehrmals aufsuchte: die Webskys in Karlsdorf, die

Kurt mit dem fünfjährigen Ludwig, 1924

schlesischen Verwandten ihrer Mutter, zu denen Butzi, Esi und Helga im Frühsommer 1918 geschickt worden waren. Elisabeth, eine der Websky-Töchter, wurde eine Freundin fürs Leben. All diese Familien und geliebten Orte halfen Esi bei ihrem Start in Berlin, aber sie bewirkten noch mehr: Sie bereicherten ihr Leben und erweiterten ihren Horizont für das abenteuerliche Leben, das ihr bevorstehen sollte.

In Magdeburg übernahm Kurt im Jahr 1924 endlich wieder einmal seine Rolle als Vater. Ein Foto aus der Zeit zeigt Ludwig auf seinem Schoß, den Sohn, der ihm ans Herz wachsen sollte.

Von allen Hammerstein-Kindern standen nur er und Hildur ihrem Vater wirklich nahe. Kunrat war zwar nur ein Jahr älter, wurde aber von seiner Mutter, die lange auf einen Sohn warten musste, so vereinnahmt, dass sein Vater kaum an ihn herankam. Er war im Juni 1918 geboren worden – zu früh, als dass sein Vater an seiner Babyzeit hätte Anteil nehmen können. Ludwig wurde im Leben seines Vaters besonders wichtig. Er war der Einzige, der seine Leidenschaft für die Jagd aktiv teilte, aber auch die anderen Passionen seines Vaters – seine Liebe zu den schönen Dingen des Lebens. Ludwig bewunderte die Erscheinung und das Verhalten seines Vaters, eines echten „Gentleman". Später sollte er derjenige sein, an den sich die engere Familie sowie der gesamte Hammerstein-Equord-Zweig wandten, wenn sie einen Rat brauchten. Esi erinnerte sich lebhaft an diese Vater-Sohn-Szene in Magdeburg – ein Symbol für die veränderte Familie, die im Frühsommer 1924 in ein Berlin zurückkehrte, das nicht mehr die Stadt war, die sie 1920 verlassen hatte. Maria und Kurt lebten nun mit den größeren und kleineren Kindern zusammen, die Berlin ganz unterschiedlich wahrnahmen. Für die vier Jüngsten war Berlin die Stadt, in der sie aufwuchsen. Helga war elf Jahre alt und stand damit genau zwischen den älteren und den jüngeren Kindern. Im Gegensatz zu ihren beiden großen Schwestern hatte sie bisher nur wenige Schritte in ein eigenes Leben unternommen.

Wieder in Berlin

In die Familie kehrte nun wieder Normalität ein – eine neue Normalität, aber nichtsdestotrotz Normalität. Kurt und Maria fanden langsam eine neue Basis miteinander; sie waren sich zwar nicht so nah wie in den ersten Jahre ihrer Ehe, aber das wäre angesichts der großen Veränderungen in ihrem Leben wohl auch unrealistisch gewesen. Butzi und Esi standen, obwohl sie noch sehr jung waren, am Beginn ihres eigenen selbstständigen Lebens, und Helga würde es ihnen bald gleichtun. Die „zweite" Familie war mit Kunrat, Ludwig, Franz und Hildur vollständig.

Die Stadt hatte sich verändert und fand ebenfalls zurück zur Normalität, die sich freilich als fragil erweisen sollte. Die Familie zog in eine große Wohnung in der Militärresidenz Hardenbergstraße 32, die in der Nähe von Zoo und Kurfürstendamm in einem lebhaften, kosmopolitischen Viertel Berlins lag, das kulturell viel zu bieten hatte. Es war dasselbe Gebäude, in dem Walther von Lüttwitz einst gelebt hatte und Ludwig zur Welt gekommen war. Butzi und Esi erinnerten sich an den Tag, an dem ihr Großvater von dort aus geflohen war. Ihre Räume waren sehr viel bescheidener als die, die er damals bewohnt hatte, worauf Walther nicht vergaß hinzuweisen, als er sie nach seiner Amnestie im Sommer 1925 zum ersten Mal besuchte.

In einem Tagebucheintrag des Jahres 1925 bezieht Esi sich zum ersten Mal auf politische Ereignisse: „Am 26. 4. ist der 2. Wahlgang. Statt Karl Jarres haben die Deutsch-Nationalen [DNVP] jetzt Hindenburg aufgestellt. Der arme Hindenburg. Er ist doch schon 77 Jahre alt." Reichspräsident Friedrich Ebert war im Amt gestorben. Bei der Wahl seines Nachfolgers stellten diejenigen, die den Kapp-Lüttwitz-Putsch fünf Jahre zuvor entweder unterstützt oder mit ihm sympathisiert hatten, einen Präsidenten nach ihren eigenen Vorstellungen auf. Hindenburg sprach auch die nationalistische Rechte an, die die Republik ablehnte. Obwohl er im November 1918 für das Bündnis stand, das General Groener für die Armee und Friedrich Ebert als Vorsitzender der Sozialdemokraten ausgehandelt hatten und das die Grundlage der neuen Republik bildete, war Hindenburg der Kandidat, der auch den Gegnern des Paktes bei der Wahl am akzeptabelsten erschien. Bereits 1919 hatte Hindenburg öffentlich der Meinung Ausdruck verliehen, dass es die Heimatfront war, also die Sozialisten, die Juden, die Bolschewiken, die die Verantwortung für die deutsche Niederlage am Ersten Weltkrieg getragen hätten.

Für Kurt bedeutete die Wahl Hindenburgs, dass diejenigen ins höchste Amt zurückkehrten, die die politischen Ansichten seines Schwiegervaters Walther von Lüttwitz teilten, von dem er sich im März 1920 entschlossen abgewandt hatte. Nach seiner Amnestie kam Walther wieder regelmäßig zu Besuch zur Familie seiner Tochter. Er hatte 1921 ein zweites Mal geheiratet, Adelheid Freiin von Sardagna, die in der Familie Dedy genannt und von allen Kindern sehr geschätzt wurde, auch von den drei ältesten. Die finanzielle Hilfe seiner zweiten Frau erlaubte es Walther, zusammen mit der Pension, die er nun wieder bezog, auch das Einkommen der Familie Hammerstein aufzubessern. „Leider war mir seit 1920 versagt", schrieb er, „meine Kinder irgendwie zu unterstützen und zu schützen: Die liebe Mietze [Maria] mit ihren 7 Kindern hätte es sehr nötig, nun werde ich es wieder tun können und auch meine liebe Dedy wird vielleicht dabei mir helfen."

Die vier jüngsten Hammerstein-Kinder hatten ihren Großvater bis dahin kaum gekannt. Sie konnten nun, in seinem Ruhestand, eine Beziehung zu ihm aufbauen, die nicht zuletzt dank seiner zweiten Frau enger und wärmer war als die zu Butzi, Esi und Helga.

Kaum war sie in Berlin angekommen, bat Esi ihren Vater, ihr zu erlauben, auf ein Internat zu gehen. Ihr schwebten zwei Optionen vor: Die eine, ein Landschulheim, hatte sie durch Hilde Schaeffer kennengelernt, die andere durch die Asseburgs – es war das Freiadlige Magdalenenstift in Altenburg/Thüringen. Einige ihrer neuen Freundinnen hatten sich dort angemeldet. So sehr sie diese auch mochte, sie wäre dort wohl nicht lange geblieben. Maria wäre über eine solche Schule und Umgebung

Butzi (links) und Esi (rechts) mit Schülerinnen des Auguste-Viktoria-Gymnasiums

für ihre Kinder hocherfreut gewesen, aber es war „zu spät", sowohl für Butzi als auch für Esi. Das Landschulheim dagegen wäre eine Schule gewesen, in der sich Esi sicher wohlgefühlt hätte. Es verband all die Vorteile der Kasseler Studienanstalt mit einer ländlichen Gegend und stand in Verbindung mit den progressiven Jugendbewegungen der damaligen Zeit, insbesondere mit dem Wandervogel. Damit war es der Reformpädagogik zuzurechnen, die in Deutschland bereits vor dem Ersten Weltkrieg von sich reden machte. Aber Esis Flehen prallte an Kurt ab, er war unerbittlich darin, dass seine Kinder zu Hause bleiben sollten. Der Vater, der so wenig Anteil nahm am Leben seiner Kinder, insbesondere an denen der „ersten Familie", zog hier eine harte Grenze.

In Berlin wurden die Kinder wieder auf die „nächstbeste Schule" geschickt. Sie lebten im Zentrum eines lebendigen Viertels in der Nähe des Regierungs- und Geschäftsviertels. Das Auguste-Viktoria-Gymnasium war von der Hardenbergstraße aus leicht zu Fuß zu erreichen. An dieser von Berliner Akademikerkindern besuchten Schule legten Butzi und Esi das Abitur ab. Der Direktor war Demokrat, die Lehrer pflegten einen verständnisvollen Umgang mit den Schülern.

Bald hörten die beiden jungen Frauen von anderen fortschrittlicheren Gymnasien, insbesondere, was die sozialen und politischen Aktivitäten der Schüler betraf, aber Kurt bestand darauf, dass sie weiterhin auf diese Schule gingen. Maria versuchte, Butzi auf einer exklusiveren, prestigeträchtigeren Berliner Schule anzumelden, aber ihre Bewerbung wurde abgelehnt. Dieses Mal war es die Schule, die erkannte, dass es „zu spät" war, sehr zu Butzis Erleichterung und Marias Betroffenheit. Es war ein Versuch gewesen, die Richtung, in die Butzis Leben sich entwickelte, zu korrigieren. Sie zeigte nach Marias Empfinden allzu wenig Interesse daran, sich in gesellschaftlichen Kreisen zu bewegen, die ihrem Stand entsprachen. Auch störten sie ihre Beziehung zum Wandervogel und dessen politische Aktivitäten.

Jahre später, 1931, wurde im Haus der Prinzessin Sigismund, Kronprinzessin von Preußen, von Prinz August Friedrich, dem vierten Sohn des Kaisers, berichtet, „dass General von Hammerstein ein ‚Roter' war und seine Tochter von der besten Mädchenschule Berlins abgelehnt worden war, nachdem sie derart revolutionäre Gedanken geäußert hatte, dass die Direktorin sie nicht wollte. […] in Rußland [seien] die ganze Zeit deutsche Soldaten […] und die deutsche Armee [würde] langsam selbst rot." Solche Erzählungen weisen darauf hin, dass für einige

Konservative eine Verbindung bestand zwischen Butzis Ansichten und denen des Generals.

In den späten Zwanzigerjahren reiste Hammerstein mehrmals in die Sowjetunion, um die Zusammenarbeit des sowjetischen und deutschen Militärs zu intensivieren, die im Vertrag von Rapallo beschlossen worden war. Sie erlaubte es Deutschland, einige der Restriktionen zu umgehen, die dem Militär vom Versailler Vertrag auferlegt worden waren, z. B. die Weiterentwicklung von Panzern und Flugzeugen. Dabei kam es der Reichswehr zugute, dass sie in der Ukraine heimlich Manöver durchführen konnte. Hammerstein lernte die Rote Armee kennen und schätzen, was ihn bezweifeln ließ, dass sie überhaupt zu besiegen sein würde. Bis 1933 pflegte er gute Kontakte zu ihrer Militärführung.

Die als russische Agentin eingesetzte Sozialistin Ruth von Mayenburg, mit der sich Hammerstein mehrfach traf, berichtet in ihren 1969 erschienenen Erinnerungen „Blaues Blut und rote Fahnen" über eine Unterhaltung mit dem sowjetischen Volkskommissar für Verteidigung und späteren Staatsoberhaupt, Marschall Woroschilow, im Spätherbst 1936. Woroschilow habe über Hammerstein mit großer Wärme gesprochen. Mayenburg sollte ihm gegenüber ihr Inkognito lüften und ihm darlegen, dass die sowjetische Führung ihm eine führende Rolle im Widerstand gegen Hitler zuerkenne. Im äußersten Fall sei er aufzufordern, „mit seiner gesamten Familie in die Sowjetunion zu emigrieren". „Er kann auch hier auf die Jagd gehen."

Kurt las allgemein wenig, aber immerhin beschäftigte er sich mit Leo Tolstois „Krieg und Frieden". Seine Reisen in die Sowjetunion und die Geschichten, die er zu erzählen hatte, trugen dazu bei, dass Butzi und Esi sich für die russische Sprache und Literatur zu interessieren begannen.

Auf den erneuten Umbruch in ihrem Leben im ersten Berliner Jahr reagierte Esi mit bewährter Bewältigungsstrategie. Nach all den Schulwechseln zog es sie bei der Suche nach neuen Freunden zu Butzis Klassenkameraden. Es war die alte Dynamik, die Butzi nur widerwillig akzeptierte. Sie freute sich auf Berlin, anders als Esi. Sie war bereit und begierig zu erleben, was die Stadt zu bieten hatte. Durch den Wandervogel hatte sie von Anfang an einen neuen Freundeskreis, auch mit der neuen Schule hatte sie keine Schwierigkeiten. Viel wurde darüber gesprochen, welchen Beruf man ergreifen wollte. Dass man sich auf einen Beruf vorbereitete, wurde erwartet, sowohl zu Hause als auch in der Schule. Butzi wollte gern in einem Buchverlag oder als Bibliothekarin arbeiten, während Esi davon träumte, Tänzerin zu werden. Sie liebte das Tanzen mehr als alles andere. Auch wenn es um den Beruf ging, erwies sich Butzi in diesen Jahren vor dem Abitur als pragmatisch und Esi als Träumerin. Von zu Hause erhielt Esi kaum Anregungen für ihre intellektuelle Entwicklung. Sie half Maria weiterhin mit den kleineren Kindern, aber ansonsten war das Familienleben wenig inspirierend. Maria und Kurt sprachen kaum miteinander – Kurt schwieg sogar während der Mahlzeiten. Die „Formalitäten" des Lüttwitz'schen Haushalts in Darmstadt waren aufgehoben, alle durften dabei sein, Erwachsene und Kinder wurden nicht getrennt, aber die Kommunikation im Hause war kläglich. Dies und die Entwurzelung nach dem Leben in Magdeburg führten dazu, dass Esi in ihr Tagebuch schrieb, dieses erste Jahr in Berlin sei eine „schreckliche Zeit".

Im Sommer 1925 mieteten Kurt und Maria ein Haus in Wustrow, in der Gegend von Steinförde/Fürstenberg an der Oberhavel. Dort zeigte Kurt seinen Kindern die Landschaft seiner Jugend, zu der auch das Gut der Eltern seines alten Freundes Max von Asseburg in Groß Menow gehörte. Wie im Jahr zuvor, als er ihnen die Asseburgs und deren Gut in Neindorf vorgestellt hatte, zog es ihn mit seiner Familie in die Welt seiner Kindheit. Er tat, was der Krieg unterbrochen hatte. Esi schrieb: „Nur in den Ferien teilten wir eine Zeitlang noch seine Welt. Er schafft

Butzi fotografierte die Familie in Wustrow während der Ferien 1925.

Faltboote an und geht mit uns auf den Havelseen paddeln. Er zeigt uns dabei Steinförde, die Oberförsterei seines Vaters. Im Buchenwald nicht weit vom Stechlinsee untersucht er eine Feuerstelle, und als er noch Glut darin fand, schüttet er Wasser darauf. Seine Liebe zu seiner Heimat ging auf uns über. Auch sein Försterblick, den er von seinem Vater mitgekriegt hatte."

Für die Beziehung von Kurt und seinen Kindern war es wichtig, dass er ihnen Steinhorst und später Neindorf und Wustrow zeigte, denn es stärkte ihre Verbundenheit mit ihrem Vater. Kurt gelang es an diesen Orten leichter, Kontakt zu ihnen zu finden. Besonders für die drei Ältesten waren diese kurzen Zeiten, die ihr Vater hier mit ihnen in der Natur verbrachte, seltene Gelegenheiten, ihm nahezukommen. Sein starkes Gefühl für die Natur ging auf sie über: „Im Walde zu schweigen haben wir schon gelernt, als wir einmal von Kassel aus im Einbecker Wald vor ihm und seinem Oberförsterbruder hergingen und es plötzlich von hinten hieß: ‚Still, im Wald wird nicht geredet.' In Steinhorst war das beste gemeinsame Tun mit ihm das Pilzsuchen in den Schneisen am Morgen gewesen. Er liebte das und wir auch. Wir fanden sogar Steinpilze mit ihm. Beim Paddeln auf den Havelseen war es dasselbe. Er war glücklich in der Landschaft, in der er seine Kinderjahre verbracht hatte, und wir auch." Dass es für Vater und Töchter so schwer war, einander nahezukommen, machte die Natur und den Aufenthalt im Freien umso wichtiger. Er schätzte die Stille und schärfte ihnen ein, dass Ruhe etwas Kostbares sei.

Es dauerte lange, bis Esi in Berlin Anschluss fand: „Nichts verband die Asseburg-Mädchen, deren Schule das Stift in Altenburg/Thüringen war, mit den Mädchen, die ich in meiner Berliner Obertertia vorfand. Ich schloss keine Freundschaften, sondern hielt mich an die Klasse meiner älteren Schwester, wo es ein Mädchen gab, das mehr meinem Geschmack entsprach. Und als diese erwog, einer Pfadfindergruppe beizutreten, plante ich dasselbe. So war ich fast zwei Jahre lang, bis die Klasse meiner Schwester Abitur machte, in meiner eigenen Klasse nur Gast."

Endlich hatte Esi eine Freundin gefunden. Mit ihr ging sie in den Hockey- und den Ruderklub und nahm an einem Ereignis auf dem Sportplatz teil, das ihr großen Spaß machte: „Military Tattoo", eine heute zivile Tanz- und Gesangsveranstaltung, die ihre Wurzeln in einem schottischen Musikfestival hatte. Als ihre Freundin den Pfadfindern beitrat, folgte ihr Esi. Die Wochenenden waren nun angefüllt mit Pfadfinder-Aktivitäten. Bei ihrem ersten Wochenendausflug schlief sie zum ersten Mal in einem Heuschober. In den Ferien reiste sie mit wenigen Ausnahmen weiterhin zu den Schaeffers, den Asseburgs und auch zu den Webskys nach Karlsdorf.

Im Juli 1925 unternahm Esi mit ihrer Pfadfindergruppe eine einwöchige Exkursion, bei der sie Bauern und Dorfbewohnern begegneten. Einer Bäuerin gefiel der Gesang der an ihr vorbeiziehenden Gruppe so gut, dass sie die Mädchen zu Wein und Erfrischungen einlud. Esi schreibt in ihrem Tagebucheintrag dieser Woche: „Als Susanne Magnus-Levy hörte, dass sie uns Wein geben würden, lief sie eiligst weg." Dies war der einzige vollständige Name, den sie hier erwähnt, denn ihre Pfadfinder-Freunde aus dieser Zeit nannte sie im Tagebuch nur mit Vornamen. Offensichtlich handelte es sich bei Susanne um ein jüdisches Mädchen. Ihre Schule besuchten viele jüdische Mädchen und Jungen, und Esi war sich dessen bewusst, allerdings war sie bisher mit ihnen nicht befreundet, auch nicht mit denen aus ihrer Pfadfindergruppe.

Kurz bevor sie den Pfadfindern beitrat, beschrieb Esi in ihrem Tagebuch die Taufe des neuen Bootes „Signi", zu der auch sie in den Ruderklub eingeladen war. Sie hörte die Ansprache, die aus diesem Anlass jemand aus einem anderen Ruderverein namens „Wiking" hielt, und fand es eine „glänzende Rede", die jedoch nicht allen Klubmitgliedern angemessen sei, da neunzehn von ihnen Juden waren. Nach einem Jahr in Berlin kannte sie die Sensibilität der jungen Jüdinnen und Juden und ihre genaue Anzahl im Klub. Dass sie die Zahl so genau nennen konnte, mag daran liegen, dass dieser Klub einer der wenigen war, die überhaupt Juden aufnahmen. Mit sechzehn Jahren hatte Esi ein Gespür für diejenigen, die sie als „außen stehend" wahrnahm. In der Familie erlebte sie nur die übliche Haltung den Juden gegenüber, und das Offizierskorps, das ja den Großteil der gesellschaftlichen Verbindungen der Familie ausmachte, war zumindest nicht judenfreundlich. Immerhin hatte Kurt die Lüge zurückgewiesen, der zufolge die Juden für die Niederlage der Deutschen im Ersten Weltkrieg verantwortlich gewesen seien.

Ein Porträt der jungen Helga, das ihrem Großvater Lüttwitz missfiel

Ganz anders Esis Großvater Walther, der seinen Widerwillen gegen ein Porträt von Helga (nicht aber von Butzi oder Esi) zum Ausdruck gebracht hatte, weil sie „zu jüdisch" aussähe. Er betonte bei jeder Gelegenheit offen seine Abscheu vor „den Juden" und stellte sich auf die Seite derer, die ihnen die Schuld an der deutschen Niederlage und den darauf folgenden revolutionären Unruhen gaben. Maria und Kurt waren in diesen Jahren – manchmal zusammen mit den Kindern – oft bei Edwin und Helene Bechstein eingeladen, die ihren Antisemitismus offen zur Schau stellten, so sehr, dass sogar Walther sich gelegentlich bestürzt zeigte. In sein Tagebuch schrieb er: „Bei Bechsteins hörten wir hauptsächlich Geschimpfe auf die Juden und Freimaurer. Auch ich bin krasser Antisemitist, aber diese ständigen antisemitischen Tiraden ermüden einen.“ All das hatte zur Folge, dass Butzi, Esi und später auch Helga sich für die Juden zu interessieren begannen, die sie an ihren Berliner Schulen kennenlernten.

Obwohl Esi die Ausflüge mit ihrer Pfadfindergruppe schätzte und dort auch eine zweite gute Freundin gefunden hatte, beschloss sie im Herbst 1925, sich von den Pfadfindern zu trennen. Sie waren ihr schlicht zu kindlich. Aber sie erwärmte sich für Butzis Wandervogelgruppe: „Der Pfadfinderplan scheiterte: die Abende waren mir nicht interessant genug. Sie entsprachen einer schon lange absolvierten Stufe. Jetzt suchte ich ein anderes Niveau. Schließlich wurde ich Mitglied im Wandervogel Mädchenbund.“

Wandervogel

Für Butzi war der Wandervogel ein Schlüsselerlebnis. Sie war vierzehn, als sie in Kassel ihrer ersten Ortsgruppe beitrat, und blieb aktives Mitglied bis 1927, als sie mit neunzehn Jahren das Abitur bestand. Die Wandervogelbewegung verband verschiedenste Elemente: Sie war eine Art alternative Schule, weil über anspruchsvolle Lektüre diskutiert wurde; eine alternative Familie, weil die Gruppen klein waren und einen vertraulichen Umgang pflegten; sie erforderte viel Zeit, denn sie beanspruchte mehrere Abende in der Woche, viele Wochenenden und Schulferien; sie diente der Entspannung, förderte aber auch die intellektuelle Entwicklung, den Gruppengeist und den Dienst an der größeren Gemeinschaft. Neben den Versammlungen in den Wohnungen der Erwachsenen, die nahe genug lebten und ihr Zuhause dafür zur Verfügung stellten, waren die gemeinsamen Fahrten am wichtigsten. Sie führten manchmal nur in die Nachbarschaft, aber in den Ferien waren die Jungen und Mädchen auch schon mal mehrere Tage oder gar Wochen unterwegs. In Feldlagern trafen sich Gruppen aus der ganzen Region.

Im Mittelpunkt standen Musizieren und Sport, aber auch Lesen und Diskutieren. Zu einer Zeit, in der Schule und Familie streng und autoritär ausgerichtet waren, blieb man beim Wandervogel frei von Beobachtung der Erwachsenen, hatte in der Gruppe einen Rückhalt. Doch die Wandervogelbewegung war auch den Strömungen der Zeit ausgesetzt. Ihre Mitglieder stammten aus der bürgerlichen Mittelschicht. Butzi war eine Ausnahme, nicht nur als Mädchen in einer Jungenwelt, sondern auch, weil sie aus einem Adelshaus stammte. Sie hatte den Eindruck, beweisen zu müssen, dass sie gesellschaftlich nicht anders war als die anderen und auch die Härte ertragen konnte, die zur damaligen Zeit vor allem den Jungen abverlangt wurde. Für Butzi war das ein radikaler Schritt, da Adelige und Kinder des Offizierskorps beim Wandervogel eine Seltenheit waren. Aber sie war entschlossen, ihre Herkunft hinter sich zu lassen und zu einem wesentlichen Bestandteil der Gruppe zu werden. Der Widerstand, auf den sie dabei traf, verstärkte nur ihre Entschlossenheit. Noch viel später sprach sie vom Wandervogel, als wäre die Bewegung ihre Familie gewesen.

Butzi war der Bewegung nicht alleine beigetreten, sondern zusammen mit ihrer gleichaltrigen Kasseler Klassenkameradin Irmgard Wegner, die in ihrem Leben lange Jahre eine zentrale Rolle spielen und später ihre Lebensgefährtin werden sollte. Irmgards Vater war Chirurg im Kasseler Diakonissen-Krankenhaus, ihre norwegische Mutter Sängerin. Durch Irmgard lernte Butzi eine Familie kennen, die ganz anders war als ihre eigene.

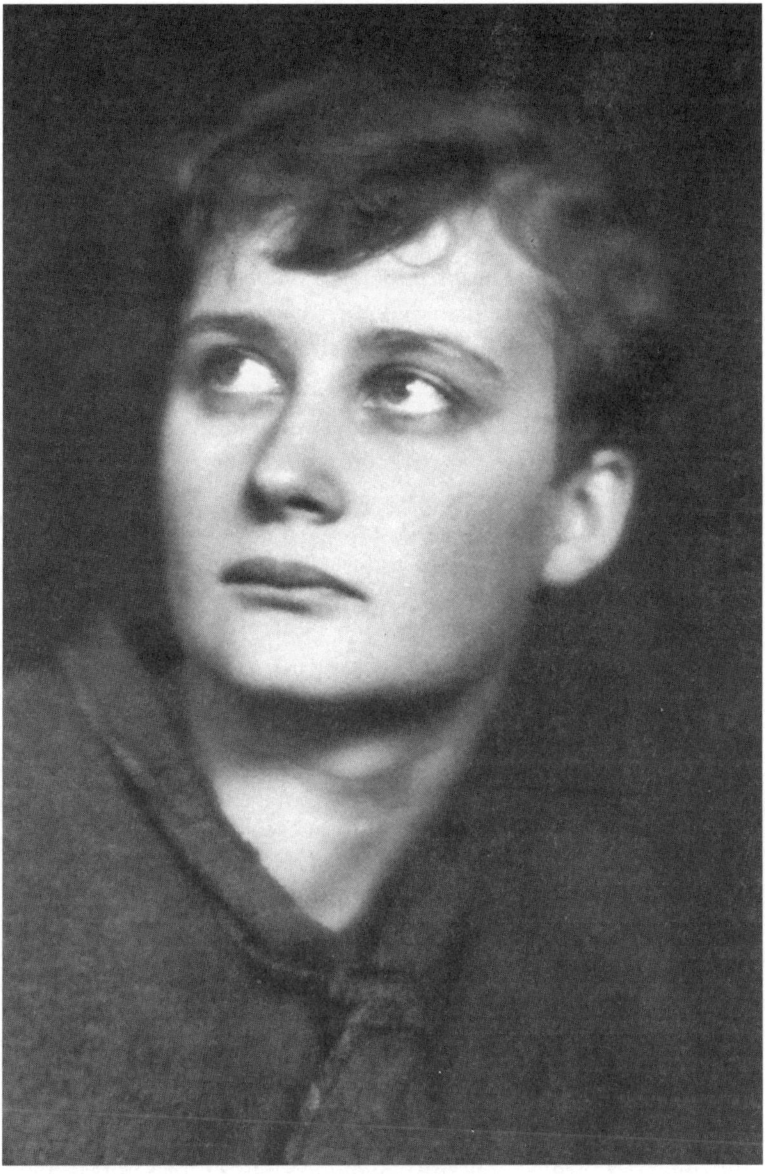

Butzi als Mitglied des Wandervogel, Mitte der 1920er-Jahre

Es war ihr erster naher Kontakt zu einer bildungsbürgerlichen Familie. Irmgard war hochmusikalisch, spielte Geige, später studierte sie Musik. Weder Butzi noch Esi oder Helga hatten je ein Instrument von ihren Eltern bekommen, die kaum Zugang zu Musik hatten. Irmgard wuchs vollkommen anders auf als Butzi, getragen von einem lebhaften Interesse und lebenslanger Sehnsucht nach Musik und anderen Künsten. Sie war die jüngste von drei Töchtern. Ihre Eltern hatten sich einen Jungen gewünscht und erzogen sie dementsprechend. Irmgard entwickelte sich zu einer Persönlichkeit, die nach Belieben stereotype Rollen beider Geschlechter einnehmen konnte, wobei die auf Frauen orientierte Seite ihrer Psyche die zentralere in ihrem Leben war. Sie passte sich nicht den Erwartungen an, die die Gesellschaft damals an eine Frau stellte. Irmgard las sehr viel, hatte einen beeindruckenden Verstand und einen großen Wissensdurst, auch das übte auf Butzi einen großen Reiz aus.

Beim Wandervogel lernte Butzi noch eine weitere bemerkenswerte Frau kennen, Gertrud Classen oder „Tutta“, wie sie genannt wurde. Auch sie war mehr Frauen als Männern zugeneigt. Nun hatte Butzi als engste Freundinnen zwei Frauen, die Frauen liebten. Der lesbische Anteil in Butzis Psyche wurde bei den Hammersteins nie erwähnt oder als solcher erkannt. Es gehört zu Butzis „Eigensinn“, dass sie keine einschränkenden Konventionen akzeptierte.

Gertrud war drei Jahre älter und in Königsberg als Tochter eines Meiereiverwalters geboren worden. Nach Mittelschule und Lyzeum ließ sie sich als Kunstmalerin ausbilden. Dem Wandervogel trat sie 1919 mit vierzehn Jahren bei, von Beginn an kämpfte sie für die Gleichberechtigung von Mädchen in dieser von Jungen dominierten Bewegung. Als eine Art Protest, aber auch als Bestätigung ihrer Weiblichkeit verbrachte sie als einundzwanzigjährige Studentin an der Königsberger Kunstakademie die Semesterferien einmal mit einer anderen Frau auf einer

Gertrud „Tutta“ Classen 1926
in der typisch anspruchslosen Kleidung des Wandervogel

„Zwei-Frauen-Großfahrt“ durch Norwegen. Außerdem provozierte sie die „völkischen“ Impulse des Wandervogel, indem sie für Meinungsvielfalt in der Bewegung stritt und auch Rechte von Juden einforderte. 1923 war sie führender Kopf bei der Gründung des Wandervogelmädchenbunds, 1924 wurde sie zur „Bundesführerin“ ernannt. Gertrud schrieb: „Unsere Zeit erfordert Großes von uns. Selbstzucht, Härte gegen alles Sinnlose in uns. Das wird uns fester binden als alles aneinander Vorbeireden. Und immer das Gewaltige von der Seele: Weib werden im höchsten, im blutvollen Sinne. Nichts fehlt unserem Volke so, wie stolze, wahre Frauen. Nur aus ihnen kann das Geschlecht hervorgehen, dem unsere Sehnsucht gilt.“

1925 verfasste Butzi ein Manifest mit dem Titel „Politik“, das mit dem Satz begann: „Wir brauchen Politik.“ Es war in Gertruds Geist geschrieben und rief Mädchen dazu auf, Verantwortung für die Zukunft Deutschlands zu übernehmen, denn an ihnen liege es genauso wie an den Jungen, die wichtigen Aufgaben der Zukunft zu schultern. Es endete im Geiste Nietzsches: „Mädels! ... ihr sollt mir Zeuger und Züchter sein und Sähmänner der Zukunft.“ Sie unterschrieb statt mit ihrem Geburtsvornamen Louise mit „Marie Luise v. Hammerstein, Charlottenburg“. Sie wollte sich wohl von ihrem bourgeoisen Habitus befreien. Es gibt etliche Dokumente, die sie mit Marie Luise zeichnete.

Gertrud trat für viele Gruppen von Außenseitern ein. Sie engagierte sich entschieden für Frauen, die für sie ebenfalls nur Außenseiter waren, und bot den vielen Gesichtern der „Unterdrückung“ die Stirn, die es auch innerhalb der progressiven Jugendbewegungen ihrer Zeit gab. Das trug dazu bei, dass sie lernte, „subversiv“ zu agieren. Butzi hatte Gertrud schon bei regionalen Wandervogel-Feldlagern gesehen und außerdem ihre Veröffentlichungen im Wandervogel gelesen, lange bevor sie selbst dem Mädchenbund beitrat, als sie im Spätsommer 1924 nach Berlin zurückkehrte. Für Butzi waren Gertruds Gedanken faszinierend und flossen auch in ihre Beziehung zu Irmgard Wegner ein. Sie war dabei, sich als Frau in einer Männerwelt einen autonomen Bereich zu schaffen, mit Irmgard und dann Gertrud als Gleichgesinnten. Als Gertrud begann, an der Berliner Akademie der Künste Malerei und Skulptur zu studieren, vertiefte sich ihre Freundschaft. Esi nannte sie später Butzis netteste Freundin. Wie Irmgard hatte Gertrud ihren Marx gelesen, aber sie verstand sich mehr als Künstlerin denn als Intellektuelle. Butzi bewunderte Gertruds Kreativität. Sie und Irmgard hatten Seiten, mit denen Butzi sich voll identifizieren konnte.

Im Herbst 1925 verließ Esi die Pfadfinder und trat Butzis Mädchenbund bei. Von da an verbrachte sie ihre Wochenenden

Auf einer Fahrt des Wandervogel 1926 studieren Butzi und Esi zusammen mit Freundinnen eine Karte.

und Schulferien „auf Fahrt“. Die Mädchen in der Gruppe betrachteten sie ironisch als eine Art „Haustochter“ – nichts hätte sie mehr demütigen können. Man akzeptierte sie nicht, weil sie die Ansprüche der Gruppe nicht erfüllte, so sehr sie sich auch bemühte, das Odium der „Haustochter“ abzustreifen. Später sah sie die Zeit im Mädchenbund als Protest gegen die Lebenshaltung ihrer Eltern: „Das erste Stadium, durch das ich gegangen war, war, dass ich Deutschland hatte kennen lernen wollen und nicht von den Gütern der Freunde und Verwandten aus her mit Wagen oder Auto wie bisher mit meinen Eltern, sondern wandern mit dem Rucksack, von der Jugendherberge aus und zusammen mit Mädchen, die aus ganz anderem Milieu kamen als ich. Auf diesen Fahrten teilten wir alles, was wir hatten, und da wir nie viel hatten, führten wir ein sehr spartanisches Leben. Für mich war es mehr eine Charakterschule gewesen als alles andere. Ich hatte gelernt meinen Individualismus einer Gruppe unterzuordnen, zu hungern und auszuhalten."

Doch diese Zeit endete bald und für Esi allzu abrupt, denn Butzi und ihre Freundinnen wollten politischen Gruppen beitreten. Unter Gertrud Classens Führung wurde der Wandervogel-Mädchenbund liquidiert: „Doch nach knapp einem Jahr löst sich unsere Gruppe mir nichts dir nichts auf: die Mädchen, nicht ich, beschließen, dass sie nun zu alt sind für Wandervogel und politischen Organisationen beitreten wollen. Da ich keine Ahnung von solchen habe, beobachte ich von nun an von weitem, was meine Schwester tut, und nehme ihren Rat an."

Anders als ihre Schwester war Esi aber nicht bereit, sich politischen Gruppen anzuschließen. Es sollte nur eine Frage der Zeit sein, bis sich ihre Wege grundlegend trennten. Gertrud Classen trat der KPD 1929 bei, arbeitete für deren bis 1937 bestehenden Nachrichtendienst und während des Krieges im Untergrund für das Widerstandsnetzwerk „Rote Kapelle" um Harro Schulze-Boysen und Arvid Harnack.

Es war eine Sache, mit dem Mädchenbund durch die deutsche Landschaft zu ziehen oder mit ihren Eltern durch Mecklenburg, und eine ganz andere, Berlin zu erkunden, einschließlich der Viertel, die sich in jeder Hinsicht von denen unterschieden, die sie durch Schule und Familie bisher kannten. Butzi und Esi begannen durch Berlin zu streifen, wie sie es mit dem Wandervogel auf dem Land getan hatten. Sie lebten in einem Haushalt, in dem ihre Mutter nach wie vor in erster Linie mit den vier kleineren Kindern und ihren zahlreichen sozialen Verpflichtungen beschäftigt war. Obwohl Maria im Haushalt nur sehr wenig Hilfe hatte, schränkte sie ihr gesellschaftliches Leben nicht ein. Sie war immer das einnehmende, interessierte soziale Wesen, ganz die Tochter ihres Vaters und die Frau, die auf Kurt so anziehend gewirkt hatte. Esi fühlte sich von ihrem Vater in ihrem Wunsch unterstützt, auszukosten, was Berlin zu bieten hatte, und die Stadt zu erkunden, ohne Erklärungen abgeben zu müssen, was genau sie vorhatte. Aber sie war auch vollkommen sicher, dass er keine Ahnung davon hatte, was sie besonders interessierte.

1927, als sie in der Hardenbergstraße lebten und Esi auf das Gymnasium ging, kam Marianne von Weizsäcker zum Tee, eine imposante Dame. Sie war die Ehefrau von Ernst von Weizsäcker, der zu dieser Zeit für die deutsche Seite an den Abrüstungsverhandlungen in Genf teilnahm. 1938 wurde er Staatssekretär im Auswärtigen Amt unter Ribbentrop und während des Kriegs u. a. Botschafter im Vatikan. Die beiden waren die Eltern von Carl Friedrich, dem Physiker und Philosophen, und Richard, dem späteren Bundespräsidenten der Bundesrepublik. Während man im Garten Tee trank, erschien plötzlich Esi, die unmittelbar von einem ihrer Ausflüge zurückgekehrt war, was Frau von Weizsäcker – erzkonservativ und mit einem Mann verheiratet, der der Weimarer Demokratie skeptisch bis ablehnend gegenüberstand – zu einem Kommentar über die Freiheiten der Hammerstein-Töchter veranlasste. Kurt von Hammerstein gab ihr eine Antwort, die Esi für sich und ihre Schwestern als eine Art Freibrief betrachtete. Er sagte zu Marianne von Weizsäcker: „Meine Töchter sind freie Republikaner. Sie können reden und machen, was sie wollen." Eine andere Version ist von Kunrat überliefert: „Laß'se, sie sind freie Republikaner und sollen sich allein erziehen."

Eine verblüffende Aussage, an die man sich in der Familie noch lange erinnerte. Sie kam von einem Mann, den man nur unter Vorbehalt als republikanischen Geist bezeichnen konnte und der einem Offizierskorps angehörte, das die Republik ebenfalls nur eingeschränkt akzeptierte. Das Wort „freie Republikaner" gehörte eigentlich nicht zu seinem Wortschatz. Esi verstand die Antwort ihres Vaters als Geste, mit der er seine Töchter in ihrem Freiheitsdrang unterstützen wollte und aus der durchaus auch Stolz sprach. Sie hatten Orte in der Stadt aufgesucht, an die er nicht gehen würde, und trafen sich mit Menschen, die er nicht hätte treffen wollen. Ihr Leben überschnitt sich nicht mit dem ihres Vaters, es verlief vollkommen davon getrennt. Was die Mädchen taten, war ihm verwehrt geblieben, als er in ihrem Alter war. Dass er sich nicht neugierig zeigte, sie nicht in Gespräche verwickelte oder Fragen zu ihrem Alltag stellte, vergrößerte die Kluft zwischen ihm und den Töchtern. Ihnen schien es, als halte er sich bewusst aus ihrem Leben heraus. Rückblickend hatte Esi das Gefühl, dass er ihnen vertraute. Dafür war sie ihm später dankbar.

Die Episode zeigt, dass die drei innerhalb der sozialen Schicht, aus der sie kamen und in der es üblich war, Töchter an der kurzen Leine zu halten, sich ungewöhnlich frei entwickeln konnten. Butzi erklärte 1924, als der Umzug nach Berlin bevorstand, dass sie die Stadt in all ihren Verzweigungen erkunden wolle; Esi folgte ihrem Beispiel, als sie sich daran gewöhnt hatte, wieder in dem ungeliebten Berlin – in ihr Tagebuch schrieb sie: „Ich hasse Berlin." – zu sein, und Helga tat dasselbe, nachdem sie 1929 sechzehn Jahre alt geworden war.

Der Vorfall in der Teerunde mit Frau von Weizsäcker ist noch in einer anderen Hinsicht bemerkenswert. Kurt nahm indirekt zu seinen Kindern Verbindung auf, indem er ihnen erlaubte, dabei zu sein, wenn er offizielle Gäste hatte oder Bekannte und Freunde der Familie zu Besuch waren: „Reden hörten wir ihn nur, wenn Besuch da war. Wir konnten immer im Zimmer bleiben und zuhören. Ich war dann erstaunt, wie lebhaft er sprechen konnte", notierte Esi. Das bedeutete, dass Butzi und Esi ungewöhnlich gut über nationale und internationale Ereignisse informiert waren. Beamte aus Militär und Regierung gingen im Haus ein und aus, ebenso ausländische Diplomaten. Kurt reiste wenig, aber er nutzte die Kontakte, die er durch seine offiziellen Pflichten mit hohen Repräsentanten anderer Nationen hatte, wo er konnte. All das stellte einige Anforderungen an Maria.

In der Hardenbergstraße lagen Kurts Amtsräume dicht an den Privatzimmern der Familie unter demselben Dach. Die Sphäre der Familie war nicht streng abgetrennt, und Kurt bestand auch nicht darauf. Das brachte es mit sich, dass die Mitglieder der Familie, besonders die Kinder, mit den Angestellten einen zwanglosen Umgang pflegten, ob es Adjutanten oder Sekretärinnen waren, Wachmänner, Pferdeburschen oder der Chauffeur. Für Esi war es ein Leichtes, das Haus in der Hardenbergstraße und später das in der Bendlerstraße zu betreten und zu verlassen, ohne dabei vom Personal „kontrolliert" zu werden.

Ohne diesen familiären Hintergrund wäre das Leben der drei sicher anders verlaufen. Er bildete die Kulisse für das „Leben in zwei Welten". Während die Mädchen sich das große und manchmal sehr gegensätzliche Berlin erschlossen, lebten sie weiterhin zu Hause. Kurt bekam seinen Willen, dem zufolge die drei während dieser Jahre zu Hause wohnen mussten, und die Mädchen bekamen ihren Willen, in ihrer Bewegungsfreiheit nicht beeinträchtigt zu werden. Es war ein Arrangement, das beide Seiten akzeptierten und guthießen. Nicht Bescheid sagen und keine Gründe dafür nennen zu müssen, wohin man ging und warum, ermöglichte es ihnen erst, das Leben zu führen, das ihren Wünschen entsprach. Und es vermittelte ihnen ein starkes Gefühl der Unabhängigkeit.

Im Gegensatz zu Kurt machte Maria sich ständig Sorgen um den Lebenswandel von Butzi und Esi. Ihr war sehr bewusst, dass das Leben ihrer Töchter in ganz anderen Bahnen verlief als das ihre. Sie versuchte, sie in die Richtung zu lenken, die sie für die richtige hielt, indem sie Tanzstunden vorschlug und sie auf die Bälle hinwies, die ihr Freund General Ludwig Beck gab, ein enger Bekannter von Kurt, der bei dem im 20. Juli 1944 gipfelnden Umsturzversuch gegen Hitler eine Schlüsselfigur werden sollte. Aber wie schon zuvor stießen diese Vorschläge auf taube Ohren – „zu spät".

Kurt war nicht immer glücklich darüber, wie seine Töchter auf ihn sahen, und auch nicht darüber, wie sie mit dem privilegierten Leben umgingen, das er ihnen seinem Verständnis nach bot: In der Bendlerstraße sagte er einmal zu Esi: „Ich will nur, dass Ihr zufriedene Gesichter habt, ich habe doch alles für Euch getan, was ich konnte." Und Esi notierte: „Wollte er damit sagen, dass er manchmal viel lieber ein zurückgezogenes Leben gelebt hätte, in dem Wald, den er so liebte? Jedenfalls war er betrübt über mein zu ernstes Gesicht, junge Menschen sollten fröhlich aussehen, unbekümmert, besonders wenn sie einen Vater hatten, durch den sie ein privilegiertes Leben lebten. Unsere Philosophie verstand er nicht."

Der Schmerz, den Kurt empfand, muss groß gewesen sein. Ihm war es, als habe er seine eigenen Vorlieben und Bedürfnisse geopfert, um seiner Familie ein standesgemäßes Leben zu bieten. Und trotzdem schätzten seine Töchter seine Position und das Leben, das er der Familie ermöglichte, gering. Das bedrückte und verwirrte ihn; er hatte nicht das Gefühl, sie zu verstehen.

Im politischen Netzwerk

1926, ein Jahr, bevor sie das Abitur ablegte, lud Butzi Gertrud Classen ein, eine Zeit lang bei ihr und ihrer Familie in der Hardenbergstraße zu wohnen. Butzi, die mit ihrer Familie in einer offiziellen Militärresidenz lebte, beherbergte damit eine ältere

Freundin, die an der Spitze der politischen progressiven Jugendbewegungen stand. Gertrud kannte die marxistischen Klassiker und brachte ihre Bibliothek mit in die große Wohnung.

Sowohl Butzi als auch Esi lernten durch sie die Probleme der Arbeiterklasse und die kommunistische Szene Berlins kennen. Gertrud vermittelte Butzi auch die Bekanntschaft von zwei jungen Männern, Nathan Steinberger, genannt „Nati“, und den in Polen geborenen Leo Roth. Beide waren zusammen in Stadtmitte und Neukölln als Kinder kleinbürgerlicher frommer Juden aufgewachsen. Sie fühlten sich von sozialistischen und kommunistischen Ideen und von den vielen Gruppen Gleichgesinnter im damaligen Berlin angezogen. Nati wollte maßgeblich daran mitwirken, dass sich der Unterricht für Arbeiterkinder grundlegend veränderte. Er war von den beiden derjenige, der seine intellektuellen Fähigkeiten systematisch in die politische Arbeit einbrachte. Er promovierte bei dem marxistischen Soziologen und Sinologen Karl August Wittfogel, der sich in der Stalin-Ära vom Kommunismus löste und in der Emigration ein bedeutender Gesellschaftstheoretiker wurde. Leo Roth war ein heiterer Mensch mit einnehmendem Wesen und dem Talent, Kontakte zu sehr unterschiedlichen Menschen und Milieus zu knüpfen. Die Revolution war sein Lebensziel. Ab 1929 arbeitete er für den Geheimdienst der KPD.

Die jugendliche Begeisterung beider und ihr Engagement hatten ihren Ursprung in der Zeit, bevor die Stalinisierung der deutschen KPD 1926 einsetzte. Wie viele Linkssozialisten litten auch sie unter der Spaltung zwischen den moskautreuen Kommunisten und den sogenannten Abweichlern. 1929 akzeptierten sie die Wandlung der KPD zu einer Partei von Stalins Gnaden, ohne jedoch zu vergessen, welchen Schaden die Parteiführung der revolutionären Sache zugefügt hatte, indem sie die Sozialdemokraten zum Erzfeind der Revolution erklärte, nicht aber die nationalistische Rechte.

Der Arbeiterbezirk Neukölln war in Berlin der Magnet für diejenigen, die sich für soziale, politische und pädagogische Reformen interessierten und sich dafür engagieren wollten. Der bekannte Schulpädagoge Fritz Karsen führte in diesem Viertel Reformen durch, die Schüler aus der Arbeiterklasse ermutigen sollten, Einfluss auf die Leitung ihrer Schule zu nehmen und sich mit größeren sozialen Themen zu beschäftigen. Dies lockte auch Steinberger und Roth nach Neukölln. Nachdem Steinberger 1925 in Stadtmitte zunächst den Sozialistischen Schülerbund (SSB) ins Leben gerufen hatte, gründete er 1928 eine SSB-Gruppe in der Neuköllner Karsen-Schule, die der Rekrutierung des KJVD, des Jugendflügels der KPD, diente. Butzi fand den Aktivismus und die Anregungen der „Karsen-Schule", die eigentlich Kaiser-Wilhelm-Realgymnasium hieß und 1929 in Karl-Marx-Schule umbenannt wurde, unwiderstehlich. Sie und Esi wollten auf dieses Realgymnasium überwechseln, an dem politisch und kulturell so viel mehr als an anderen Schulen geboten wurde, waren sich aber des Widerstands ihrer Eltern gewiss. Stattdessen begannen Butzi und Gertrud nach der Schule und an den Wochenenden, an Veranstaltungen teilzunehmen, die die SSB-Gruppe an der Fritz-Karsen-Schule in Neukölln organisierte. Hier lernte Butzi auch die besondere Qualität und Intensität des politischen Engagements einiger Juden kennen. Es entwickelten sich Kontakte zu jüdischen Freunden, die ihr geistig und politisch ein neues Zuhause boten.

1928 ermunterte Gertrud die Mitglieder der Jugendbewegungen ausdrücklich, sich dem Kommunistischen Jugendverband Deutschlands anzuschließen, nachdem sie selbst, gemeinsam mit Butzi, aus dem SSB in den KVJD übergetreten war.

Im Jahr 1929, während der 1. Mai-Demonstrationen der KPD, die trotz Verbots stattfanden, kam es zu einem folgenschweren Ereignis: Butzi und viele andere Demonstranten wurden verhaftet. Der Anblick einer adeligen Tochter des Offizierskorps, die unter der Fahne der KPD demonstrierte und mit dem Polizeiwagen abtransportiert wurde, sorgte für großes Aufsehen. Zwar konnte die Familie dafür sorgen, dass Butzi sofort wieder entlassen wurde, Kurt und Maria machten sich aber ernsthafte Gedanken um ihre Zukunft. Und dazu hatte sie allen Grund.

Die enge Beziehung zwischen Gertrud und Butzi und deren Aktivitäten weckten das Interesse der KPD-Spitze, darunter von Hans Kippenberger, der 1920 der KPD beigetreten und von 1928 bis 1933 Mitglied des Reichstags war. Die Komintern in Moskau hatte ihn 1927 beauftragt, den nachrichtendienstlichen sogenannten M-Apparat der KPD, der seit 1920 bestand, zu reorganisieren. Dazu hatte er Leo Roth angeworben, der Kippenberger darauf aufmerksam machte, wie extrem nützlich Butzi dem M-Apparat aufgrund ihrer familiären Kontakte sein könnte. Gertrud wurde im Frühsommer 1929 rekrutiert, sie kannte Roth gut und war im Spionagemetier bereits erfahren. Ihre erste Aufgabe war es, Butzi anzuwerben. Die beiden sollten als Team für die KPD arbeiten.

Da Gertrud und Butzi gemeinsam in der Hardenbergstraße lebten und leichten Zugang zu Hammersteins Amtsräumen hatten, waren sie für den M-Apparat ideale Zuträger. Hammerstein war damals Chef des Truppenamts, also des inoffiziellen Generalstabs, der nach den Bestimmungen des Versailler Vertrages aufgelöst werden musste, und Vertrauter des Chefs des Ministeramts (Reichswehrminister) Kurt von Schleicher.

Zu ihrem Leidwesen durften weder Gertrud noch Butzi der KPD beitreten. Stattdessen sagte man ihnen, sie sollten ihre Verbindung geheim halten und sich ganz auf ihre konspirative Aufgabe konzentrieren, Butzis Vater auszuspionieren. Kippenberger achtete darauf, dass die Neulinge – deren einzige Qualifikation darin bestand, über direkten Zugang zu dem ranghöchsten Militär des Heeres zu verfügen – eng mit Leo Roth zusammenarbeiteten. Ihr genauer Auftrag bestand darin,

Berichte über Hammersteins Gespräche mit seinen offiziellen Gästen sowie mit seinen Freunden zu verfassen und Dokumente aus dem Tresor seines Büros und von seinem Schreibtisch zu beschaffen. Butzi soll Leo Roth und dem M-Apparat-Mitarbeiter Gustav König Zutritt zum Arbeitszimmer ihres Vaters ermöglicht haben, „und die beiden Männer kopierten zwei Tage lang Unterlagen aus dem Schreibtisch des Generals" – so Mirjam Zadoff in ihrer 2014 erschienenen Studie „Der Rote Hiob. Das Leben des Werner Scholem". Von weiteren Folgen einmal abgesehen, riskierten beide Freundinnen, wegen Landesverrats nach § 92

Butzi und „Tutta“ Classen Ende der 1920er-Jahre auf Sylt

RStGB verurteilt zu werden, das Strafmaß sah Zuchthaus nicht unter zwei Jahren vor.

Ohne Gertruds Überzeugungsarbeit, Ermutigung und ihre Bereitschaft zu helfen hätte Butzi einen so verfänglichen Auftrag wohl kaum übernommen. Dass sie die Auslieferung der Dokumente überhaupt in Betracht zog, lag auch daran, dass sie sich von ihrem Vater emotional und politisch entfernt hatte, so wie auch er seinerseits jahrelang zu ihr auf Distanz gegangen war. Hinzu kam ihre unmittelbare politische Nähe zur KPD zu einer Zeit, in der diese unter großem Druck stand. Die KPD befand sich in einem Überlebenskampf mit den Regierungskräften, für die ihr Vater stand. Als Butzi begann, ihren Vater auszuspionieren, sah sie darin nichts Persönliches – sie hatte nicht das Gefühl, ihn zu verraten. Ihrer Ansicht nach spionierte sie nur sein berufliches Leben aus. Es war für sie ein weiterer Versuch, sich selbst und anderen zu beweisen, dass sie nicht Teil seiner Welt war oder der Welt, die er repräsentierte. Gleichwohl war Butzi ja nicht naiv: Die Vorstellung, nur „sein berufliches Leben" auszuspionieren, war unrealistisch. Sie wusste genau, dass ihre Handlung nicht nur Zuchthaus für sie, sondern womöglich auch die unehrenhafte Entlassung ihres Vaters aus der Reichswehr sowie Haft und Einzug seines Vermögens zur Folge haben konnte. Doch vor den Konsequenzen des Landesverrats bewahrte sie im September 1929 letztlich der Familienfreund Kurt von Schleicher.

Butzi und Gertrud hatten in einem Papierkorb in Hammersteins Büro einen Brief gefunden, den sie weiterleiteten und der die KPD glauben ließ, er sei ein Beweis für Verbindungen zwischen der Armee und der nationalistischen Rechten. Er wurde in dem KPD-Organ „Die Rote Fahne" abgedruckt, und Hans Kippenberger benutzte ihn im Reichstag als Beweis für den Einfluss der nationalistischen Rechten auf die Armee. Kunrat, der zehn Jahre jüngere Bruder, der vor Hammersteins Bürofenster oft auf der Balustrade herumkletterte, beobachtete Gertrud und Butzi bei ihrer illegalen Materialbeschaffung und berichtete seiner Mutter davon. Ergebnis war, dass Kurt von Schleicher Butzi in Gegenwart ihres Vaters verhörte. Obwohl Butzi alles abstritt, stand sie jetzt unter Verdacht, wurde mit der Tragweite ihres Handelns konfrontiert und auf die gravierenden Konsequenzen im Wiederholungsfall hingewiesen. Nachdem die Aktion aufgeflogen war, beendete der M-Apparat die Zusammenarbeit mit Butzi und Gertrud. Doch weder Schleicher noch Hammerstein meldeten den Vorfall amtlichen Stellen. Für Landesverrat zuständig war die frühere Abteilung Abwehr, die ab 1927 als eigenständige Organisationseinheit der Reichswehr im Reichswehrministerium geführt wurde. Chef des Reichswehrministeriums war Kurt von Schleicher. Nur diesem Umstand war es zu verdanken, dass der Spionageversuch nicht der Polizei oder dem Geheimdienst zu Ohren kam, denn dann hätte man die Affäre nicht mehr steuern können.

Nicht zum ersten Mal half Kurt von Schleicher der Familie, indem er sich um die Sache kümmerte. Ein Ergebnis war jedoch, dass eine geheime Akte angelegt wurde, die Jahre später, nach der „Machtergreifung", der Gestapo in die Hände fallen sollte. Auch wurde Gertrud aufgefordert, sofort auszuziehen. Für sie und Butzi war es damit zu gefährlich, ihre Freundschaft aufrechtzuerhalten. Gertrud arbeitete weiterhin illegal für die KPD, bis sie 1939 nach einem längeren Aufenthalt in der Schweiz nach Berlin zurückkehrte, dort mehrfach vorübergehend festgenommen und verhört wurde. Butzi hingegen befand sich in einer Situation, in der sie weder offen noch versteckt für den M-Apparat der KPD hätte arbeiten können, was bedeutete, dass sie aus Sicherheitsgründen auch den Kontakt zu ihren Freunden meiden musste. Sie reagierte darauf, indem sie sich ganz dem Jurastudium widmete. Gleich nach ihrem Abitur 1927 hatte sie sich an der Friedrich-Wilhelms-Universität für Jura eingeschrieben. Dieser Schritt spiegelte ihr Bestreben nach Unabhängigkeit wider, sie wollte selbst für sich sorgen. 1931 bestand sie das Erste Staatsexamen, woran sich ein zweijähriges Referendariat anschloss, zunächst am Amtsgericht in Altlandsberg in Brandenburg und dann am Amtsgericht in Berlin.

Einem Freund hielt sie jedoch die Treue: Gleich im ersten Semester lernte Butzi an der Universität einen Mann kennen, der zwölf Jahre älter und Anhänger der revolutionären Linken gewesen war. Werner Scholem, Bruder des Religionsphilosophen Gershom Scholem, repräsentierte für sie alles, wofür ihre eigene Familie nicht stand, wofür ihr Vater nicht stand und auch die

Weimarer Republik nicht. Werner hatte sich über die Wünsche seiner Familie hinweggesetzt und sich der KPD angeschlossen. Er war Schriftleiter des Parteiorgans „Die Rote Fahne“, 1921 wurde er in den Preußischen Landtag gewählt, nebenher war er vom Wintersemester 1922 bis zum Wintersemester 1924 im Fachbereich Staatswissenschaften immatrikuliert. 1924–1928 gehörte er dem Reichstag an. Als Butzi den Noch-Abgeordneten im ersten Semester kennenlernte, war er als ultralinker Abweichler von der KPD ausgeschlossen worden, denn die Partei verfolgte jetzt Stalins Doktrin des Sozialfaschismus, Hauptgegner war die Sozialdemokratie, nicht mehr der nationalistische Block.

Butzi war von Werner, dem Berufsrevolutionär, fasziniert. Als sie sich kennenlernten, war er im Begriff, sein Studium, das er wegen verschiedener Funktionen für die KPD, aber auch wegen eines Rektoratsverweises („Unfleiß“) seit 1924 ruhen ließ, wiederaufzunehmen. Er musste seinen Lebensunterhalt verdienen, denn er war verheiratet mit einer ebenso engagierten, allerdings – was den Wünschen seiner Familie widersprach – nichtjüdischen Tochter einer Arbeiterfamilie. Er zweifelte nicht daran, dass jede Krise des Weimarer Staates die Möglichkeit barg, die Etablierung der Diktatur des Proletariats zu beschleunigen. Werner, der ein charismatischer Revolutionsromantiker mit scharfem Verstand war, entstammte einer anderen Generation als Leo und Nati. Butzi verliebte sich in ihn, und obwohl ihre Beziehung nicht lange währte, war sie für sie intensiv und prägend. In Werner fand sie einen Mann von Format mit Ansichten, die sie teilte. Er hatte das Leben gelebt, das sie sich erhoffte. Dass er mit der KPD um den richtigen Weg zum Sozialismus stritt und ein frühes Opfer des Nazi-Regimes wurde, machte ihn in Butzis Augen zu einem aufrechten Revolutionär, dessen Vorbild sie auf ihrem weiteren Lebensweg begleiten sollte. Er wurde nach dem Reichstagsbrand verhaftet, für kurze Zeit wieder freigelassen, erneut verhaftet und 1940 von der SS im KZ Buchenwald ermordet, wo ihn die KPD-Mithäftlinge als „Linksabweichler“ gemieden hatten. Sein furchtbares Schicksal war eine Bürde, die sie ihr Leben lang mit sich trug. Später interessierte sie sich sehr für die Texte seines Bruders Gershom Scholem und suchte Trost in ihnen. Die beiden Scholem-Brüder waren Teil einer Welt, zu der sie sich hingezogen und in der sie sich zu Hause fühlte.

Die beständigsten Themen in Butzis Erwachsenenleben waren ihr Engagement für die sozialistische Umformung der Gesellschaft und ihre starke und anhaltende Ablehnung aller Varianten des Faschismus, insbesondere in Form des Nationalsozialismus. Darin schwankte sie nie. Dem zugrunde lag ein tiefgreifender Humanismus, der sich an ihrer Verteidigung jener zeigte, die vom Staat verfolgt wurden, und an ihrer intellektuellen Auseinandersetzung mit den großen Werken der Literatur und der Kunst. Dass Butzi in so enger Beziehung zu Linken stand, die Widerstand gegen die in den späteren Zwanzigerjahren beginnende Stalinisierung der KPD leisteten, sollte noch Folgen haben.

Obwohl Esi für den nächsten Schritt ihrer sozialen und politischen Entwicklung noch nicht bereit gewesen war, als die Mädchen aus Butzis Wandervogel-Gruppe austraten, um sich ausschließlich ihren politischen Interessen zu widmen, schloss auch sie sich dem Sozialistischen Schülerbund (SSB) an. Butzi ging ihr noch ein letztes Mal voran, und Butzis Freundin Gertrud Classen bewunderte sie. Einige Aktivitäten des SSB erinnerten an den Wandervogel, was Esi gut gefiel. Beim SSB wurden Seminare zu Themen wie Pädagogik angeboten, an denen sie großes Interesse hatte. Und sie erhielt Einsicht in ihr bislang fremde gesellschaftliche Milieus anderer Berliner Stadtviertel: „Ich dringe bis Neukölln vor, beschnüffele alles, aber bleibe Außenseiter. Das einzig Bleibende von diesen Escapaden noch während der Prima ist die Erinnerung, einen Abend mit wirklichen jungen Arbeitern am Tisch gesessen und ihre Gesichter und ihre Hände bewundert zu haben. Einer sah aus wie Jesus Christus. Dann ein paar ‚Fahrten', einmal auf einem Truck zu einem Nacktkultur Camp, wo es sehr sittlich zuging. Und eine oder zwei längere Fahrten mit Studenten des SSB, wo es auch sittlich zuging. Und eine andere, wo wir mit Arbeitern im Zelt übernachteten, ohne irgendeiner Anzüglichkeit ausgesetzt zu sein. Unglückliche Liebe zu einem ungarischen Studenten. Einen anderen, Nati, der mich liebt und mit dem ich noch im Heu übernachte, liebe ich nicht! Ich sehe noch sein trauriges Gesicht, und ich fürchte, er ist später in Russland umgekommen – ich glaube, er studierte Philosophie."

Sie stürzte sich auf diese neuen Erfahrungen, stand jedoch immer etwas abseits. Ihre wiederholte Feststellung, wie „sittlich" die Arbeiter waren, die sie endlich kennenlernte, offenbart, welche abwegigen Vorstellungen man in ihrem Umfeld von Proletariern hatte. „Nati" (Nathan Steinberger) erinnerte sich später, dass Esi immer „wie eine Sphinx" in den Pädagogikseminaren des SSB gesessen hatte, die von Referenten gehalten wurden wie Erich Fromm, der Marx und Freud so nachvollziehbar verschmolz, Arnold Zweig, dem zionistischen und pazifistischen Schriftsteller, oder Erich Kästner, dem erfolgreichen Autor, Kultur- und Literaturkritiker. Im Mai 1928 nahm sie zusammen mit Butzi an einer vom SSB organisierten Veranstaltung teil, deren Hauptredner Magnus Hirschfeld, Pionier auf dem Gebiet der Sexualforschung, und Siegfried Bernfeld, Reformpädagoge und Psychoanalytiker, waren.

Gertrud hatte Esi, als sie noch alle zusammen in der Hardenbergstraße wohnten, zu den Treffen des SSB begleitet. Auch hatte sie die marxistischen Standardwerke mitgebracht, die Esi verschlang: „Zugleich versuchte ich in geistiger Beziehung den Ring zu durchbrechen, indem ich Bücher las, die nicht auf unserem Bücherbrett standen. Ich las die marxistischen Klassiker, sogar ‚Das Kapital' und glaube plötzlich die Welt zu verstehen, einen Schlüssel zum Verständnis der sonst zu konfusen Welt gefunden zu haben. Als ich Engels, Ludwig Feuerbach und Marx' und Engels' ‚Deutsche Ideologie' gelesen hatte, hatte ich das Gefühl, dass ich mit dem historischen Materialismus auf festem Boden stand, und ich war zum ersten mal wieder so froh wie ich mit 13/14 gewesen war, als die Welt sich mir auch zu öffnen schien. In diesen Jahren baute sich mein nationales Bewusstsein zu einem internationalen aus. Ich lernte durch meine marxistische Lektüre etwas Sociologie und sah eine Zeitlang auch in meinen Eltern und ihren Freunden hauptsächlich Vertreter ihrer Klasse. Ich hörte auf an ihrem Leben teilzunehmen, trotzdem ich noch bei ihnen wohnte. Vor allem vermied ich alles, was mir wie Luxus erschien wie zum Beispiel Pferderennen, die zu sehen ich bis dahin sehr geliebt hatte, ‚bis alle Arbeiter in Deutschland genug zu essen hatten'. Deutschland hatte damals große Arbeitslosigkeit und ich wollte nicht zu den Leuten gehören, die über dem Abgrund tanzten." Die von der KPD angebotene Schulung lehnte Esi jedoch ab, weder trat sie der Jugendorganisation der KPD noch der KPD selbst bei.

Als Butzi sich 1926 ernsthafter politisch zu engagieren begann, war sie achtzehn Jahre alt, Esi siebzehn und Helga erst dreizehn. Helgas Kindheit verlief anders als die der beiden Schwestern. Die Vorkriegsjahre, in denen die beiden Großen mit ihren Eltern ein ungestörtes Familienleben führten, hatte sie nicht erlebt. Schon in sehr jungen Jahren war sie von den Eltern getrennt gewesen, manchmal zusammen mit ihren älteren Schwestern. Im Juli 1920, als sie als Kriegskinder in die Schweiz verschickt wurden, war sie sieben. Die wenigen Wochen, die die drei Kinder im Berner Oberland und in Zürich bei der Familie Wille verbrachten, hatte Helga in bester Erinnerung, denn sie besuchte sie noch oft; später wurde sie zu einer Ersatzfamilie.

1919, als Maria sich um ein Kleinkind zu kümmern hatte und ihr fünftes Kind erwartete, verbrachte die sechsjährige

Helga als Teenager

Helga mehrere Wochen in einem Kinderheim auf der ostfriesischen Insel Norderney. Sie hatte von Beginn an nur einen Randplatz in der Familie, und das erklärt wohl, was sie später in ihrem Leben meinte, als sie erklärte „Ich hatte keine Jugend.“ Butzi, die sich um sie kümmerte und sie beschützte, wurde ihre engste Bezugsperson. Als Helga vor der Frage stand, auf welche weiterführende Berliner Schule sie gehen sollte, entschied sie sich gegen das Auguste-Viktoria-Gymnasium, das ihre Schwestern besuchten, und für die Studienanstalt in Berlin-Charlottenburg.

Helga hatte von den älteren Kindern den schärfsten und analytischsten Verstand, bevorzugte Mathematik und Naturwissenschaften, die in beiden Schulen keine besonders große Rolle spielten. 1926 verließ sie die Studienanstalt siebzehnjährig ohne Abitur, um auf eine private Fachschule für Chemie zu wechseln. Später absolvierte sie ein Praktikum und hörte nebenbei sechs Semester lang Vorlesungen an der Technischen Hochschule Berlin. Als Vorbereitung für die spätere Universität meldete sie sich auf dem Realgymnasium Berlin-Neukölln an, zu einem Programm, das von Fritz Karsen als Alternative zum traditionellen Abitur anerkannt war. Dann lernte sie überwiegend mit Studenten aus Arbeiterhaushalten, die ebenfalls diese ungewöhnliche zweite Chance nutzten, um das Zeugnis zu erhalten, das für das Universitätsstudium notwendig war. Im Gegensatz zu Butzi und Esi, die in Neukölln nur Gäste waren, wurde Helga ein Teil davon. Wie ihre großen Schwestern vor ihr trat auch Helga – noch im Mai 1929 – dem Sozialistischen Schülerbund bei.

Auf einer „Wanderfahrt" des SSB lernte Helga den zwei Jahre älteren Leo Roth kennen. In ihm fand sie einen warmherzigen, einzigartigen Menschen, von dem sie sich verstanden fühlte. Beide versuchten ihre Herkunft zu verschleiern, er das orthodox Jüdische seiner polnischen Wurzeln und sie den preußisch-aristokratischen Wertekanon. Sie teilten dieselben Ideale, politischen Ansichten und eine große Lebenslust. Helga erwies sich in ihrer Anpassung so flexibel, als gehöre sie zur Arbeiterklasse, während Leo gerne Verhaltensweisen des Bürgertums und Adels imitierte.

Schon nach kurzer Zeit gingen sie eine feste Beziehung ein. Helga hielt sich oft in der Wohnung seiner Eltern im Scheunenviertel in Berlin-Mitte auf. Es war eine vollkommen andere Welt als ihr Zuhause, die bei ihr einen tiefen und bleibenden Eindruck hinterließ. 1931 ging Leo in den Untergrund und musste jeden Kontakt zu seinen Eltern und Geschwistern abbrechen. Er war für den M-Apparat zu wichtig, als dass man eine Festnahme hätte riskieren können. Sich trotzdem noch sehen und zusammen sein zu können, erforderte von beiden erhebliche konspirative Vorsicht.

Helga war 1930 der KPD beigetreten, jedoch gab es eine Komplikation. Der M-Apparat, für den Leo in Vollzeit arbeitete, sah, nachdem er seine Verbindung zur Hardenbergstraße verloren hatte, in Leos Beziehung zu Helga eine Möglichkeit, sie zu rekrutieren und ihr die Aufgaben zu übertragen, die zuvor Gertrud Classen und Butzi übernommen hatten. Esi zog man dafür nicht in Betracht, man hielt sie für „unzuverlässig". Für Hans Kippenberger und den M-Apparat war, seit Hammerstein Ende 1929 zum Chef der Heeresleitung befördert worden war, eine Kontaktperson zu ihm von größter Bedeutung. Die Familie bezog nun Räume in der Bendlerstraße, wo der inoffizielle Generalstab der Armee seinen Sitz hatte.

Helga wurde bei einem Treffen hoher KPD-Funktionäre instruiert, dass sie keine wie auch immer geartete Beziehung zur Partei haben dürfe. Wie schon bei Butzi war Helgas Zugang zu den privaten und dienstlichen Räumen ihres Vaters für den M-Apparat viel zu wertvoll, um ihr zu erlauben, sich offen als Mitglied der KPD zu erkennen zu geben. Wieder musste eine kommunistische Tochter des Generals ihre Mitgliedschaft in der kommunistischen Partei verheimlichen. Als Decknamen erhielt sie von der KPD und dem sowjetischen Geheimdienst den Namen „Grete Pelgert".

Jetzt war es Helga, die notierte, worüber sich ihr Vater mit seinen Gästen unterhielt und wann er in seinem Büro in der Bendlerstraße abwesend war, sodass die Agenten Dokumente an sich nehmen konnten, um sie zu kopieren. Von dem Schlüssel zum Safe in seinem Arbeitszimmer wurde heimlich ein Duplikat angefertigt. Helgas Geliebter Leo Roth war nun ihr Betreuer. Es war eine schwierige funktionelle Beziehung, aber sie hielt und

Helga, Anfang der 1930er-Jahre

brachte sie einander sogar näher. Für die nun Siebzehnjährige war es eine aufregende Zeit. Zu dem Geheimnis, das sie vor ihrer Familie verbarg – Leo –, kam das Geheimnis, dass sie ihren Vater ausspionierte und dem M-Apparat Zugang zu seinem Büro ermöglichte. Es gelang Helga, unbemerkt zu bleiben, wobei es nicht zuletzt ihr Alter war, das sie schützte. Für die Familie war sie mit ihrem Chemiestudium beschäftigt.

Von den drei Schwestern war Helga diejenige, die am wenigsten ständisches Verhalten repräsentierte. Mit der Schande, für eine „Haustochter" gehalten zu werden, musste sie sich nie auseinandersetzen. Nicht zuletzt dies ermöglichte es ihr, in zwei Welten zu leben; sie hatte keine Mühe, sich als „Grete Pelgert" im kommunistischen Untergrund zu bewegen. Reflexionen über diese Doppelwelt findet man in keinen ihrer Aufzeichnungen, auch keine über die Analyse des Faschismus oder über den stalinistischen Terror der 1930er-Jahre. Manchmal drängt sich der Gedanke auf, dass Helga wie in einer Schablonenwelt des Kommunismus lebte.

Esi, schon seit einiger Zeit auf eigenen politischen Pfaden unterwegs, hatte Freundinnen in ihrer Klasse gefunden, während Butzi inzwischen das Abitur bestanden hatte. Es war das Jahr 1927, Esi war siebzehn, und ihr bisheriges Leben sowie ihre emotionalen Bedürfnisse ließen sie Freunde und Freundschaften besonders wertschätzen, eine „angeborene Tugend", wie sie es nannte. Die Umstände, unter denen ihre Familie lebte und teils auch ihre eigene Initiative hatten sie mit einem ungewöhnlich breiten Spektrum von interessanten Familien und Menschen bekannt gemacht – vom Adel über das Beamten- und Bürgertum bis hin zum Proletariat. In den Schaeffers hatte sie eine sehr kultivierte, unkonventionelle Familie mit vielen Interessen kennengelernt, zu denen auch das Spirituelle zählte. Während der Kriegsjahre hatte sie Kontakt zu Dorfkindern und Bauernfamilien gefunden, ähnlich wie Butzi und Helga. Esi fühlte sich

Wera Rahel Lewin
zu der Zeit,
als Esi ihr erstmals
begegnet, ca. 1927

durch ihren aristokratisch-militärischen familiären Hintergrund nicht eingeschränkt, aber sie trug ihn auch nicht zur Schau, ganz im Gegenteil. Berichte von Klassenkameradinnen und Freundinnen aus der Zeit zeugen von Erstaunen darüber, dass Esi den Erwartungen eines adeligen Kanons nicht entsprach. Als eine von Hammerstein und Tochter eines prominenten Offiziers war es ihr eigentlich vorgezeichnet, sich in anderen Kreisen zu bewegen, aber sie und ihre Schwester Butzi machten immer wieder deutlich, dass sie sich durch ihre Herkunft und die hohe Position ihres Vaters nicht beeinflussen lassen wollten.

Als Esi im Turnunterricht eine Haarspange zu Boden fiel, hob ein Mädchen namens Wera Rahel Lewin sie auf. Diese Zufallsbegegnung veränderte Esis Leben, denn schon bald waren die beiden unzertrennlich. Wera gehörte dem jüdisch-deutschen Bürgertum an und damit wieder einem anderen gesellschaftlichen Segment Berlins. Ihr Vater war ein bekannter Mediziner mit breiten kulturellen und intellektuellen Interessen. Erneut wurde Esi Teil einer vollkommen anderen Familie: „Ihr Vater ist Krebsforscher und Spezialist für Berufskrankheiten für ein Krankenhaus am Alexanderplatz; er spielt Klavier und Wera die Geige; er hat in seiner Bibliothek die ‚Weltliteratur', ein neues Phänomen für mich. Wera hat alle Klassiker in der Cottaschen Ausgabe. Auch die französischen Romanschriftsteller wie Balzac und Stendhal liest sie. Ich lese ‚Rot und Schwarz' und ‚Pelle der Eroberer'. An den Wänden hängen Bilder von unbekannten modernen Malern, die ihr Vater gekauft hat, um die Maler zu unterstützen. Welch ein Unterschied zu unserer Wohnung! Das Familienleben ist sehr eng. Ich fühle mich restlos wohl bei ihnen. Die Familie ist nicht religiös, nur zionistisch."

In Wera lernte Esi einen Menschen kennen, der den politischen Strömungen, ob sie links oder rechts orientiert waren, skeptisch gegenüberstand. Skepsis war bei den Hammersteins kein ausgeprägter Zug. Wera konfrontierte Esi mit einer radikalen Alternative, der zufolge man den sozialen und kulturellen Konsequenzen der Massenbewegung jener Zeit mit Vorsicht begegnen sollte. Es ist bemerkenswert, dass Esis erste Reaktion auf Weras Haltung Mitleid war: „Wera war so erfüllt von dem Schönen, von einzelnen Gestalten der Geschichte, von einzelnen Dichtern, dass dieses Positive ihre negative oder skeptische Haltung der Masse gegenüber, die sie nicht kannte, aufwog. Das Negative, Traurige, war nur eine Nebenmelodie ihres Wesens, wenn auch eine wichtige. Wera's Skeptizismus beeinflusste mich nicht. Sie tat mir leid, trotzdem sie jünger war als ich. Im Übrigen war ich froh, dass sie mich zu ihrer ‚Elite' rechnete."

Dass Wera Esi in ihre „Elite"-Welt der Hochkultur aufnahm, schmeichelte ihr und befriedigte einen Hunger, den sie mit ihren Schwestern teilte. Sie waren in einer Militärfamilie aufgewachsen, in der man sich um ihre Bildung nicht viel kümmerte, zum

Wera im Skiurlaub, 1929

einen, weil man ihr keinen großen Wert beimaß, zum anderen, weil die Umstände es nicht gestatteten. Im Gegensatz zu Kurt hatte Maria zwar eine humanistische Ausbildung genossen, diese jedoch abgebrochen. Bei den älteren Hammersteins fand sich immer noch ein Widerstand gegen das Bürgerliche und das Gefühl, dass es reichte, ein Hammerstein zu sein, mit all den alten Sitten und Gebräuchen, die man überliefert bekam. Für Esi war Wera so exotisch wie umgekehrt Esi für Wera. Aber es war eine Welt, von der sie sich angezogen fühlte. Es war anders als bei den Arbeitern, deren Welt niemals die ihre sein würde.

Weras Vater wurde auch ihr Vater, und der kleine Bruder Ernst wurde ihr kleiner Bruder.

Wera bekannte sich zum Zionismus. Sie war inspiriert von dem Humanisten Martin Buber, der die hebräische Bibel ins Deutsche übersetzt hatte, und von Gershom Scholem. Beide vertraten innerhalb des Zionismus einen Ansatz, der die Aussöhnung von Juden und Palästinensern vorsah. Wie Wera fühlte sich auch Esi dazu aufgerufen, eine neue Welt zu schaffen, die auf Gemeinschaft und gemeinsamen Werten beruhte. In ihr fand Esi eine Persönlichkeit, die sie nach und nach von ihrer selbst auferlegten Abhängigkeit von Butzi befreite. Butzi war erleichtert, dass ihre jüngere Schwester jetzt sicheren Schrittes ihren eigenen Weg ging. Die individuellen Züge von Butzi und Esi traten nun stärker hervor. Gemeinsam waren ihnen die Offenheit für neue Abenteuer sowie der Hunger, Erfahrungen zu sammeln und diese zu vertiefen, intellektuell wie künstlerisch.

Die Fenster, die sich für Esi durch die Welt der Arbeiter und der einfachen Berliner geöffnet hatten, wusste sie zwar zu schätzen. Sie kam aber nun in Kontakt mit einer intellektuellen Elite, einer Welt, die sie erstmals bei den Schaeffers kennengelernt hatte. Bei den Lewins entdeckte sie die jüdisch-deutsche Welt. Esi und Wera hätten keine unterschiedlicheren Hintergründe haben können. Die Hammersteins lebten in einem Teil eines großen Gebäudes, das ihnen von der Regierung zur Verfügung gestellt worden war. Es war voll von Erbstücken ihrer Familien, großen, dunklen Möbeln mit feinen Intarsien. An den Wänden hingen Familienporträts und Landschaftsbilder, auf denen beispielsweise die Ruine der Burg Hammerstein am Rhein zu sehen war.

Über das Judentum lernte Esi von den Lewins und den anderen Juden, denen sie durch Wera begegnete, wenig. Die jungen Juden, die sie in den kommenden Jahren kennenlernte, waren oft mit gläubigen Eltern aufgewachsen, hatten sich selbst jedoch von der Religion abgewandt. Fasziniert verfolgte Esi Weras intensiven Umgang mit Literatur, ihr wollte sie gleichen. Wera und ihr Vater – ihre Mutter war früh an Magenkrebs verstorben – versuchten Esis Neigungen in dieser Hinsicht zu fördern. Bei den Lewins lernte Esi zu schätzen, was es hieß, kein geschlossenes Weltbild zu haben. Erst rückblickend verstand sie, warum Weras Vater ihr 1930 geraten hatte, ihr Studium keinesfalls aufzugeben. Esis Überlegung, ebenfalls auf die Heidelberger Universität zu gehen, beantwortete ihr Vater wieder einmal mit einem strikten „Nein". In Weras Welt machte man das Beste aus den Gelegenheiten, die sich einem boten – man wusste nie, was die Zukunft bereithielt. Auch Hilde Schaeffer hatte ihr einst gesagt: „Bereite dich vor, das Leben ist hart, nimm die Schule ernst." Im Haus der Hammersteins hörte man solche Sätze nicht. Wera, die auf eine Weise geerdet war, die Esi nicht kannte, wusste, dass es für ihre Zukunft entscheidend war, einen Universitätsabschluss vorzuweisen, denn die Zeiten waren ungewiss und eine feste Grundlage wesentlich.

Zufällig hatte Esi an dem Tag, an dem sie Wera zum ersten Mal nach Hause einlud, im Deutschunterricht über die 1842 veröffentlichte Novelle „Die Judenbuche" von Annette von Droste-Hülshoff referiert. Weras Beschreibung zufolge war es Esis Vortrag, der in ihr den Wunsch geweckt hatte, sie kennenzulernen. So zufällig war ihre Begegnung offenbar also gar nicht gewesen.

Einmal, als sie sich der Eingangstür zum privaten Bereich in der Bendlerstraße näherten, bemerkten sie dort ein großes Hakenkreuz und die Worte „Juden raus". Es war Esis Bruder Kunrat, der als pubertärer Bengel den dummen Nazi-Spruch an die Tür geschmiert hatte. Esi machte dafür seine Lektüre des „Völkischen Beobachter" verantwortlich. Das Abonnement der NS-Zeitung war ein Geschenk der Hitler-Bewunderer Edwin Bechstein und seiner Frau Helene gewesen. Wera besuchte Esi nie wieder zu Hause.

Nachdem auch Esi im Frühjahr 1929 das Abitur bestanden hatte, fand Hilde Schaeffer für sie eine Stelle als Hospitantin an einer Schule auf der Nordseeinsel Juist, zu der sie Kontakte hatte. Martin Luserke, ein bekannter Reformpädagoge, war Mitbegründer der Freien Schulgemeinde Wickersdorf bei Saalfeld in Thüringen, der Hilde angehört hatte. Er gründete später die Schule auf Juist. Esi lebte mit zwei Schulkindern zusammen, deren Eltern – Lehrer der Schule – Ferien machten. Sie nahm ihren achtjährigen Bruder Franz mit. Viel hatte sie nicht zu tun; ihre Freizeit verbrachte sie mit Strandspaziergängen oder lesend in der Bibliothek eines anderen abwesenden Lehrers, während die Kinder fröhlich mit ihren Fahrrädern herumfuhren. Es war April, zu früh, um im Meer zu baden. Endlich hatte Esi Gelegenheit, auch ein Landschulheim zu erleben.

Wieder in Berlin, schrieb sie sich 1929 an der Berliner Universität für Jura und Geschichte ein. Mit Interesse und Bewunderung hörte sie Martin Wolffs Vorlesung über Bürgerliches Recht. Als sie im Geschichtsinstitut vor einem Regal mit alten Büchern stand, fühlte sie sich abgestoßen. Was sie wollte, war das Leben, nicht alte Bücher. Weil sie unentschieden war, was sie studieren sollte, besuchte sie ein paar Medizin- und Biologievorlesungen. Ihr Vater wollte, dass seine Töchter sich auf einen Beruf vorbereiteten, doch als sie ihm gegenüber ihr Interesse an Medizin erwähnte, „schüttelte er sich sozusagen, er konnte sich nicht vorstellen, dass man das gern studieren wollte: ‚Willst Du Leichen sezieren?‘, was mich leider davon abgebracht hat“.

Weder Butzi noch Helga hätten sich an ihren Vater gewandt, um seine Zustimmung für ein Studium zu erhalten, sicher aber hätten sie sich von ihm auch nicht entmutigen lassen. Im Gegensatz zu Butzi und Helga hörte Esi auf ihren Vater. Butzi entschied sich für das Jurastudium, das sie für sich als realistische Wahl erachtete, und Helga für Chemie, was weder Maria noch Kurt eingeleuchtet haben dürfte. Esi beharrte nicht auf dem

Studienfach, zu dem sie sich hingezogen fühlte, und probierte es nicht einmal aus. Der Preis, den sie dafür zahlte, war, dass sie sich nicht auf einen Beruf vorbereitete, der zu ihr gepasst hätte. Die Monate und Jahre nach ihrem Abitur waren für sie eine Zeit der Suche nach dem, was ihr Interesse wecken und sie ernähren würde.

In den Semesterferien reiste Esi nach Ungarn. Zwei ältere Damen, entfernte Verwandte ihrer Großmutter Lüttwitz, die auf einem großen Gut lebten, hatten sie eingeladen. Esi streifte mit einem Buch in den Händen durch die Wälder, zweimal pro Woche kam ein Pastor und brachte ihr ein wenig Ungarisch bei. Zusammen mit den Mädchen aus dem Dorf half sie bei der Weizenernte. Auf ihrem Rückweg nach Berlin besuchte sie Budapest, blieb für ein paar Tage bei anderen Verwandten, die in Buda, auf der hügeligen Seite der Stadt, lebten, und besichtigte die Sehenswürdigkeiten. Kontakte zu der weiteren Lüttwitz-Familie gab es kaum. Walther von Lüttwitz kam regelmäßig nach Berlin, einmal besuchte Esi ihn in Breslau, wo er sich niedergelassen hatte, nachdem seine Amnestie erwirkt worden war. In seinem Tagebuch hielt er seinen Eindruck von Esi fest: „Wir hatten den Besuch meiner Enkeltochter Esi Hammerstein. Sie hadert noch mit der Welt, hat manche schiefe Anschauungen, neben guten. Ich bitte Gott, daß Er nicht von ihr lasse."

Zurück in Berlin besuchte sie weiter die Universität und hörte Vorlesungen von Eduard Spranger, einem führenden Reformpädagogen. Ihr ganzes Leben lang interessierte sie sich für die Pädagogik, besonders für die schulische Ausbildung von Kindern. Durch Wera lernte Esi in Sprangers Seminar ein Studentenpaar aus Palästina kennen, das ein kleines Kind hatte. Sie hörte zu, wenn die beiden mit ihrem Baby sprachen, und lernte so bald selbst ein paar Sätze Ivrit. Die Levins machten sie auch mit einer Gruppe junger Juden bekannt, die sich auf ihre künftige praktische Arbeit in Palästina vorbereiteten. Sie bemühten sich, auch andere für diese Arbeit zu gewinnen, und Esi ließ sich von ihnen überzeugen. Für sie war es das Landschulheim und der Wandervogel in einer anderen Form: eine Gemeinschaft Gleichgesinnter, in der man hart arbeitete, ohne dass der gesellschaftliche Hintergrund oder soziale Unterschiede eine Rolle spielten.

Esi beschloss, ihr Studium zu unterbrechen und als Gärtnergehilfin auf einem Hof im brandenburgischen Lieberose zu arbeiten. Für eine Hammerstein war das ein radikaler Schritt. Gemüseanbau und Landwirtschaft waren nichts, womit Hammersteins sich je beschäftigt hatten, sei es während des Krieges in den Dörfern oder in Steinhorst. Oberforstmeister und Bauer waren zwei verschiedene Professionen. Ersterer erlaubte und beförderte das „Jagen und Sammeln". Kurt ging mit den Kindern Pilze stechen, Maria suchte mit ihnen Beeren und Kurt jagte Klein- und Großwild. Die Försterei war ein Beruf und Oberförster eine angesehene Position. Ein Junker dagegen war zwar Herr über einen landwirtschaftlichen Besitz, aber kein Bauer. „Praktische Arbeit", Arbeit mit den Händen, lag außerhalb dessen, was die Hammersteins gutheißen konnten. Doch Esi bereitete es zunächst großes Vergnügen, körperlich zu arbeiten. Erniedrigt fühlte sie sich durch diese Arbeit keineswegs. Auch Helga enttäuschte die Erwartungen der Familie, als sie das Gymnasium noch vor ihrem Abitur verließ und in einem Chemielabor zu arbeiten begann. Nach ungefähr sechs Wochen bekam Esi in Lieberose Besuch von ihren jüdischen Freunden. Als sie meinten, dass sie dort zu einsam sei, stimmte sie ihnen nach einigem Zögern zu. Sie kündigte und kehrte nach Berlin zurück.

Ihr nächster Job war wieder auf dem Land, allerdings in der Nähe von Berlin, im Institut für Lebensmittelforschung in Müncheberg. Ein Freund von Wera arbeitete dort als Assistent, um verschiedene Methoden der Nahrungserzeugung zu erlernen und sie dann im Rechovot Institut bei Tel Aviv umzusetzen. Esi unterstützte ihn bei seiner Tätigkeit. Unter anderem saß sie mit dem Mikroskop im Kartoffelfeld und beobachtete Kartoffelkäfer. Als ihre Familie nach Lietzen fuhr, einem Gut, das den Hardenbergs gehörte, setzte ihr Vater sie in Müncheberg ab und sagte: „Verbauere nicht." „Bauer" war der Name des Professors, der dem Institut für Lebensmittelforschung vorstand, aber natürlich bezog sich das Wortspiel nicht nur auf ihn.

Anschließend beschloss Esi, eine richtige Schulung zur Laborassistentin zu machen, was sie jedoch nur drei Tage lang durchhielt. Dennoch musste sie die Gebühren für den gesamten Kurs bezahlen. Geld war nichts, was die Familie im Überfluss hatte, deshalb war Esi dankbar, als ihr Vater den Scheck ausstellte, ohne ihr Vorwürfe zu machen.

Zu diesem Zeitpunkt lernte sie einen Mann kennen, in den sie sich verliebte. Er hieß Werner „Nafta" Nobel und war Medizinstudent. „Die nächsten Jahre sind wir uns so nah wie es einem Mädchen, das in der Bendlerstraße lebt, und dem Sohn eines Rabbis aus Moabit möglich ist." Naftas Vorfahren väterlicherseits waren Rabbis gewesen, er war Zionist, sein Bruder Günter Kommunist. Esi bezog Nafta in das Leben in der Bendlerstraße ein. Sie stellte ihn außerdem ihrem Freund, Schleichers Presseattaché Erich Marcks, vor, der ihm Bücher aus seiner Bibliothek lieh. Das Milieu, für das Esi stand, ob sie wollte oder nicht, war ihm fremd, aber zog ihn an. In einem Brief an Esi schrieb er viele Jahre später: „Wir hatten so unterschiedliche Hintergründe, dass schwer zu verstehen ist, was uns aneinander anzog und uns wie zwei Magnete mit entgegengesetzten Polen zusammenhielt. Warum du dich so zu deinen jüdischen Freunden hingezogen fühltest und warum ich sofort eine Verbindung zu dir hatte. Viele meiner Charakterzüge schienen nicht jüdisch zu sein, meine Liebe zur Landwirtschaft und zum Sport war wie andere Vorlieben, mindestens in meiner Jugend, unter Juden nicht oft zu finden. Nach der Jagd bin ich noch immer süchtig.

Vielleicht war ich in einem früheren Leben Landsknecht oder Raubritter oder Jäger, jedenfalls bestimmt kein religiöser Jude wie meine Vorfahren."

Esi ließ ihn sogar das Pferd Hammersteins reiten, was ihr dreizehn Jahre alter Bruder Kunrat beklagte: „Ich finde es unerhört, dass der olle Kerl, sieht aus wie ein Mongole, auf Reichswehrpferden reitet." Esi war so glücklich wie noch nie. Nafta war ein warmherziger, zuverlässiger und zielstrebiger Mann, der voraussah, in welche Richtung Deutschland sich entwickeln würde. Er ahnte, dass er Deutschland schon bald verlassen musste, um als Mediziner eine Zukunft in einem anderen Land zu finden.

An die Universität kehrte Esi nicht zurück. Sie wollte finanziell unabhängig werden und belegte Kurse in deutscher, englischer und französischer Kurzschrift sowie im Schreibmaschineschreiben. Darüber hinaus bestand sie ein Diplom, mit dem sie an Privatschulen Deutsch und Französisch unterrichten konnte, zusätzlich nahm sie Russischunterricht. Übergangsweise fand sie eine Stelle im Berliner Büro des „London Telegraph Express".

Nafta wurde just in dem Moment Teil von Esis Leben, in dem sie sich für eine enge Beziehung bereit fühlte. „Ich bin 21 und hungere nach der Erfahrung, die alle meine Freundinnen außer Wera bereits gemacht haben ... wenn möglich, möchte ich sogar ein Kind." So wurde sie denn auch schwanger, aber angesichts der bedrohlichen politischen Situation in Deutschland entschloss sie sich für eine Abtreibung.

Am 20. August 1930 schrieb Kurt von Schleicher aus seinem Urlaub in der Schweiz einen Brief an Maria, die von ihrer Familie und engen Freunden „Mietze" genannt wurde. Er geht darin auf ihre Bitte ein, ihr bei der Lösung familiärer Probleme behilflich zu sein. Der Brief bezeugt die enge Freundschaft zwischen beiden und macht deutlich, welche Rolle Schleicher in ihrem und Kurts Leben spielte: „Liebste Mietzi! Du bist doch die

Nafta durfte mit Hammersteins Pferd im Tiergarten ausreiten, 1932.

beste, mir einen so lieben Brief zu schreiben, trotzdem ich Dich ohne Abschiedskuss verlassen hatte. Lass Dir dafür viel Liebes sagen und Dich herzlichst umarmen. Mir geht's ausgezeichnet, ich sehe beinahe wieder jung und hübsch aus, lebe aber, was Frauen anbetrifft, völlig abstinent. Dafür frühstücke ich manchmal mit Kanya [dem ungarischen Militärattaché], um über Dich schwärmen zu können. Die Dinge Harbou werde ich nach Rückkehr in Deinem Sinne bzw. Deinem Wunsche gemäß erledigen. Wenn Du durchaus nicht Cheffeuse werden willst, musst Du Dich scheiden lassen und mich heiraten, da wirst Du solch

Ehrenstellungen kaum erleben. Von Equord wird man den Chef nicht mehr abdrehen können. Schlimm ist die Esisache! Kann ich etwas thun? An meinen alten Equord eine runter, Dir das Gegenteil. Dein Getreuster (au fond), Kurt Schleicher."

Maria hatte sich an Schleicher wegen Mogens von Harbou, Butzis Freund, gewandt, der sich Marias Ansicht nach in seiner Beziehung zu ihr „unehrenhaft" verhalten hatte. Seine Anspielung auf Esi bezieht sich auf ihre Schwangerschaft. In Schleicher hatte Maria einen Vertrauten, der auf das einging, was sie beschäftigte. Der Brief macht deutlich, welchen Kummer es Maria machte, dass sich die Dinge bei Esi und Nafta so überstürzten. Esi konfrontierte ihre Mutter mit einem Verhalten, das ihr unvorstellbar war. Vor allem offenbart der Brief jedoch, dass Esi sich ihrer Mutter anvertraut hatte, was sehr typisch für sie war.

Obwohl Nafta und Esi noch ein Jahr zusammen blieben, erholte sich ihre Beziehung nie. Esi wurde anfällig für die Manöver, mit denen ihre Mutter sie auseinanderbringen wollte. Maria tat, was sie immer tat. Im Herbst 1932 wandte sie sich erneut an Schleicher, der zu jenem Zeitpunkt kurz davor stand, zum Reichskanzler berufen zu werden. Schleicher beschaffte Esi eine Stelle als Sekretärin am Lützowplatz bei Baron Roland, der während des Ersten Weltkriegs deutscher Konsul in Barcelona und einer der wichtigsten Agenten des deutschen Nachrichtendienstes und der Abwehr gewesen war. Er war ein Vertrauter von Schleicher und von Ferdinand von Bredow, dem Leiter der Abwehr-Abteilung im Reichswehrministerium. Das Amt war lange für die Beschaffung von Nachrichten aus Spanien zuständig. Spanisch zu können war notwendig, weil dieses Büro zur Tarnung scheinbar den Import von Orangen aus Spanien organisierte. Esi wurde mitgeteilt, dass sie die Sprache lernen müsste. So schickte man sie nach Barcelona, wo sie Unterkunft bei Freunden ihres Arbeitgebers fand. Sie war sich ziemlich sicher,

Nafta fotografierte Esi 1932 auf Sylt.

dass sie nach Spanien abgeschoben werden sollte, weil man sie und Nafta trennen wollte. Obwohl der Druck, der Empfehlung Schleichers nachzukommen, sehr hoch war, reizte sie das Abenteuer Spanien durchaus.

Dass sie selbst sich ihrer Beziehung zu Nafta nicht immer sicher war, machte ihr den Schritt etwas leichter. Über Schleicher und seine Absichten schrieb sie: „Beinahe wäre es ihm gelungen, denn in Barcelona verliebte ich mich unglücklich in einen Bruder meiner Magdeburger Freundin Ulla Krebs.“ Sie blieb drei Monate in Spanien, und ihr Aufenthalt wurde tatsächlich aufregend. Es war ihr erster Flug mit einer kommerziellen Fluglinie, der Luft Hansa AG. Die letzte Woche verbrachte sie in Madrid, betrachtete die Gemälde Goyas im Prado und besichtigte den Escorial und die Burg Alcázar oberhalb von Segovia. Als sie in der Lage war, auf Spanisch zu korrespondieren, kehrte sie Anfang Januar 1933 zurück und nahm die Stelle am Lützowplatz wahr. Zuvor jedoch besuchte sie Nafta im Schwarzwald. Sie hatten vereinbart, nach ihrer langen Trennung dort wieder zusammenzufinden. Es schien eine glückliche Zeit zu sein. Noch ahnten sie nicht, was für einen folgenschweren Verlauf dieser Januar nehmen würde. Schon Ende des Monats musste Esi ihren Job wieder aufgeben, denn die Geheimdienststelle wurde geschlossen. Im politischen Leben des Landes hatte es eine tektonische Umwälzung gegeben, im Vorfeld zeichnete sich der spanische Bürgerkrieg ab. So nah wie mit der Sekretärinnenstelle im Büro Roland kam Esi der geheimnisvollen Welt ihrer Schwestern nie wieder.

Kopfsprung in den Faschismus

Esi sprach für alle drei, als sie schrieb: „Aber alles das war nur ein Anfang, und dann brach die Katastrophe der heraufkommenden Diktatur über uns herein und das Leben, das gerade anfangen wollte, wurde abgebrochen und in neue unorganische, weil unerwartete und unerwünschte, Bahnen geleitet." Was rückblickend heute so unvermeidbar erscheint, war damals alles andere als das. 1933 hatten viele Menschen das Gefühl, das Schlimmste sei vorüber: Hitler und die NSDAP mussten bei den Reichstagswahlen im November 1932 einen deutlichen Stimmenverlust hinnehmen, und es zeichnete sich die Möglichkeit einer Erholung der Wirtschaft mit einer stabilen Regierung unter der Führung des bisherigen Reichswehrministers Kurt von Schleicher ab.

Maria Therese 1933

Die Ereignisse vom Januar kulminierten darin, dass Präsident Paul von Hindenburg den Rücktritt von Reichskanzler von Schleicher und seinem Kabinett annahm und an dessen Stelle Hitler ernannte. Schleicher wurde diesmal selbst Opfer seiner Rankünen, und Hammerstein hatte davor kaum Grund zu der Annahme, dass ein plötzlicher Regierungswechsel bevorstand. Noch wenige Tage zuvor hatte Hindenburg Hammerstein persönlich versichert, dass er Hitler nicht mit einer Regierungsbildung beauftragen würde. Als im Dezember 1930 deutlich geworden war, dass es im Reichstag keine regierungsfähige Mehrheit geben würde, war Hammerstein vorbereitet, sich auf die Parteien der bürgerlichen Mitte zu stützen. Nur so hätte man den Nationalsozialisten den Einfluss entziehen können, auch wenn man dazu die SPD ins Boot hätte holen müssen. Sollte der damalige Kanzler Heinrich Brüning mit seiner Politik keinen Erfolg haben, sah Hammerstein die Zukunft in schwärzesten Farben. Die Sicherheit Deutschlands könnten in diesem Fall nur der Reichspräsident und die Reichswehr garantieren. Doch im Gegensatz zum rechten Parteienblock zog Hammerstein eine Diktatur niemals in Betracht.

Am 28. Januar 1933 war Hammerstein darauf vorbereitet, den militärischen Notstand auszurufen, falls Hindenburg Hitler beauftragen sollte, ein Kabinett zu bilden. Die Entscheidung musste seiner Ansicht nach jedoch der formal noch amtierende Reichswehrminister und Reichskanzler von Schleicher treffen. Am 29. Januar soll Hammerstein zu Schleicher gesagt haben: „Jetzt müssen Sie die Reichswehr einsetzen, sonst gibt es für ganz Deutschland ein Unglück." Sie besprachen bereits en detail, dass Hindenburg im äußersten Fall in seinem ostpreußischen Gut unter Hausarrest zu stellen sei, sollte sich das als notwendig erweisen. Schleicher war grundsätzlich der Meinung, dass die Armee dem Reichspräsidenten gegenüber loyal bleiben müsse, der laut Verfassung auch der oberste Befehlshaber war. Hammerstein stimmte zwar mit ihm darin überein, dass ein Staatsstreich gegen den Präsidenten nicht geboten sei, weil sich das Militär gegen die Mehrheit des Volkes hätte stellen müssen. Er war allerdings eher als Schleicher geneigt, das Militär zu mobilisieren, um zu verhindern, dass Hitler an die Macht kam. Aber so, wie er die politischen Umstände einschätzte, war das Risiko zu groß und der Erfolg keineswegs sicher.

Hammerstein musste am 30. Januar zur Kenntnis nehmen, dass Schleicher nicht mehr Teil der Regierung war, er behielt nicht einmal den Posten des Reichswehrministers. Damit war alles hinfällig geworden, worauf Hammerstein und Schleicher sich verlassen hatten. Schleicher hatte das Vertrauen des Mannes verloren, der in den letzten Monaten der Republik allein zählte: Reichspräsident Paul von Hindenburg. Stattdessen wurde das Reichswehrministerium General Werner von Blomberg zugeschanzt, einem erklärten Sympathisanten der Nazis. Hammerstein verlor seinen wichtigsten Verbündeten und das Vertrauen Hindenburgs. Am 30. Januar, wenige Augenblicke, nachdem er die Nachricht von Hindenburgs Verrat bekommen hatte, erlebte Esi ihren Vater hilflos und in die Enge getrieben: „Mein Vater ging schweigend in dem langen Korridor unserer Wohnung in der Bendlerstraße auf und ab. Sollte er die Potsdamer Einheit gegen Berlin marschieren lassen? Ich habe ihn vorher und nachher nie so aufgewühlt erlebt. Aber es hätte eine Konfrontation mit den Leuten bedeutet, die die Nazis gewählt hatten, und er wollte seine Soldaten nicht in einen Bürgerkrieg schicken."

Im März 1920, als sein Schwiegervater Lüttwitz Truppen in die Stadt geschickt hatte, um die Regierung zu stürzen, hatte Hammerstein beschlossen, ihn nicht zu unterstützen und sich auf die Seite der legitimen und legal errichteten Regierung zu stellen. Diese Situation war ihm am 30. Januar sehr gegenwärtig. Er hatte Hitler persönlich gesagt, dass er nur auf ihn zählen könne, falls er legal an die Macht käme. Aber Hitler und seine

Anhänger waren so gewieft, wenigstens den Anschein von Legalität zu wahren. Das in der Nacht vom 29. auf den 30. Januar gezielt gestreute Gerücht – das auch Esi vernommen hatte –, dass Hammerstein die Potsdamer Garnison nach Berlin befohlen habe, um Hindenburg gefangen zu nehmen, trug dazu bei, dass Hindenburg seine Meinung änderte und Hitler zum Reichskanzler ernannte.

Esi war dabei, als Hammerstein einen Tag später Besuch von der Enkelin des Schweizer Generals Ulrich Wille, der künftigen Frau des Physikers Carl Friedrich von Weizsäcker, bekam, der jungen Journalistin Gundalena Inez Wille. Ihre Eltern hatten die drei ältesten Hammerstein-Töchter im Sommer 1920 aufgenommen: „Schlank, im grauen englischen Kostüm, meinem Vater gegenüber auf dem Sessel sitzend, fast streng und todernst fragte sie: ‚Was ist passiert?' Meines Vaters Antwort war prägnant und lakonisch: ‚Wir haben einen Kopfsprung in den Faschismus gemacht'. Er hatte keinerlei Trost für sie."

Hammerstein war, wie immer, offen und geradeheraus. Seine Tage in der Bendlerstraße waren gezählt. Noch im selben Jahr reichte er seinen Rücktritt zum 31. Januar 1934 ein. Wolfgang von Websky, der Cousin von Maria, war im November 1933 zum Abendessen in der Bendlerstraße eingeladen und hielt ein Gespräch mit Hammerstein brieflich fest: „Ich kam in die ungewöhnliche Lage, den Chef der Heeresleitung einen ganzen Abend ziemlich unverblümt ausfragen zu dürfen, und er antwortete erstaunlich offen. Hitler, Göring, Neurath, Schleicher (den ich aus dem Gr. Hauptquartier kannte) und viele andere wurden besprochen, und als ich mich wegen meiner Neugier entschuldigte, sagte er nur: ‚immer fragen, wenn ich nicht antworten will, werde ich es schon sagen.' Plötzlich unterbrach er mich und sagte mir, er habe um seinen Abschied gebeten und werde Neujahr, d. h. in vier Wochen ausscheiden aus dem aktiven Dienst. Erstaunen bei mir. Er sagte, ‚du hast doch die wilde sowjetfeindliche Rede Hitlers auf dem Nürnberger Parteitag (30. August–3. September 1930) gelesen? Ich führe keinen Krieg gegen die Russen! Ich kann es nicht, ich kann nicht plötzlich umschwenken, nachdem ich so lange und so gut mit ihnen zusammenarbeitete, deutsche Panzer und Flieger in Russland ausbildete, wie du wissen wirst, usw. Ich will es auch nicht, weil ich Russland für den gegebenen Partner Deutschlands gegenüber den Angloamerikanern halte. Man kann Russland nicht erobern, es ist zu groß. Es würde sicher zunächst Niederlagen einstecken müssen. Man kann nicht Russland zum Frieden zwingen, es würde schließlich 20 Jahre aushalten, den Krieg führen'."

Reichspräsident Paul von Hindenburg nahm Hammersteins Rücktrittsgesuch am 23. Dezember 1933 an, beförderte ihn jedoch am 31. Januar 1934 zugleich zum Generaloberst, eine einzigartige Auszeichnung, mit der eine entsprechende Pension einherging. Hindenburg, sein alter Regimentskamerad, versuchte so seinen Verrat an Hammerstein in den letzten Januartagen 1933 wiedergutzumachen.

Die Familie wohnte noch mehrere Monate in der Bendlerstraße, während in Berlin-Dahlem eine neue Unterkunft vorbereitet wurde. Hammerstein erklärte seinen Töchtern, dass er nach seinem Rücktritt nicht mehr für ihren Lebensunterhalt würde aufkommen können. Er war sich mit seiner Familie einig, dass er etwaige hochdotierte Angebote aus der Wirtschaft nicht annehmen würde. Das hätte nach der „Machtergreifung" eine Kooperation mit dem NS-Regime bedeutet, die er kategorisch ausschloss. Die Familie, deren vier jüngere Kinder (das älteste war fünfzehn) noch zu Hause wohnten, würde vollständig von seiner Pension leben müssen.

Butzi, Esi und Helga hatten vor dem 30. Januar 1933 nur sehr wenig für das Weimarer System übrig, auch wenn sie die Freiheiten, die es ihnen gewährte, vollständig genossen. Im Rückblick bedauerte Esi ihre damalige Einstellung: „Die Weimarer

Verfassung hatte nichts, was uns mitriss. War sie von alten resignierten Leuten gemacht? Wir kannten ihre Vorgeschichte nicht. Humboldt, Boyen und Stein waren nicht viel mehr als Namen für uns, 1848 nur eine Zahl. Man hatte uns verschwiegen, was sie bedeutete. Vielleicht hatten die Lehrer auch etwas gesagt, aber sie hatten es nicht so zu sagen verstanden, dass es Widerhall in uns fand. Und kein Buch war in unsere Hände geraten, das uns hätte Feuer fangen lassen. Und doch warteten wir nur darauf, endlich für etwas entbrennen zu dürfen. Warum hatten wir aber nicht den Impuls, die Weimarer Republik zu schützen? Was war nun verschieden, unser Bewusstsein, unsere Erziehung, die Atmosphäre, in der wir aufwuchsen? Wir empfanden den Staat nicht als etwas Gewachsenes, Geborenes, sondern als etwas von Menschen Gemachtes und zwar schlecht Gemachtes."

Die Töchter der Hammersteins suchten nach einer Alternative, ähnlich der, die 1918 und 1919 an den politischen Rand gedrängt worden war: eine sozialistische, egalitäre Gesellschaft, die sie auch zu leben versuchten: „Wir hatten den Impuls, uns ganz einzusetzen, um den Staat besser, menschenwürdiger zu machen. Wir lebten inmitten großer Standesunterschiede. Aber wir hatten den Impuls, sie nicht anzuerkennen: Jeder Mensch, den wir trafen, war ein Mensch wie wir. Ein starker Impuls war, dass wir es nicht besser haben wollten als alle, da wir uns auch nicht anders fühlten als alle. Das hielt uns fern von jeglicher Extravaganz und jeglichem Luxus."

In den Jahren der Weimarer Republik hatten die drei Ältesten problemlos zwischen der Welt ihrer Eltern und jenem anderen Berlin und Deutschland pendeln können, auf das sie so begierig gewesen waren. Die andere Welt bestand aus Neukölln und dem sozialistischen Schülerbund, den pädagogischen Reformbewegungen, Sozialismus und Kommunismus; zu ihr gehörten Irmgard Wegner, Gertrud Classen, Leo Roth, Nathan Steinberger, Werner Scholem und viele andere. Sie alle waren jetzt in lebensbedrohlicher Gefahr. Die Schnelligkeit, mit der sich das soziale und politische Umfeld von Butzi, Esi, Helga und ihren Freunden veränderte, war atemberaubend. Die gesamte politische Linke fiel dem neuen Regime zum Opfer. In der Nacht vom 27. auf den 28. Februar brannte der Reichstag, und noch am gleichen Tag erging die „Verordnung zum Schutz von Volk und Staat", die direkt auf die Kommunisten zielte. Hitler hatte sie für das Feuer verantwortlich gemacht. Auf die Wahlen vom 5. März folgte am 24. März das „Ermächtigungsgesetz", mit dem die Verfassung außer Kraft gesetzt und der Reichstag entmachtet wurde. Butzi, Esi und Helga wurde klar, dass viele ihrer Freunde sich in höchster Gefahr befanden und mit ihnen ihr ganzes persönliches Umfeld. Einige wurden über Nacht verhaftet, viele mussten versteckt werden oder illegal über die Grenze verschwinden.

Butzi befand sich bereits im „inneren Exil", nachdem sie Jahre zuvor gezwungen worden war, ihre Arbeit für den M-Apparat der KPD aufzugeben. Sie hatte sich auf ihr Jurastudium gestürzt, aber die zunehmende Bedrohung, der ihre Freunde nach Hitlers Machtantritt ausgesetzt waren, insbesondere die Reaktion der Nationalsozialisten auf den Reichstagsbrand, trafen sie schwer. Werner Scholem wurde festgenommen und die KPD als Partei zerschlagen. Ihre Mitglieder, auch die Parlamentarier, kamen in Haft, waren gezwungen, das Land zu verlassen, oder mussten untertauchen. Butzi hatte allen Grund, um ihre eigene Sicherheit zu fürchten. Die Akte, die über den Diebstahl der Dokumente ihres Vater drei Jahre zuvor angelegt worden war und in der es auch um Gertrud Classen ging, drohte nun der Gestapo in die Hände zu fallen. Es war bekannt, dass sie Kommunistin war und an öffentlichen Aktionen der KPD teilgenommen hatte. In die Angst um Werner Scholem, Gertrud Classen und das Schicksal vieler anderer mischte sich jetzt die große Sorge um sich selbst und ihre Eltern.

In einer anderen Situation als Butzi befand sich Esi nach dem 30. Januar. Sie hatte keinen Grund, um ihr Schicksal zu bangen, aber viele von Butzis linken Freunden waren auch ihre. Da sie selbst nicht in Gefahr war, sah sie sich eher in der Lage, denen zu helfen, die fürchten mussten, verhaftet zu werden. In den ersten Monaten des Jahres 1933 war es vor allem die politische Linke, die Ziel der Brutalität und Gesetzlosigkeit der Nationalsozialisten war. Die deutschen Juden wussten, dass ihr Schicksal ebenfalls auf dem Spiel stand, aber sofern sie nicht den linken Parteien angehörten, wähnten sie sich nicht in unmittelbarer Gefahr. Esi war in der Lage zu helfen, was sie auch tat. Sie diente ihrem Vater als Sprachrohr, wenn Namen auf seinem Schreibtisch auftauchten, die in Gefahr waren. Auf diese Weise konnte sie Bruno Taut, den bekannten Architekten und Sozialisten, vor einer Verhaftung warnen. Er floh noch in derselben Nacht. Andere warnte sie bei Ausritten im Tiergarten, in dem man vor neugierigen Blicken geschützt war.

Die Nachwirkungen des 30. Januar waren allgegenwärtig und veränderten die Lebensentwürfe der drei Schwestern fundamental. Ihr Dasein als „freie Republikaner", das in den Jahren nach dem Umzug nach Berlin begonnen hatte, war über Nacht beendet. Es war ein privilegiertes Leben gewesen, trotz all ihrer Versuche, sich von ihrer Familie und jeder Form von Privilegien zu distanzieren. Esi brachte es auf den Punkt: „Die Krisen kamen näher und näher. Ich konnte nicht mehr tun, was mir einfiel. Inzwischen konnte ich schon lange nicht mehr frei hingehen, wohin es mich trieb. Ich fing an, die Erfahrungen zu machen, die Weras Wesen geformt hatten. Ich sollte lernen, was Besonnenheit, was Skeptizismus, was Menschenverachtung war, sollte zum 1. Mal die Kälte des Hasses spüren und die Hilflosigkeit des Menschen ahnen, der ihm ausgeliefert war."

Hammersteins Safe

Bis 1937 spionierte Helga ihren Vater aus, selbst noch in der Zeit seines Ruhestandes. Sie und ihr Vater standen auf verschiedenen politischen Seiten, auch wenn Toleranz ein Grundzug seines Charakters war und er im Falle ihrer Enttarnung sicher dafür gesorgt hätte, dass man zwar streng, aber „hausintern" damit verfuhr. Die Umstände jetzt waren aber andere. Schleicher hätte, weil nicht mehr im Amt, kaum mehr helfen können. Nach dem 30. Januar fanden Hammerstein und Helga sich gewissermaßen über Nacht auf derselben Seite, aber auch er war nicht mehr in der Position, in der er ihr hätte helfen können, wenn das Regime auf ihre Spionagetätigkeit aufmerksam geworden wäre. Als er Verdacht schöpfte, reagierte er zwar heftig, ließ aber keine offiziellen Taten folgen. Es war seine Angst um ihr Wohlergehen, die ihn so aufbrachte. Die Behörden einzuschalten hätte bedeutet, den Geheimdienst einzubeziehen.

Er beschloss, Stillschweigen zu bewahren. Und machte sich trotzdem große Sorgen um sie. Weder Maria noch Kurt ahnten, wie groß Helgas Engagement für den M-Apparat vor dem 30. Januar gewesen war. Jedenfalls hegte er einen Verdacht. Warum er dem nicht konsequenter nachging, insbesondere nach der „Enttarnung" von Butzi, bleibt genauso rätselhaft wie der Umgang der Kinder mit dem Interessenskonflikt zwischen Familie und kommunistischen Neigungen. Helga war klug genug, vor der Familie fernzuhalten, was sie genau unternahm, wenn sie mehrere Tage untertauchte, um Leo zu besuchen oder mit ihm zusammenzuarbeiten. Sie ging dabei erhebliche Risiken ein. So suchte sie beispielsweise ein Versteck für einen befreundeten jungen Kommunisten, den sie aus ihrer Neuköllner Zeit kannte und der in der Nacht des Reichstagsbrands Gefahr lief, verhaftet zu werden: Klaus Gysi, der nach 1949 u. a. Kulturminister der

DDR wurde und dessen Sohn Gregor im vereinten Deutschland führendes Mitglied der „Partei des Demokratischen Sozialismus“ bzw. später „Die Linke“ war.

Zwei Ereignisse im Februar 1933 boten Helga als Agentin des M-Apparats der KPD einzigartige Chancen, ihrem Job nachzugehen. Am 3. Februar nutzte der neue Reichswehrminister Werner von Blomberg die Geburtstagsfeier des Außenministers Konstantin von Neurath, die in Hammersteins privatem Esszimmer stattfand, Hitler einzuladen, damit er vor den zu diesem Zweck in Berlin versammelten hochrangigen Offizieren sprechen konnte. Die Zusammenkunft in der Bendlerstraße war für die Offiziere der verschiedenen Zweige des Militärs die erste Gelegenheit, dem Reichskanzler von Angesicht zu Angesicht zu begegnen. Am Tag, nachdem er zum Kanzler ernannt worden war, hatte Hitler auf eigenen Wunsch unangekündigt verschiedene Armeekasernen in Berlin besucht, um mit den Offizieren und Soldaten über „den neuen Geist Deutschlands“ zu sprechen. Hammerstein war darüber verärgert, denn Hitler missachtete die verfassungsgemäße Neutralität des Militärs.

Hitler indes wollte nun in Hammersteins Amtsräumen die Generäle über seine innen- und außenpolitischen Ziele in Kenntnis setzen. Aus seiner Absicht, den Marxismus und Kommunismus in Deutschland zu vernichten und das Heer zu stärken mit dem Ziel, „Lebensraum“ im Osten zu schaffen, machte Hitler keinen Hehl. Das meiste hatte er schon zuvor bei anderer Gelegenheit gesagt, aber nun sprach er als der neue Kanzler direkt zur Führungsebene des Militärs. Aus Hammersteins Sicht war Hitlers Rede der erste Schritt im Prozess, das Militär zu einem willfährigen Instrument der NS-Ideologie umzugestalten. Für ihn besonders schmerzlich war der drohende Verlust der Unabhängigkeit und politischen Neutralität des Militärs. Das bedeutete, dass er seine Grundüberzeugung, die sich durch sein ganzes Leben zog, würde aufgeben müssen.

Helgas Tat bestand darin, die beinahe vollständige Transkription, die Kurts Adjutant Horst von Mellenthin von Hitlers Rede an die Generäle angefertigt hatte, aus dem Büro ihres Vaters verschwinden zu lassen, um sie mit Leos Hilfe abzufotografieren und direkt nach Moskau zu übermitteln. Nachdem die Spitze der sowjetischen Führung dieses Dokument eingesehen hatte, beschloss der Volkskommissar für Auswärtige Angelegenheiten Maxim Litwinow, ein engeres Bündnis mit Frankreich, Polen und der Tschechoslowakei einzugehen. Stalin war jetzt vorgewarnt: Die Annahme, dass Hitler moderater werden würde, wenn er erst einmal im Amt wäre, erwies sich als falsch. Die Weitergabe von Hitlers aggressiven außenpolitischen Plänen war letztendlich Helga von Hammerstein zuzuschreiben.

Helgas zweite gefährliche Tat fand nach dem Reichstagsbrand am Abend des 27. Februar statt, der nicht nur wegen des Feuers selbst ein entscheidendes Ereignis in der deutschen Geschichte darstellt, sondern auch, weil Hitler ihn kaum einen Monat nach seinem Machtantritt und eine Woche vor den Wahlen vom 5. März als Vorwand zur Vernichtung der KPD, der SPD und der gesamten Linken benutzte. Am folgenden Tag verkündeten Reichspräsident, Reichskanzler, Reichsminister des Innern und Reichsminister der Justiz die Verordnung „zur Abwehr kommunistischer staatsgefährdender Gewaltakte“, die die Bürgerrechte der Weimarer Verfassung außer Kraft setzte. Es war der Startschuss für eine Reihe flächendeckender willkürlicher Festnahmen und Inhaftierungen, der Schließung von Zeitungen, Druckereien und anderen Institutionen der Linken. Nur weil die betroffenen Parteien durch diese Terrorkampagne dezimiert wurden, konnte am 24. März die notwendige Zweidrittelmehrheit für das sogenannte Ermächtigungsgesetz zustande kommen, das es Hitler erlaubte, durch bloßen Erlass zu regieren.

Helga wusste um die Brisanz des Gerichtsverfahrens, das von September bis Dezember 1933 in Leipzig gegen Marinus van der Lubbe und vier weitere prominente Kommunisten geführt wurde. Man hatte den niederländischen Kommunisten in der Nähe des Feuers angetroffen und warf ihm und den vier anderen vor, Teil einer Verschwörergruppe zu sein, die den Reichstag als Fanal für den Sturz der Regierung niederbrennen wollte.

Helga sorgte dafür, dass eine Kopie der geheimen Anklageschrift, die sie in Hammersteins Büro fand, auf Mikrofilm aufgenommen und nach Paris gebracht wurde. Sie hatte das Dokument selbst im Zug über die deutsche Grenze nach Paris gebracht. Es lag in einer Tüte mit Kirschen, aus der sie sich bediente, als die Zollbeamten die Passagiere kontrollierten. Die erst Zwanzigjährige zeigte erneut unglaublichen Mut.

Die Anklageschrift gelangte nach London und fand in dem Prozess Verwendung, der dort parallel stattfand, um die angeklagten Kommunisten von der Verantwortung freizusprechen und zu demonstrieren, dass die Nazis den Reichstag selbst angezündet hatten, weil es ihren politischen Interessen nutzte. Das Gegenverfahren erregte große internationale Aufmerksamkeit und hemmte die Nationalsozialisten bei der Manipulation des Leipziger Prozesses zu einem Zeitpunkt, an dem die Unabhängigkeit des Reichsgerichts wenigstens teilweise noch bestand. Ergebnis des Leipziger Prozesses war, dass Marinus van der Lubbe verurteilt, die vier prominenten Kommunisten, unter ihnen der Generalsekretär der Kommunistischen Internationale, Georgi Dimitroff, jedoch freigesprochen wurden. Dass der Reichstagsbrand die Folge einer kommunistischen Verschwörung war, konnte in keinem Punkt nachgewiesen werden. Hitler musste eine – von der ausländischen Presse natürlich ausgeschlachtete – Niederlage hinnehmen.

Butzi und Mogens von Harbou beschlossen zu heiraten. Mogens war der Sohn des Familienfreundes Bodo von Harbou, mit dem Kurt in enger Freundschaft verbunden war. Er kannte Bodo aus ihrer gemeinsamen Zeit als Kadetten, beide hatten unmittelbar nach dem Ersten Weltkrieg in Lüttwitz' Stab

Butzi and Mogens von Harbou, Anfang der 1930er-Jahre

gedient. Harbou verließ das Militär aufgrund der Reduzierung der Reichswehr freiwillig Anfang der Zwanzigerjahre und wurde Geschäftsführer der Deutschen-Kali-Stickstoff, einer Verkaufsorganisation der I.G. Farben. Beide Familien lebten in Berlin nahe beieinander. Sohn Mogens, Jahrgang 1905, war etwas älter als Butzi und Anwalt mit eigener Kanzlei. Er war gewandt und gesellig, und seine Leidenschaft für die Jagd machte ihn für Kurt zum willkommenen Begleiter.

Beide Elternpaare hatten Grund, sich um ihre Kinder zu sorgen – Mogens' Eltern um einen Sohn, der die Vorrechte seiner Jugend und seiner gesellschaftlichen Stellung etwas zu sehr genoss, und Butzis Eltern um eine Tochter, die sich, nachdem die Nazis an die Macht gekommen waren, in akuter Gefahr befand. Beide Seiten hatten ein Interesse an ihrer Verlobung und Hochzeit, denn sie waren überzeugt, die Ehe würde das Paar in ein ruhiges familiäres „Fahrwasser" führen. Dass die Hochzeit überhaupt stattfand, war bereits ein Erfolg. Butzi hatte – ganz untypisch für sie – in den Wunsch ihrer Mutter eingewilligt, den Sohn dieser alten Freunde der Familie zu heiraten. Maria wollte ihre älteste Tochter in den sicheren Hafen geleiten, den eine solche Ehe versprach. Es war das einzige Mal, dass sie eine der Ehen, die ihre Kinder eingingen, guthieß.

Die Hochzeit fand am 3. März 1933 in der Bendlerstraße statt, nur wenige Tage nach der berüchtigten „Reichstagsbrandverordnung". Mogens, dem die kommunistische Ideologie fremd war, befasste sich kaum mit Butzis politischen Überzeugungen. Diesen entscheidenden Bereich ihres Lebens behielt sie für sich alleine, was erstaunlich war, denn immerhin überwachte die Gestapo nach ihrer Heirat das Haus. Während Butzi ihre Verbindungen zu ihren Freunden in der linken Szene weiterhin pflegte, beschäftigte sich Mogens mit seinen Corps-Brüdern. So wirkte auch die Ehe wie ein Aspekt von Butzis „innerem Exil". Obwohl sie sich seit 1930 nicht mehr aktiv für die KPD engagiert hatte, gab sie ihre politischen Überzeugungen und Bindungen nie auf, zu zentral waren sie in ihrem Leben. Sie verzichtete auf das Gerichtsreferendariat, im Wissen, dass sie wegen ihrer Vorgeschichte nicht zum Zweiten Juristischen Staatsexamen zugelassen werden würde. Aber auch, um nicht in die NS-Rechtsorganisation eintreten zu müssen. Überdies wurden Frauen nach der Machtübernahme vom höheren Justizdienst ferngehalten.

Mogens trat der NSDAP im Mai 1933 bei, um seine Kanzlei, in der Butzi nun als unbezahlte Assistentin arbeitete, vor empfindlichen Nachteilen, wie er sagte, zu schützen. Das Leben mit Mogens gestattete es ihr, „am Abgrund zu tanzen", während sie tat, was sie konnte, um Freunden und früheren Genossen zu helfen, denen Verhaftung oder Schlimmeres drohte. Nach ihrer Scheidung 1936 gab Mogens seine Kanzlei auf und zog auf das ererbte Schlossgut Henfstädt im Landkreis Hildburghausen in Thüringen.

Butzi und Mogens heirateten im selben Monat, in dem Nafta Berlin verließ, um in seinem vorläufigen Zufluchtsort Straßburg weiter Medizin zu studieren. Der Direktor des Krankenhauses, in dem er arbeitete, hatte ihn nach dem Reichstagsbrand gewarnt und geraten, Deutschland zu verlassen, was er noch am selben Tag tat. Einen Monat später, im April, machte Esi sich mit ihrem Motorrad auf den Weg zu Nafta und blieb unterwegs für einige Tage in Heidelberg, wo Wera studierte. Wera riet ihr, nicht nach Straßburg weiterzureisen. Sie sah die Ereignisse in Deutschland sehr viel schwärzer und klarer als Esi und verstand auch, was die Nazi-Politik für Juden bedeutete. Im April war es zum Boykott jüdischer Geschäfte gekommen, auch war das „Gesetz zur Wiederherstellung des Berufsbeamtentums" erlassen worden, das jüdische Beamte aus ihren Stellungen vertrieb. Wera ahnte, dass Nafta nicht nach Deutschland zurückkommen würde. Sie wollte nicht, dass Esi einen unüberlegten Schritt unternahm. Für die Tochter der Hammersteins war es schwer, die Dauerhaftigkeit und das Ausmaß der politischen Veränderungen zu akzeptieren. Eher glaubte sie an das „andere Deutschland", das sich über die Rechtlosigkeiten der Nationalsozialisten erheben würde. Es währte noch eine Weile, bis sie die volle Wucht der seit Januar 1933 in Gang gesetzten Veränderungen begriff.

Esis Entscheidung, Weras Rat zu folgen und Nafta nicht in Straßburg zu besuchen, sollte für beider Leben entscheidend sein. Sie konnten zum damaligen Zeitpunkt nicht wissen, dass ihre Trennung von Dauer sein würde. Jahre später schrieb sie: „Ich bin ihm nicht gefolgt, weil ich gespürt habe, dass Nafta für mich zu anders war." Mit diesem Anderssein meinte sie seinen Realismus und Pragmatismus, im Unterschied zu ihrer vertrauensvollen, offenen Haltung der Zukunft gegenüber. Drei Jahre später erhielt sie einen Brief von Nafta aus Amerika, in dem er ihr einen Heiratsantrag machte. Für Esi war es zu spät. Für sie blieb eine glückliche Erinnerung an eine Zeit, in der sie bereit gewesen war, sich kopfüber ins Leben zu stürzen. Beinahe fünfzig Jahre später, Anfang der 1980er-Jahre, trafen sie sich durch eine Reihe von Zufällen in San Francisco. Er war Arzt in Massachusetts und hatte dort geheiratet. Diesem Treffen folgte in den wenigen Jahren, die ihm noch blieben, ein lebhafter Briefwechsel. Er schrieb: „Mein ganzes Leben bis auf den heutigen Tag ist durch Dich unerhört bereichert worden. Ich kann das nicht alles in Worten ausdrücken."

Ihr neues Motorrad hatte Esi sich dank der Erbschaft leisten können, die ihr Paula von Ketteler, eine alte Freundin Marias aus Breslau und Esis Patentante, hinterließ. Sie hatte Esi in die lebendige Musikszene Berlins eingeführt, zu der das Busch-Quartett an der Singakademie und die Symphonien gehörten, die Bruno Walter, Wilhelm Furtwängler und Otto Klemperer in der Alten Philharmonie dirigierten. Sie vermachte Esi ihr Silber und genug Geld, um sich das Motorrad leisten zu können. Esis drei Brüder bewunderten sie für diesen Kauf, und alle außer Kunrat, unter dessen Würde das war, wollten unbedingt mitfahren. Aber für eine junge Frau Anfang zwanzig hatte ein Motorrad noch mehr Bedeutung als die reine Freude am Fahren. Wie ihre Schwestern und viele andere aus der Nachkriegsgeneration ließ sie sich nicht auf Vorstellungen von Weiblichkeit reduzieren, die im Milieu ihrer Eltern dominierten. In ihrer Zeit beim Wandervogel hatten sie gelernt, bequeme, praktische Kleidung

Esi in Motorradkluft, 1933

und einfaches Schuhwerk zu tragen. Außerdem verzichtete sie auf Schmuck und Kosmetik. Ihre Parole war Schlichtheit und Natürlichkeit. Hans Paasches „Die Forschungsreise des Afrikaners Lukanga Mukara ins innerste Deutschland“ war auf den Reisen Pflichtlektüre. Einer der neun Briefe, die er in dieser Zeit schrieb, widmete sich den Einschränkungen, denen Frauen beim Tragen von Kleidung und Schmuck im Wilhelminismus unterworfen waren.

Mitte August 1933 reiste Esi zum ersten Mal nach Prag. Eine Freundin, die Tochter eines Juweliers, der sein Geschäft Unter den Linden hatte, war mit ihrem jüdischen Mann nach Prag geflohen. Er konnte seinen Lebensunterhalt nur verdienen, wenn er weiter als Korrespondent für das „Berliner Tageblatt" arbeitete, aber dafür benötigte er Zugang zur deutschen Presse. Esi beschloss, ihm zu helfen. Sie besorgte sich von einem der Herausgeber der Zeitung, Dr. Erwin Topf, ein paar Ausgaben und transportierte sie mit ihrem Motorrad nach Prag. Der Name Hammerstein und die Position ihres Vaters hatten die angenehme Wirkung, dass an der Grenze wenige Fragen gestellt wurden. In Prag übernachtete sie im selben winzigen Zimmer wie das junge Paar und sein Baby.

Auch Esi dachte im Sommer 1933 darüber nach, Berlin und Deutschland zumindest zeitweilig zu verlassen. Prag schien eine attraktive und nahe gelegene Alternative zu sein. Auf einer ihrer Fahrten nahm sie Günter Nobel mit, Naftas Bruder, der sich im Gegensatz zu ihm den Kommunisten angeschlossen hatte. Günter war sprachlos angesichts ihres Muts und ihrer Ruhe, als sie mit ihm die deutsch-tschechische Grenze überquerte.

Wera hatte Esi in Heidelberg einige Zionisten vorgestellt, von denen drei in ihrem Leben eine besondere Rolle spielen sollten: Alexander Raffaeli, David Stern und Enzo Sereni. Alex „Sasha" Raffaeli stammte aus Litauen, war ein paar Jahre jünger als sie und studierte Soziologie und Wirtschaftswissenschaften bei den Professoren Ralf Brinkmann und Alfred Weber in Heidelberg. 1933 schloss er seine Doktorarbeit ab und bewarb sich um ein Studentenvisum für Palästina – das wegen der britischen Angst vor jüdischen Immigranten nicht leicht zu erhalten war. Es gelang ihm im Zuge seines Studiums, den britischen Konsul in Frankfurt davon zu überzeugen, dass er aus rein wissenschaftlichem Interesse nach Palästina reisen wollte. Tatsächlich war er ein überzeugter Zionist und entschlossen, im jüdischen

Palästina zu leben. Sasha war von Esis Widerstand gegen den Nationalsozialismus beeindruckt und auch von ihrem Engagement für den Zionismus, zumal sie aus dem „reaktionären" Milieu des Adels und Offizierskorps stammte.

In seinen Memoiren, die er 1993 privat veröffentlichte, erinnerte er sich: „Ich machte in Berlin Halt, um Maria Therese zu besuchen, die ich in Heidelberg kennengelernt hatte und die die Tochter von General Baron von Hammerstein-Equord war. Hammerstein gehörte zu General Schleichers Gruppe, die gegen Hitlers Ernennung zum Kanzler war. Esi hatte sich in Heidelberg als Zionistin bezeichnet und verkündet, dass sie nach Palästina gehen würde. Es mag in Deutschland mehrere junge Leute gegeben haben, die Sympathien für unsere Sache hatten, aber ich glaube nicht, dass irgendjemand mit der zionistischen Tochter vom Chef der deutschen Armee mithalten konnte. Dass Maria [Therese] und ich uns in Berlin trafen, war sehr riskant, insbesondere, weil Maria damit ihrem Vater sehr schaden konnte. Sie hatte mir ein Zimmer in einem kleinen Hotel in der Nähe vom Bahnhof Zoo reserviert und kam in einer Sporthose pünktlich auf ihrem Motorrad angerast. Ich schlug vor, dass wir unser Treffen kurz hielten und sie den Plan nach Palästina zu gehen, vergessen sollte, da es unmöglich sein würde, so eine Reise geheim zu halten und es ihrem Vater schlimmen Schaden zufügen konnte, wenn es bekannt würde. Sie wollte Palästina mit eigenen Augen sehen. Wir trafen uns am selben Abend noch mal im Tiergarten. Unser Gespräch war noch nicht beendet, aber hätte man uns im Hotel zusammen gesehen, hätte das Gefängnis bedeutet. Wir redeten mehrere Stunden lang miteinander und kamen trotzdem zu keinem Schluss. Nur neun Monate später überraschte sie mich mit einem Besuch in Jerusalem."

Sashas Engagement und seine direkte, offene und warme Persönlichkeit zogen Esi an. Seine intellektuelle Neugier und große Belesenheit beeindruckten sie. Als er sich auf den Weg nach Palästina machte, bat sie ihn am 17. Juli 1933, Kontakt zu halten: „Lieber Sasha! Dein Brief hat mich sehr gefreut. [...] Es wäre gut, wenn wir uns ab und zu über bestimmte Dinge unterhalten könnten, per Schreibmaschine, oder so. Es wäre sehr nett von Dir, wenn Du mir ab und zu schreiben würdest. Ich glaube wir haben uns die Grundlage zu einer solchen Correspondence an dem Mittwochabend geschaffen. Du weißt, dass mich alle Dinge, die Dich beschäftigen, auch mehr oder weniger beschäftigen. Ich war an dem Abend sehr erstaunt, wie viel Berührungspunkte wir haben und wie ähnlich unsere Entwicklung sogar manchmal gewesen ist. Ich möchte nun sehr gern wissen, was Du weiter erlebst und welche Stellung Du zu verschiedenen Fragen nimmst. Du weißt, dass ich nicht so furchtbar viele Menschen näher kenne, und deswegen sind mir die, die ich einmal etwas kennen lernen konnte und die auch mich begriffen haben, sehr wertvoll. Und deswegen, Sasha, auch wenn wir uns lange nicht sehen sollten, bleibe für mich ein Kamerad, dadurch, dass Du mir erzählst von manchen Sachen, die Dich bewegen – ich brauche Dich. Deine Maria Therese."

David Stern war ganz anders. Er war deutlich älter und hatte eine bewegte Vorgeschichte, die in Russland ihren Anfang nahm. Als Dreizehnjähriger zog er mit einem langen Treck durch die Türkei nach Palästina, während des Ersten Weltkriegs studierte er in Paris Landwirtschaft, um dieses Wissen in Palästina umzusetzen. Als sie zusammen in Berlin eine Straße entlanggingen, wurde er von der Polizei angehalten. Da er keine gültigen Papiere hatte, wurde er festgenommen und inhaftiert. Esi kontaktierte sofort Wera, die Dr. Enzo Sereni schickte, der mit den Behörden verhandelte. Es gelang ihm, Stern freizubekommen, der daraufhin nach Genf abreiste, wohin sie ihm für zwei Wochen folgte. Im Sommer und Herbst 1933 hatte Esi die Gestapo und die Nazis noch nicht fürchten gelernt. Sie neigte eher dazu, sie zu verspotten. Das Spotten hatte sie von ihrer Mutter gelernt.

Enzo Sereni war ein paar Jahre älter als Esi und führender italienischer Zionist. Nachdem er in Rom in Philosophie promoviert hatte, reiste er nach Palästina und gründete den Kibbuz Givat Brenner. Er hatte den Aufstieg des Faschismus in Italien miterlebt. Als Esi ihn kennenlernte, hielt er sich in Deutschland auf, um jüdische Jugendliche für die Alija zu rekrutieren, sie also auf die „Rückkehr" nach Eretz Israel vorzubereiten. In den Gesprächen mit ihm fühlte Esi sich herausgefordert. Wie sie kam er aus einer privilegierten Familie und war im Begriff, sich dem Faschismus zu widersetzen. Er sprach über die moralische Verantwortung, insbesondere der deutschen Jugend; und die Fragen, die er hinsichtlich der ethischen Haltung der jüdischen und deutschen Jugend aufwarf, betrafen auch Esi. Mithilfe der utopischen Ideen, die damals in vielen politischen Kreisen kursierten, trug Sereni dazu bei, ihren Widerstand zu stärken.

Loyalität Freunden gegenüber hatte für Esi einen besonderen Stellenwert. Sie war aufgeschlossen für Freunde mit den unterschiedlichsten gesellschaftlichen Hintergründen, und allen gegenüber empfand sie Loyalität. Zu ihrer großen Bestürzung hörte sie andere über Wera Lewin sagen: „‚Bist du noch immer mit dieser Zionistin befreundet?' Ich verstand es nicht, dass ich ermutigt wurde, meine Freundschaften abzulegen wie Kleider. Ich hatte eine angeborene Tugend, und das war Freundschaft ernster zu nehmen als alles andere." Sie schloss mit einer bemerkenswerten Aussage über sich selbst: „Ich hätte mich selber verloren, hätte ich meine Freunde nicht."

Freundschaft war in ihrem Leben eine Konstante, die über jeder Ideologie stand: „Die Frage, die Enzo Sereni mir 1933 stellte, nämlich nach der Moralität der Berliner Jugend, galt auch mir. Wer weiß, vielleicht hätte ich schließlich sogar Loyalität meinen Freunden gegenüber, die den Kern meines Wesens ausmachte, aufgegeben zugunsten der Loyalität gegenüber einer Utopie. Heute weiß ich, dass eine Ideologie, die von dem

Menschen, der ihr anhängt, verlangt, dass er seine Freunde aufgibt oder verrät, eine falsche Ideologie sein muss, damals fühlte ich das dunkel, eine innere Stimme sagte es mir, aber wie lange hätte ich noch auf diese innere Stimme gehört? Das Urteil meiner Altersgenossen hatte auf anderen ebenso wichtigen Gebieten längst mein eigenes übertönt. Wenn Fühlen nicht zu Wissen ergänzt wird, hält es nicht stand. Und, obwohl ich sie suchte, hatte ich nicht die Menschen gefunden, die wussten, was der Mensch war, und aus diesem Wissen heraus jungen Menschen hätten helfen können und wollen. Ich hatte offensichtlich an falschen Orten gesucht.“

Der erste Impuls vieler, auch jüdischer Kommunisten, war es in den ersten Jahren des Nazi-Regimes, sich im Untergrund in Sicherheit zu bringen und aus Deutschland heraus gegen die Nazis vorzugehen. Sie waren entschlossen, den Faschismus zu bekämpfen, und betrachteten dies als letzten Schritt, um den Kapitalismus zu überwinden. Dafür mussten und wollten sie weiterhin in Deutschland bleiben. Esi aber reagierte im Gegensatz zu ihren Schwestern auf die Ereignisse von 1933 mit dem Wunsch, Deutschland zu verlassen. Sie wollte mit dem Nationalsozialismus und seinen Anhängern nichts zu tun haben, was aber bald Auswirkungen auf ihr alltägliches Leben und das ihrer Familie hatte. Als sie in der ersten Woche einer neuen Arbeitsstelle aufgefordert wurde, an einer Veranstaltung der NSDAP teilzunehmen, kündigte sie die Stelle sofort: „Ich habe einmal in der Hitlerzeit ein paar Tage in einem Office gearbeitet. Gleich am ersten Tag ging eine Notiz herum, dass man am nächsten Sonntag an einem Ausflug diese Betriebs teilnehmen musste: ‚Kraft durch Freude‘ nannte sich das. Wäre es freiwillig gewesen, wäre es vielleicht Freude gewesen; da es aber Zwang war, war es für mich ein Grund, den Betrieb zu verlassen: der Sonntag war ja der einzige Tag, an dem ich mit meinen Freunden sein konnte.“

Hin und wieder dachte Esi an einen endgültigen Abschied von der Heimat, auch wenn sie überzeugt war, dass die NS-Diktatur nicht lange andauern würde. Sie war entschlossen, die Nationalsozialisten nicht in ihr Leben eindringen zu lassen. Esis zionistische Freunde lieferten ihr Beispiele des aktiven Widerstands, wollten aber Deutschland verlassen. Sie trugen dazu bei, dass Esi die Auswanderung nach Palästina in Betracht zog. Dass sie keine aktive Zionistin war, spielte weder für sie noch für ihre Freunde eine Rolle. Sie bezogen sie in ihr Vorhaben ein, weil sie ihren inneren Wunsch erkannten, sich vom NS-Faschismus und von Deutschland zu distanzieren. Die Hilfe, die Esi dank ihres Namens und ihrer aktiven persönlichen Unterstützung für die Bewegung leisten konnte, wussten sie zu schätzen.

Anfang 1933 lernte Esi im Haus von Erwin Topf, dem Herausgeber des „Berliner Tageblatts", die Grafikerin Grete Wells kennen. Grete war Anthroposophin und Mitglied der Christengemeinschaft. Sie hatte die Schriften Rudolf Steiners gelesen, als sie schwer erkrankt war, und hielt seine Texte ursächlich für ihre „wundersame" Heilung. Gretes Spiritualität weckte auch Esis eigene Kräfte wieder zum Leben, als sie in den ersten Monaten nach Hitlers Machtübernahme verzweifelt nach einem Anker suchte. Die Welt, in der sie gelebt hatte, in der sie aufgewachsen war, verschwand und kam ihr immer fremder vor. Nachdem ihr zuerst der Marxismus als Ideologie gedient hatte, um die Zustände zu ändern und über sich selbst und ihre adelige und militärische Familie zu reflektieren, wuchs in ihr jetzt die Sehnsucht nach Spiritualität: „Die Ereignisse und Erfahrungen von 1933 brachten das Bedürfnis nach einer anderen Philosophie mit sich. Die Menschen schienen mir Marionetten in Gottes Hand zu sein. Historischer Materialismus erschien mir falsch; ich konnte keine Materialistin sein." Grete half ihr, wieder einen Sinn in der Welt zu finden. In den nächsten Jahren in Berlin las sie intensiv Steiner und gehörte einem Lesekreis an,

Esi bewahrt Klaus Mehnerts Bild.
Das Foto von Esi hat vermutlich Klaus aufgenommen.

dessen Mitglieder zum großen Teil Jüdinnen und Juden waren. Grete war, wie Hilde Schaeffer, etwas älter, und ihre Lebenserfahrung und Nachdenklichkeit waren für Esis Leben Anleitung und Kompass.

Einige Zeit nach der schmerzlichen Trennung von Nafta verliebte sich Esi in Klaus Mehnert, den Sohn russlanddeutscher Eltern, der in der Bendlerstraße als Gast weilte. Nachdem sein Vater im Ersten Weltkrieg gefallen war, hatte ein älterer Hammerstein-Cousin, der in seinem Regiment gedient hatte, für Klaus die Verantwortung übernommen. Als Esi begann, mit ihm ihre Zeit zu verbringen und lange Spaziergänge entlang der Havel zu machen, war er – obwohl nur drei Jahre älter als sie – bereits eine beeindruckende Persönlichkeit mit Charakterzügen, die sie sehr bewunderte. Es blieb eine unerwiderte Liebe.

Jochen Paasche

Aber Klaus Mehnert tat etwas für Esi: Er lud sie und einen jüngeren Bekannten namens Hans Joachim (Jochen) Paasche am 7. Oktober 1933 zur Geburtstagsfeier seiner Mutter ein, um sie einander vorzustellen. Jochen schrieb über die erste Begegnung mit Esi und die folgende Zeit:

„Lernte ungewöhnlich interessantes Mädchen kennen. Dr. Klaus Mehnert rief mich zu Hause an, um mich zu einer Feier einzuladen. Bedeutsam fügte er hinzu: ‚Es wird auch ein Fräulein von Hammerstein anwesend sein'. Zu den Mehnerts gehören Frau Mehnert, Klaus und seine amerikanische Frau Enid und sein Bruder, der Bildhauer Frank. Da es Frau Mehnerts Geburtstagsfeier war, setzten wir uns an einen festlich gedeckten Tisch.

Fräulein von Hammerstein kam wegen Problemen mit ihrem Motorrad zu spät. Recht ungewöhnlich für ein Mädchen, Motorrad zu fahren. Als wir längst angefangen hatten zu essen, ging die Tür vor mir auf und ein großes Mädchen oder junge Frau kam herein und sah mir über den Tisch hinweg direkt in die Augen. Ihr Gesicht wirkte beherrscht, und sie lächelte nicht. Ich sah ihr neugierig in die großen, grauen und sehr ausdrucksstarken Augen und dachte: ‚Mein Gott, was für eine Persönlichkeit!'. Nach dem Essen begann ich ein Gespräch mit Fräulein von Hammerstein. Ihr Kleid und Make-up war von äußerster Schlichtheit, so dass die menschliche Beziehung durch nichts Künstliches gestört wurde. Das äußere Erscheinungsbild schien ihr rein gar nichts zu bedeuten, was eine Atmosphäre vollständiger Realität schuf. Und doch sah sie gut aus. Was sie sagte, war interessant, dabei nicht gefühlig und vollkommen sachlich; von Beginn an war es ein echtes Gespräch und ein Ende nicht in Sicht. Es war nicht nötig, nach angebrachten Gesprächsthemen zu suchen, keine Frage, ob sie vielleicht lieber mit jemand anderem spräche, statt geduldig bei mir zu bleiben. Es war leicht und entspannend. Ich überlegte an der Universität Japanisch zu studieren und sagte ihr, dass ich mich nicht entscheiden konnte, ob ich Japanisch lernen sollte. Sie arbeitet als Sekretärin für einen Erfinder, I. E. Noeggerath, der sein patentiertes Elektrolyse-Druckverfahren zu verkaufen versucht. Der Mann scheint ihr aber kein Gehalt zu zahlen, denn er ist arm wie eine Kirchenmaus. Sie erzählt mir von einem guten Russischlehrer namens Jochvedson, einem Musiker aus Tiflis. Wir haben vereinbart zusammen hinzugehen."

Esi ihrerseits sagte über das Essen bei Klaus Mehnert: „Ich reagierte so stark darauf, dass Jochen so anders aussah an Klaus Mehnerts schöner Geburtstagstafel, anders als die deutschen und amerikanischen Studenten, die er eingeladen hatte, und dass nur er mich interessierte wegen dieses anderen Aussehens. Alle anderen kannte ich oder glaubte ich zu gut zu kennen; ich war noch immer auf ‚Neuland' aus, nur nichts Familiäres. Es langweilte mich zu Tode."

Als Klaus Esi später fragte, wie sie Jochen fand, antwortete sie, dass sie seinen Vater, Hans Paasche, verehre, denn inzwischen hatte sie seine Bücher „Lukanga Mukara" und „Im Morgenlicht" gelesen und von seiner Gewohnheit erfahren, die Matrosen des Schlachtkreuzers, dessen Kapitän er war, auf Exkursionen mit aufs Land zu nehmen, wenn sie Urlaub hatten, statt sie ihre Zeit damit verbringen zu lassen, sich in den Pubs zu betrinken. Ihr gefielen auch seine Wandervogel-Vergangenheit und sein Pazifismus und dass er sich 1915 gegen den deutschen U-Boot-Krieg ausgesprochen hatte. Dass er 1920 ermordet worden war, bewegte und schockierte sie. Sie fühlte sich verantwortlich, weil er von einem uniformierten Soldaten – dem Milieu ihrer Vorfahren – erschossen worden war, und betroffen, weil seine Mörder nicht zur Rechenschaft gezogen worden waren. Sie hatte von den politisch motivierten Fememorden an denen gehört, die die Rechtsextremisten, die Deutschland zwischen 1920 und 1923 überschwemmt hatten, für „Verräter" hielten. Ihr Vater war an der Strafverfolgung von angeklagten Fememördern aus der Armee in Stettin beteiligt gewesen. Mit Jochen lernte sie erstmals einen Mann kennen, der tatsächlich ein Familienmitglied an die Feme verloren hatte.

Jochen berichtete über Esis erste Einladung bei seiner Familie: „Sie kam zum Abendessen und lernte Großmutter, Tante Sybille und Onkel Klaus kennen, die sehr freundlich, aber auch förmlich zu ihr waren. Sie erschien in einem schlichten schwarzen Kleid und sah mit ihrer herrlichen Figur extrem gut aus. Als sie sich auf das Sofa setzte, zurückhaltend und still, mit gebeugtem Rücken, wirkte sie, als wäre sie in Trauer versunken. Auf merkwürdige Weise hatte ich plötzlich die Einsicht – angesichts dieses einsamen und verlorenen Körpers – dass ihr Leben zutiefst problematisch sei und sie Hilfe und Mitgefühl brauchte.

Esi, wie Freunde und Familie sie nennen, lud mich zu sich nach Hause ein. Wir setzten uns an einen großen Tisch einander gegenüber. Sie trug ein graues Wollkleid ohne die kleinste Verzierung, was sie mit ihrem gesunden Gesicht beeindruckend real und authentisch wirken ließ. Sie holte einen Teller mit gebratenem Fisch aus der Küche, sonst nichts. Wir waren vollkommen entspannt und fühlten uns wohl, und doch war die ganze Situation von einer magischen Feierlichkeit. Sie sah wie eine richtige ‚Sara' aus, die Mutter von Generationen mächtiger Männer. Sie war natürlich, charmant und anmutig. Ich saß an einem langen Tisch zwischen ihren Brüdern und Schwestern, eine lustige Versammlung. Ihre Mutter ist charmant und freundlich. Ihr Vater sitzt still und auf stoische Weise unnahbar am Kopfende. Als ich den gewaltigen Wildbraten als ‚wildes Schwein' bezeichne, bricht plötzlich der ganze Tisch in homerisches Gelächter aus. Ich hörte ihn zum Diener sagen: ‚Bringe Er mir mal …' und noch Tage später habe ich meinen Freunden erzählt, dass ich erstmals den friderizianischen Imperativ gehört habe, und direkt aus erster Hand."

Für Esi war es ein ziemlicher Sprung von Werner Nobel („Nafta") zu Jochen Paasche, dem zum Zeitpunkt ihres Kennenlernens erst langsam bewusst wurde, dass er unter dem neuen Regime zu den Ausgeschlossenen zählte. Jochen verfügte über eine brutale Ehrlichkeit und eine unbeirrbare Integrität, die ihn leiteten, genau wie Esi. Das hatten die beiden gemein.

Als Jochen in Berlin studierte, suchte er den älteren Klaus Mehnert auf, der in Moskau geboren worden war und fließend Russisch sprach. Während seiner ersten Jahre an der Berliner Universität hatte Mehnert China, Japan und Amerika bereist. Als Jochen ihn kennenlernte, hatte Klaus sich mit seinen Vorlesungen und Artikeln bereits einen Namen gemacht. Gerade beendete er seine Doktorarbeit über den russisch-japanischen Krieg von 1905, außerdem gab er die Zeitschrift „Osteuropa" heraus. Klaus war alles, was Jochen gerne werden wollte – ein Weltreisender, der mehrere Sprachen fließend sprach und sich mit zahlreichen internationalen Themen befasste, insbesondere mit Blick auf Asien.

Klaus Mehnerts Schlüsselerfahrung als Kind war der Tod seines Vaters auf dem Schlachtfeld in Flandern 1917 gewesen. Seine Eltern waren im August 1914 aus Moskau zurückgekommen, damit sein Vater in der deutschen Armee dienen konnte. Er verabschiedete sich von seinem Sohn mit den Worten „Ich kämpfe für unser Vaterland", Worte, die in Klaus' Kopf für den Rest seines Lebens nachhallten. Jochen hatte ungefähr im selben Alter seinen Vater verloren, der in seiner Gegenwart von Freikorpssoldaten der Brigade Ehrhardt getötet worden war. Jochen erinnerte sich daran, dass die Angehörigen der Einheit beim Abmarsch die Hymne der Brigade sangen. Als die Auflösung des Freikorps bevorstand, beteiligten sich viele seiner Mitglieder am Kapp-Lüttwitz-Putsch.

Jochens Vater Hans hatte sich die Kräfte der nationalistischen Rechten Deutschlands schon vor dem Krieg zum Feind gemacht, als er sich aufgrund seiner Erfahrungen in der deutschen Marine in Afrika gegen die deutsche Kolonialpolitik einsetzte. Die Ablehnung, die ihm entgegenschlug, brachte ihn dazu, die damalige deutsche Gesellschaft zunehmend deutlicher zu kritisieren. Während des Krieges initiierte er verschiedenste Aktionen, um den Frieden zu unterstützen. 1917 wurde ihm Landesverrat vorgeworfen. Die letzten Kriegsmonate verbrachte er in Gewahrsam in einem Berliner Sanatorium. Nachdem er 1918 von revolutionären Soldaten befreit worden war, schloss er sich kurzfristig der Bewegung an und verfasste Pamphlete, die die deutsche Kriegsschuld herausstellten und nach einem grundlegenden Neuanfang riefen.

Nach dem Scheitern des Kapp-Lüttwitz-Putsches im März 1920 nahm die nationalistische Rechte Hans Paasche ins Visier. Zwei Monate später wurden Jochen und seine jüngeren Geschwister Nils, Helga und Ivan Waisen, als ihr Vater mit nur neununddreißig Jahren vor ihren Augen auf seinem Gut Waldfrieden in Pommern erschossen wurde. Ihre Mutter Ellen Witting, die er 1910 geheiratet hatte, war im Dezember 1918 an der Spanischen Grippe gestorben. Sie war neunundzwanzig Jahre alt. Hans Paasche hatte sich in seinen letzten Jahren von seinem Vater entfremdet, mit der Folge, dass die verwaisten Kinder von den Witting-Großeltern aufgenommen wurden. Jochen wuchs bei ihnen im Bezirk Tiergarten auf, wo assimilierte jüdisch-deutsche Familien verkehrten, deren Söhne und Töchter während seiner Zeit im Gymnasium zu seinen engsten Freunden zählten. Jochens Großvater Richard Witting, der in Berlin als eines von sieben Kindern eines jüdischen Seidenhändlers geboren wurde, war als junger Mann, zusammen mit seiner Mutter, den Brüdern und der Schwester, zum Christentum konvertiert. Er heiratete eine Christin, Gabrielle Teuscher, wurde in Preußen Beamter, Oberbürgermeister von Posen und später Bankkaufmann, Autor und Berater des Kaisers. Auch an den ersten Entwürfen der Weimarer Reichsverfassung war er beteiligt. Richard starb 1923, woraufhin es Jochens Großmutter überlassen blieb, vier Kinder aufzuziehen. Eine große Hilfe waren ihr dabei Ellens Geschwister Klaus, Sybille und Richard Witting.

Jochen war als junger Mann konservativen, nationalistischen Organisationen beigetreten, darunter auch dem „Stahlhelm". Er fühlte sich angezogen von deutschem Patriotismus und Nationalismus, aber die Erfahrung, aufgrund seiner Herkunft eigentlich nicht willkommen zu sein, nicht Teil davon sein zu dürfen, machte ihm zu schaffen. Sein christlich-jüdischer Großvater, sein Vater und der Onkel seiner Mutter, der Journalist und Herausgeber der einflussreichen Zeitschrift „Die Zukunft", Maximilian Harden, wurden von den Nazis allesamt bekämpft. So schwierig es für Jochen war, die Konsequenzen aus diesem Erbe zu akzeptieren, hörte er den Sirenengesang des nationalsozialistisch eingefärbten deutschen Patriotismus jetzt anders. Ihm wurde klar, dass er sich mit genau den Leuten zusammengetan hatte, die für den Tod seines Vaters verantwortlich waren.

Alles änderte sich für Jochen, als Juden immer lautstärker und bestimmter ausgeschlossen wurden, auch diejenigen, die als „Halbjuden" oder – wie er – wegen eines Großvaters als „jüdisch versippt" galten. An das Etikett „nicht-arisch", das man ihm aufgedrückt hatte, konnte er sich nur langsam gewöhnen: „Meistens habe ich Angst vor den Leuten, weil ich nicht weiß, wie sie darauf reagieren, dass ich ‚nicht-arisch' bin oder was das für sie bedeutet. Bin ich ein scheußlicher Ausgestoßener, oder was?"

Der Ablöseprozess, der damit einsetzte, veränderte sein Leben radikal. Hatte er zuvor getan, was er konnte, um ein Teil Deutschlands zu sein, wozu auch nationalistische Bestrebungen gehörten, fühlte er sich jetzt als Paria. Es war, als hätte man ihm den Boden unter den Füßen weggezogen. Da er sich nicht als Jude verstand, war er auch nicht darauf gefasst, ausgestoßen zu werden. Als Esi und Jochen sich im Herbst 1933 kennenlernten, war Jochen gerade dabei, sein Jurastudium abzubrechen. Nach Erlass des „Gesetzes zur Wiederherstellung des Berufsbeamtentums" mit seinem berüchtigten Arierparagrafen im April 1933, der jeden Juden aus dem öffentlichen Dienst verbannte, wurde ihm bewusst, dass er sich mit seinem jüdischen Großvater als Vorfahren gar nicht erst auf das Examen vorzubereiten brauchte.

Jochen hatte 1931 begonnen zu studieren, zwei Jahre nach Esi. Das Abitur bestand er am Joachimsthaler Gymnasium, wo Dr. Karl Möller unterrichtete, ein Lehrer, der ihm und seinem jüngeren Bruders Nils besonders zugetan war und ihr Ziehvater wurde. Als Jochen und Nils ihrer Großmutter zu anstrengend wurden, ließ Dr. Möller sie bei sich wohnen. Später wurde Esis Bruder Ludwig einer seiner Schüler. Jochen verbrachte nach seinem Abitur sechs Monate an der Sorbonne und studierte außerdem in Genf. Nach dem Jurastudium wandte er sich der Orientalistik zu – die chinesischen Schriften, die er in den Berliner Museen gesehen hatte, faszinierten ihn ebenso wie Japans Aufstieg zu einer modernen und mächtigen asiatischen Nation.

Esi mischte sich zum ersten Mal in Jochens Leben ein, als sie beschloss, sein Interesse an Japan zu unterstützen. Sie kamen überein, dass er eine Zeit lang in Japan leben und studieren solle, während sie eine Stelle außerhalb Deutschlands finden wollte, um ihm die notwendigen Geldmittel schicken zu können. Über das Geld für die Überfahrt verfügte Jochen bereits. Diese Lösung kam Esis Mutter Maria entgegen, die befürchtete, dass die Verlobung allzu bald in eine Hochzeit münden würde. Sie wandte sich an General Walter von Reichenau, einen alten Freund und von Anfang an Bewunderer Hitlers, den Reichswehrminister Werner von Blomberg beauftragt hatte, der Armee die nationalsozialistische Ideologie zu vermitteln. Reichenau fand sofort eine Stellung für Esi, die im Februar 1934 als Sekretärin des Militärattachés in der deutschen Botschaft in Paris anfangen sollte. Der Plan bedeutete, dass Esi und Jochen, obwohl sie verlobt waren, bereit waren, die Hochzeit auf unbekannte Zeit zu verschieben.

Um Geld für die Fahrt nach Paris zu verdienen, wandte sich Esi an den in Berlin lehrenden konservativen und zutiefst antisemitischen Staats- und Verfassungsrechtler Carl Schmitt. Hammersteins hatten ihn bei ihrem Freund Major Erich Marcks kennengelernt und ihn im März und im Dezember 1933 in die Bendlerstraße eingeladen. Hammerstein genoss die Gespräche mit Schmitt, während dieser sowohl von Maria als auch von Helga sehr angetan war. Im Januar 1934 stellte er Esi, deren Eignung als Sekretärin Maria ihm gegenüber erwähnt hatte, ein, um seine Diktate aufzunehmen. Das tat sie bis zu ihrer Reise nach Paris in sieben Fällen, womit sie vierzig Mark verdiente. Auf ihre und Reichenaus Bitte hin schrieb er ihr eine Empfehlung für die Stelle an der Botschaft. Esi machte ihn auch mit Jochen bekannt. Schmitt war schockiert, dass Esi plante, Jochen Paasche zu heiraten, und warnte sie vor den Folgen dieser Entscheidung. Schmitt hielt Jochen, der so früh beide Eltern verloren hatte und noch keine 23 Jahre alt war, für zu labil. Zudem sei seine Zukunft als „Nicht-Arier“ im neuen Deutschland unsicher. Carl Schmitts Bedenken hallten bei Esi noch lange nach, stärkten gleichwohl ihren Entschluss, Jochen zu heiraten.

Aus dem Plan, als Sekretärin des Militärattachés in Paris zu arbeiten, sollte nichts werden. Am ersten Morgen in Paris wurde Esi in ihrem Hotelzimmer vom Telefon geweckt, man beorderte sie zurück nach Berlin. Die Gestapo hatte interveniert: „Sie war nicht zuverlässig genug, um an der deutschen Botschaft zu arbeiten, weil mehrere Emigranten zu ihren Freunden zählten.“

Jochen und Esi 1934

Voller Empörung, Verbitterung und Angst kehrte Esi nach Berlin zurück. Ihre Mutter und Jochen holten sie am Anhalter Bahnhof ab. Im Taxi sah Jochen Esis verängstigtes, versteinertes Gesicht und musste sich schnell etwas überlegen. Er meinte, sie sollten bald heiraten. Ihre Reaktion kam genauso schnell. Die Anspannung fiel von ihr ab, ihr Gesicht war nicht mehr versteinert. All das geschah in Gegenwart von Maria. Am nächsten Tag forderte man Esi auf, in einem Büro im Reichswehrministerium zu erscheinen, das sich im selben Gebäude in der

Bendlerstraße befand, in dem die Hammersteins noch lebten. Dort spürte sie zum ersten Mal in ihrem Leben eine Atmosphäre kalten Hasses.

Fünf Monate nach ihrer ersten Begegnung heirateten Esi und Jochen am 23. März 1934. Butzis große Hochzeit in der Bendlerstraße lag gerade ein gutes Jahr zurück. Jochen schrieb in sein Tagebuch:

„Wir gingen heute zum Standesamt und wurden verheiratet. Wir baten nur meinen Onkel Klaus [Witting] und Enid Mehnert und Grete, unsere Zeugen zu sein. Ich musste vor einer großen Hakenkreuzfahne stehen, die an der Wand hing, und mit ausgestrecktem Arm grüßen. Esi hob den Arm nicht und kam damit durch. Wir bekamen ein braunes Büchlein, in das unsere Kinder eingetragen werden müssen. Dann gingen wir alle in Gretes großes Zimmer in der Keithstraße. General Hammerstein hatte zu Esis Mutter gesagt, dass wir nicht in Esis Zuhause Abendessen könnten. Das klang sehr unfreundlich, und ich hatte es nicht erwartet. Es war eine sehr bittere Pille an einem solchen Tag. Ich kann nicht verstehen, warum wir plötzlich wie schwarze Schafe behandelt werden. Ich mag zu einem Viertel nicht-arisch sein, technisch betrachtet, aber dass wir heiraten, war nicht gegen das Gesetz. General Hammerstein ignoriert Fragen nach der Rasse voller Verachtung. Seine einzige Bedingung war, dass ich zeige, dass mein Vater nicht aus der Marine ausgeschlossen wurde, was ich tat. Er verhielt sich freundlich-distanziert, aber seine Weigerung, uns an unserem Hochzeitstag in seinem Haus zu haben, ist ein sehr schmerzlicher Schlag. Esis Mutter ist äußerst freundlich. Sie hat Forelle in Aspik vorbereitet und sie samt Tellern und Silberbesteck mitgebracht. Ihre Gegenwart hilft, uns fröhlicher zu stimmen, und die Freundlichkeit von Nils und Dr. Möller tat das ihre. Nachdem der Fisch – wieder das christliche Symbol – vertilgt war, ist alles wieder gut und wir gehen guter Stimmung auseinander.

Spät abends steigen wir in einen Dritter-Klasse-Zug nach München. Wir wollen in die Berge fahren, ins Allgäu. Onkel Klaus [Witting] ist mit Orchideen am Bahnhof. Hatte das nicht erwartet. Ein sehr ermüdender Abend im Zug. Weiß Gott, warum wir nicht in einem Mitropa-Schlafwagen sind. Sind wir nicht stinkreich? In München besteht Esi darauf, das berühmte Deutsche Museum zu besuchen. Wir beobachten nachdenklich die Leute, die an der Feldherrnhalle vorbeigehen, in die Namen gefallener Nazis eingraviert sind. Viele, die auf Fahrrädern vorbeifahren, grüßen sie mit ausgestrecktem Arm – andere nicht. In den Bergen, Mittelberg, Allgäu, von Sonnenauf- bis Sonnenuntergang unermüdliches Klettern und Hinabsteigen. Dieses Zusammensein zweier Wesen gibt uns beiden Mut und Trost, wenn alles trüb aussieht. Esi liest Steiners ‚Geheimwissenschaft' und liebt es, scheint es voll und ganz zu schlucken. Esi hat einen starken, freien Geist, und ich vertraue darauf, dass sie sich für nichts begeistert, was es nicht wert ist. Auf einer Holzbrücke sagt sie Dinge, die ich nie vergessen werde: Sie möchte die großen Geheimnisse des Lebens verstehen."

Am Tag der Hochzeit bewohnten Hammersteins noch ihre Dienstwohnung in der Bendlerstraße, bevor sie dann in ein zweistöckiges Haus in die Breisacher Straße in Dahlem zogen. Esi gab jedoch Grete Wells Adresse statt ihrer eigenen an, um zu verhindern, dass das Aufgebot in die Bendlerstraße geschickt und die Gestapo aufmerksam wurde, denn sie wollte ihren Vater nicht in Schwierigkeiten bringen. In einem Jahr hatte sich viel geändert; eine Feier wie bei Butzis Hochzeit stand außer Frage. Esi, die Nichtkommunistin unter den drei Schwestern, die nie mit dem M-Apparat in Verbindung gestanden hatte, heiratete einen Mann aus dem Bürgertum, der wegen seines christlich-jüdischen Großvaters, seines antimilitaristischen Vaters und seines Großonkels allerdings in Misskredit geraten war. Nur Jochens zweiter Großvater, Hermann Paasche, der 1925 während einer

Vortragsreise mit dem Titel „Die Lügen von Versailles“ in Detroit starb, fand bei Konservativen und Nationalisten Anklang.

Kurt von Hammerstein hatte im März 1934, wenn nicht schon im März 1933, allen Grund, seine Tochter zu beschützen und auf der Hut zu sein. In der Stimmung für eine große Hochzeit war niemand. Esi hatte keinen Sinn für Luxus und war glücklich über eine schlichte Hochzeit. Die schwierige Situation, in der sich ihr Vater aufgrund der politischen Verhältnisse befand, war ihr vollkommen klar. Auch Jochens Kränkung war nachvollziehbar. Er war als ältester Sohn eines gepeinigten Vaters aufgewachsen. Es wurde viel von ihm erwartet. Sein Satz, seine Heirat mit einer „Arierin“ sei nicht gegen das Gesetz, zeigt seine Naivität und Verletztheit.

Die Bendlerstraße war den Hammersteins, anders als noch im März 1933, kein Zuhause mehr. Sie waren dort zu Gast. Aber dass Esis Vater am Hochzeitsessen nicht teilnahm, fiel auf und ließ vermuten, dass er verstand, wie ernst die Konsequenzen von Esis Wahl waren. Seine Anwesenheit hätte die Situation für sie nur noch erschwert. Er dachte an seine Tochter, nicht an sich. Aber es wäre auch nicht unangemessen gewesen, wenn er an sich und seine Familie gedacht hätte. Der Kontrast zur Hochzeit im Jahr zuvor zeigt sich am deutlichsten an denen, die nicht dabei waren, darunter: Butzi und ihr Mann Mogens, Helga und Esis jüngere Geschwister, Jochens Großmutter und die Schleichers, zu denen Esi eine besondere Beziehung hatte, da Kurt von Schleicher ihr Patenonkel war. Es wurden keine Fotos gemacht. Kaum ein Jahr, nachdem die Nazis an die Macht gekommen waren, konnte die Hochzeit einer Hammerstein-Tochter und eines Sohns von Hans Paasche nicht laut verkündet, sondern musste eher verheimlicht werden. Esi verstand das besser als Jochen und akzeptierte es auch.

Dass Jochen auf dem Standesamt den Arm zum Hitlergruß hob und Esi nicht, ist erwähnenswert. Jochen war genau so wenig Nationalsozialist wie Esi, nur konnte er sich die öffentliche Missachtung von NS-Symboliken weniger leisten. Esi, die alles verachtete, was mit dem NS-System in Zusammenhang stand, hatte das Selbstbewusstsein, die neue Grußordnung demonstrativ zu ignorieren. Jochens Geste beschämte ihn selbst, er hatte jedoch das Gefühl, nicht auffallen zu dürfen. Den Hitlergruß oder irgendein anderes Zugeständnis an die neue Ordnung zu machen war für Esi undenkbar. Auch deshalb hielt sie es für sie notwendig, Deutschland zu verlassen.

Nach der Rückkehr aus ihren „Flitterwochen" zogen Esi und Jochen in eine kleine Wohnung nahe dem Grunewald. Jochen ging an der Universität seinem Japanologiestudium nach, Esi versuchte sich als Hausfrau. Nachmittags und abends machten sie lange Spaziergänge durch den Grunewald. Als Major Erich Marcks, Presseattaché beim Reichswehrministerium, den Esi von vielen frühen Ausritten im Grunewald gut kannte, Esi fragte, was sie sich als Hochzeitsgeschenk wünsche, antwortete sie: „einen Schrankkoffer". Es wurde ein großer Lederkoffer. Jochen und Esi wollten das Land verlassen, wussten jedoch noch nicht, mit welchem Ziel. Dennoch verbrachten sie wunderbare Wochen und Monate am Stadtrand von Berlin, zusammen mit Jochens Ziehvater Dr. Möller, mit Nils, der um die Ecke lebte, und mit Esis Eltern am anderen Ende des Grunewalds. Jochen schrieb: „Wir gingen alle in die Dahlemer Kirche, um eine Predigt zu hören. Nicht dass wir uns für institutionalisierte Religion interessierten, aber in dieser Zeit religiöser Verfolgung sind die Kirchen gewissermaßen attraktiver und interessanter geworden."

Hammersteins Rücktritt

Nach Hammersteins Rücktritt im Januar 1934 geschahen mehrere Dinge, die die veränderte Stellung der Familie deutlich machten. Anfang März durchsuchte die Gestapo die Wohnung von Butzi und Mogens in Berlin-Schmargendorf. Butzi wurde von der Gestapo in deren Hauptquartier in der Prinz-Albrecht-Straße mehrere Tage hintereinander zwölf Stunden am Stück verhört. Sie war im sechsten Monat schwanger. Die Gestapo konfrontierte sie mit der Akte, die 1929 über sie angelegt worden war, als ihre Agententätigkeit aufflog. Die Gestapo kannte nun die Namen der Freunde, mit denen sie zum damaligen Zeitpunkt Kontakt gehabt hatte, und drohte mit einer Gegenüberstellung, auch derjenigen, die inzwischen in Konzentrationslagern inhaftiert waren. Zu ihnen gehörte Werner Scholem. Es kam nicht dazu. Sie blieb standhaft und gab nicht preis, was die Gestapo interessieren könnte. Butzi hatte das unbeugsame Rückgrat ihres Vaters. Die Verhöre besorgten ihre Eltern sehr, da sie sich außerstande sahen, etwas für Butzi zu tun. Das große Interesse der Gestapo an Butzi bedeutete, dass Helgas Spionagetätigkeit noch nicht bekannt war. Helga wurde nie durchsucht oder verhört. Es waren Butzi und gelegentlich Esi, denen das Interesse der Gestapo galt. Dieses Umlenken der Aufmerksamkeit auf sich, durch das sie Helga schützen konnte, war die andere Seite von Butzis Tätigkeit für die Geheimdienste der KPD und der Sowjets.

Am 30. Juni 1934 wurden Kurt von Schleicher, seine Frau Elisabeth und Generalmajor Ferdinand von Bredow, Schleichers Vertrauter und zuletzt Stellvertreter des Reichswehrministers, von einem SD- und SS-Kommando ermordet. Die Täter wurden nie eindeutig identifiziert, Polizei und Justiz blockierten alle Ermittlungen. In den Fall involviert war auch SS-Untersturmführer Josef Albert Meisinger, der berüchtigte, später auch als

„Schlächter von Warschau“ bezeichnete Heydrich-Vertraute, der Jahre später Esi in Tokio als Leiter des SD verhören sollte.

Die Morde waren Teil der Ereignisse, die als „Nacht der langen Messer“ oder als „Röhm-Putsch“ in die Geschichte eingehen sollten. Hitler ließ Ernst Röhm, den Kopf der SA, und etliche seiner Verbündeten umbringen. In Hitlers Augen bestand Schleichers Vergehen darin, dass er zu einem früheren Zeitpunkt auf eine Spaltung der nationalsozialistischen Bewegung hingewirkt und die Ernennung Hitlers zum Reichskanzler durch Hindenburg heftig bekämpft habe. Hindenburg hatte Hitler zugestanden, was er Schleicher verwehrt hatte, die Ausrufung von Neuwahlen. Über die letztlichen Motive der Ermordung Schleichers lässt sich auch heute nur spekulieren – ob es sich um die späte Rache an einem Widersacher gehandelt hat oder er weiterhin als potenzielle Gefahr gesehen wurde, weil er möglicherweise im Besitz belastender Akten war. Bredow wurde ermordet, weil er als Leiter der Abwehrabteilung im Reichswehrministerium zu viel über führende Nationalsozialisten wusste. Um sicherzugehen, versteckte Schleicher vorsorglich brisante Dokumente in der Matratze des Kinderbetts seiner Tochter, die bei der anschließenden Hausdurchsuchung übersehen wurden – und auch nie wieder auftauchten.

Für Kurt und Maria war der Tod Schleichers eine Katastrophe. Diese kaltblütigen Morde, die unter Duldung Werner von Blombergs und Walter von Reichenaus, die jetzt beide im Reichswehrministerium saßen, geschahen, brachten das NS-Regime bis an ihre Türschwelle. Hammerstein wandte sich sowohl an den neuen Chef der Heeresleitung, Werner von Fritsch, als auch an Blomberg, um einen Protest der Reichswehr gegen die Morde zu organisieren und eine Untersuchung der Bluttaten einzuleiten. Er wurde abgewiesen.

Die Morde machten Hammerstein vollends klar, wie verbrecherisch Hitler und sein Regime waren. Schleicher und er hatten bis zum Ende als Team funktioniert. Sie waren gemeinsam aufgestiegen. Schleicher hatte sich mit der Stellung des Heeres im Staat beschäftigt, und Hammerstein wollte eine Armee frei von rechter Ideologie wiederaufbauen. Von Temperament und Talent her waren Schleicher und Hammerstein sehr unterschiedlich, sie waren jedoch aneinander gewachsen und konnten sich aufeinander verlassen. Ihre Erfahrungen während des Ersten Weltkriegs hatten sie Ähnliches gelehrt, und sie hatten die gleiche Vision, wie es nach 1918 mit Deutschland weitergehen sollte. Außerdem waren Schleicher, der erst spät geheiratet hatte, und Maria eng befreundet. Sie konnte sich jederzeit auf seine Hilfe verlassen, und er nahm auf eine Weise Anteil an ihrem Leben, wie es Hammerstein selbst nicht tat. Er war ihr Vertrauter, an den sie sich während der Berliner Jahre wandte, wenn sie sich um Butzi, Esi oder Helga sorgte. Er war jederzeit bereit, Rat zu geben und zu helfen.

Noch verfügte das Offizierskorps in Staat und Gesellschaft über ein großes Prestige. Doch dass es sich weigerte, Gerechtigkeit für die ermordeten Schleicher und Bredow zu fordern, ließ erhebliche Zweifel an seiner Haltung zu Recht und Gesetz aufkommen. Von den hohen Militärs erschien zur Beerdigung allein Hammerstein auf dem Friedhof, zusammen mit Maria und Esi, was für ihn ein großes Risiko bedeutete. Sie mussten jedoch feststellen, dass es dort gar keine Särge gab. Die Nazis hatten die Leichen sofort einäschern lassen, um alle Spuren zu beseitigen. Die Urnen wurden erst später übergeben. Jochen begleitete Esi nicht, weil sein Status als „Nicht-Arier“ ihn zur Vorsicht zwang.

Welche Gedanken und Ängste Hammerstein letztlich bewegt haben mochten, mit Offizierskameraden und Zivilisten zu kollaborieren, um Hitler und die Nationalsozialisten auszuschalten, wissen wir nicht. Seine Freunde und Bekannten machten sich nun große Sorgen um seine Sicherheit. Margarete von Oven, die spätere Gräfin von Hardenberg, Hammersteins langjährige

Sekretärin, schrieb 1986 anlässlich eines Familientreffens zu seinem Gedenken: „Er war in 100prozentigem Einsatz in seiner Treue zu Schleicher nach dessen Tod. Damit riskierte er, genauso umgelegt zu werden. Ihr alle werdet euch an die Sorgen dieser Tage erinnern, die man um sein Leben haben musste. Als ich einen Abend nach dem Dienst etwas sorgenvoll in der Hüningerstraße ankam, empfing er mich mit den Worten: ‚Keine Sorge, die Schweine wissen, daß ich gut schieße!'"

Kurt von Hammerstein überlebte Hitlers mörderische Wut in der „Nacht der langen Messer" auch deshalb, weil er der Soldat geblieben war, der der Maßlosigkeit von Hitlers Kriegszielen zwar unverhohlen feindselig gegenüberstand, anders als Schleicher aber politisch nicht aktiv war. Und, vielleicht noch wichtiger, er war mit einer Tochter von General Walther von Lüttwitz verheiratet, der für die Werte des alten konservativen Offizierskorps stand, auf dessen Gehorsam Hitler angewiesen war. Hitlers Disziplinierung der SA war wichtig für seine Kontrolle der nationalsozialistischen Bewegung, diente jedoch auch zur Beschwichtigung des Heeres, das durch Paramilitärs seine Vorherrschaft bedroht sah.

Lüttwitz hielt 1934 Hitler immer noch für einen Staatslenker, der die Hoffnungen erfüllen würde, die er selbst für Deutschland hatte und deren Umsetzung er mit dem Putsch von 1920 erzwingen wollte. 1934 veröffentlichte er seine Verteidigungsrede für den Kapp-Lüttwitz-Putsch unter dem Titel „Im Kampf gegen die November-Revolution". Er wusste, dass der Feldmarschall und Noch-Präsident (er starb im August 1934) Paul von Hindenburg die Ermordung seines Schwiegersohnes nicht toleriert hätte. Hammerstein entging wohl die Ironie, dass dieselbe Figur, der er sich 1919 und 1920 entschieden entgegengestellt hatte, in der politischen Situation von 1934 der Garant für seine und die Sicherheit seiner Familie war. Lüttwitz hatte vermutet, dass der Tag der Abrechnung für Hammerstein nach der Ausschaltung der Weimarer Ordnung kommen würde. Dass er selbst in der Position sein würde, ihn zu schützen, begriff er allmählich. Marias Wohlergehen lag ihm natürlich am Herzen, und das hieß, dass er sich um die ganze Familie kümmern musste.

Hätte Hitler an jenem Junitag und -abend den Mord an Hammerstein gutgeheißen, hätte er mit Hindenburgs und Lüttwitz' Gegnerschaft rechnen müssen. Zu einem Zeitpunkt, an dem er noch damit beschäftigt war, seine Macht zu konsolidieren, war ihm das Risiko eines Mordes an dem ehemals höchsten General zu hoch. Maria war zu Kurt Hammersteins Schutzengel geworden. Er selbst wusste, dass er in derselben Schusslinie stand wie Schleicher. Zu einem engen Freund sagte er am Abend des 30. Juni: „Eben erhalte ich die Nachricht, dass Schleicher und seine Frau ermordet worden sind – wahrscheinlich von den Nazis. Mich haben sie wohl vergessen. Ich sage Dir dies, damit du weißt, mit welcher Art Staatsführung Du es zu tun hast." Das Massaker an der SA-Führung berührte ihn zunächst weniger, doch mit dem Mord an Schleicher überschritten die Nazis eine rote Linie: „Also jetzt fangen sie an, auch Gentlemen zu ermorden."

Esi, fünfundzwanzig Jahre alt und frisch verheiratet, war erschüttert über die Gewalt an zwei Menschen aus ihrem engsten Freundeskreis. Sie mochte Schleichers Frau und die Tochter Lonny, die sie mit in die Ehe gebracht hatte. Es war eingetreten, was sie sich zuvor nicht hätte vorstellen können. Kurz nach der Ermordung wurde Esi in das Hauptquartier der Gestapo in der Prinz-Albrecht-Straße beordert. Mit unguten Vorahnungen und voller Angst wandte sie sich an ihren Vater, um ihn zu warnen, weil sie enge jüdische Freunde hatte. Er versicherte ihr, privat dürfe man mit Juden befreundet sein, nur politisch nicht. Kurt bangte mehr um Butzi, deren Beziehung zu den Kommunisten sie in große Schwierigkeiten gebracht hatte. Esi war gerührt, dass er sie unterstützte, statt sie im Interesse der Familie aufzufordern, beim Umgang mit ihren jüdischen Freunden vorsichtig zu sein.

Ihre Befragung begann mit der gefürchteten Eröffnung: „Es geht um Ihren Kopf." Die Gestapo interessierte sich für ihre Freundschaft mit der Frau und Tochter des sowjetischen Militärattachés Pitvin sowie für ihre Kontakte zu jüdischen Emigranten. Esi blieb bei ihrer Behauptung, dass es sich bei den erwähnten Namen nur um private Freunde handele. Aber das Verhör weckte bei ihr Zweifel daran, ob sie auch in Zukunft in der Lage sein würde zu schweigen. Sie hasste es, von staatsoffizieller Seite Fragen über ihre Freunde und Bekannten beantworten zu müssen. Die Verhöre bestärkten sie in ihrem Wunsch, Deutschland zu verlassen.

Jochen schrieb in sein Tagebuch: „Als Esi eine Vorladung von der Gestapo, Prinz-Albrecht-Straße, bekam, gingen wir zusammen hin. Ich wartete zunächst draußen, dann verbrachte ich einige Zeit drinnen und beobachtete die SS-Wachen in der Halle, bis beim Wachwechsel alle das Gebäude verlassen mussten. Wieder draußen, schien das Warten ewig zu dauern. Ein kleiner Mann mit Regenmantel starrte mich eine Zeitlang an wie eine Schlange und ging dann wieder. Hanhein von Adlerstein kam mit einem Mädchen vorbei. Er sagte, er wäre jetzt bei der SA. Da ihm das offenbar vollkommen normal erschien, sind vermutlich noch viel mehr ehemalige Kommunisten der Sturmtruppe beigetreten. Wieder wartete ich voller Sorge, dann erschien Esi plötzlich, heil und ganz, wenn auch müde. Sie sagte, es wäre nicht allzu schlimm gewesen, allerdings hatten sie sie gewarnt: ‚Es geht um Ihren Kopf'. Abgesehen von einer Pragreise bestand den Nazis zufolge das Hauptproblem in ihrem kurzen Besuch bei der Frau des sowjetischen Militärattachés."

Die Ereignisse des Jahres 1934 erschütterten die Hammersteins: Die Nazis und die Gestapo waren in den engsten Familienkreis vorgedrungen. Dass Helga unbehelligt blieb, war erstaunlich – sie verstand es offenbar virtuos, ihre zwei Welten hermetisch voneinander zu trennen.

Ein glückliches Ereignis gab es für die Familie jedoch in jenem Jahr, und das war die Geburt des Kindes von Butzi und Mogens, Christiane. Es war das erste Enkelkind von Kurt und Maria und schenkte beiden in dieser schwierigen Zeit viel Freude. Die Tanten und Onkel auf beiden Seiten überschütteten die Eltern und Großeltern mit Aufmerksamkeit. Die Geburt brachte die beiden Familien, die Harbous und die Hammersteins, näher zusammen. Bei Christianes Taufe und der anschließenden Feier war auch Friedemann von Münchhausen anwesend, ein Korpskamerad von Mogens, der 1934 nach Berlin gekommen war. Mogens ermöglichte ihm einen beruflichen Neustart, indem er ihn als Assistenten in seiner Anwaltskanzlei anstellte. Die drei waren auch privat gern zusammen und trafen sich häufig.

Nachdem Wera 1933 in Heidelberg promoviert hatte und Anfang 1934 nach Jerusalem übergesiedelt war, fehlte Esi die Ratgeberin, auf die sie sich seit ihrem letzten Jahr auf dem Gymnasium verlassen hatte. Es war Wera gewesen, die sie – auch, indem sie es ihr vorlebte – ermutigt hatte, die Schulzeit zum Lernen zu nutzen und sich auf eine unsichere Zukunft vorzubereiten. Wera stellte das Wissen über alles und drängte Esi, ihren Intellekt ebenfalls produktiv einzusetzen. Im Sommer 1934 lud sie Esi und Jochen in das dem Völkerbundmandat unterstehende Palästina ein, um zu prüfen, ob sie dort leben wollten. Bereits im Sommer zuvor hatte Esi Sasha (Alexander Raffaeli) erzählt, dass sie gerne nach Palästina reisen würde. Er, David Stern und viele der anderen, die sie in Heidelberg und Berlin kennengelernt hatte, lebten bereits dort. Für Enzo Sereni war ihre Entscheidung, nach Palästina zu kommen, eine Bestätigung seiner Bemühungen in Deutschland und Europa, junge Menschen dazu zu bewegen, auf ihre Weise gegen den aufkommenden Faschismus zu kämpfen. Jemanden mit dem

Namen Hammerstein in Palästina zu begrüßen, stärkte die Moral vieler, die sich ihrer deutschen Heimat sehr verbunden fühlten.

Für Esi bedeutet ein Besuch in Palästina den Höhepunkt ihrer jahrelangen Beziehungen zu Freunden, die dort ein neues Leben beginnen wollten. Die Einladung war verbunden mit dem Versprechen an Esi und Jochen, einen Ort zu finden, an dem sie abwarten konnten, bis sich die Stürme in Deutschland gelegt hatten. Das klang verlockend, war aber keine leichte Entscheidung. Zunächst einmal war es Esis Projekt, nicht Jochens. All die Vertrauten in Palästina waren ihre Freunde. Er hatte über einen solchen Schritt niemals nachgedacht und wenig Kontakt zu Zionisten gleich welcher Richtung. Weder war er Mitglied des Wandervogel gewesen, noch hatte er Erfahrung mit körperlicher Arbeit. Die Bedingungen, die in den ersten Kibbuzim herrschten, und die Anforderungen, die an die Mitglieder gestellt wurden, waren ihm fremd. Esi musste Überzeugungsarbeit leisten. Es war nicht unbedingt zu erwarten gewesen, dass er sich schließlich ihrem Traumziel gerne anschloss. Gewiss wollte er damit Esi eine Freude bereiten. Darüber hinaus übte der Nahe Osten aber auch einen großen Reiz auf ihn aus. Er würde mit einer arabischen und islamischen Welt in Berührung kommen, die ihn seit Langem faszinierte und deren Kunst er in den Berliner Museen bewundert und studiert hatte.

Im Oktober trat das junge Paar die Reise nach Rom an. Jochen unterbrach sein zweijähriges Studium am Institut für Orientalistik. Für eine Woche kamen die beiden in der Nähe des Kapitols bei Mia von Ketteler, der Schwester von Esis Patentante Paula, unter. Ilse von Hassell, eine Tochter von Alfred von Tirpitz und Ehefrau des Botschafters Ulrich von Hassell, lud das Paar zu einem Empfang in der Botschaft ein, kümmerte sich dann allerdings nicht mehr um sie. Mit den Hammersteins in Verbindung zu stehen war gefährlich geworden.

Jochen traf sich in einem römischen Café mit Enzo Sereni, der ihn mit Geld für ihre Weiterreise und ihren Aufenthalt in Palästina ausstattete. Sie hatten in Berlin zunächst nur die Tickets nach Rom gekauft, um den NS-Behörden ihr eigentliches Ziel zu verschleiern.

Palästina

Enzo Sereni stieß auf dem Schiff nach Haifa zu ihnen. Die lange Fahrt vertrieben sie sich damit, an Deck spazierenzugehen und dabei Dantes „Göttliche Komödie" zu rezitieren. Das Schiff legte zunächst in Istanbul an, wo sie den Ökonomen Professor Alexander Rüstow besuchten, der Berater von Schleicher gewesen war und 1933 als Emigrant eine Professur in Istanbul angenommen hatte.

In Haifa holte sie David Stern ab, mittlerweile Landwirtschaftsexperte und erfahrener Vorkämpfer des Zionismus. Auf dem Weg nach Jerusalem zeigte er ihnen mehrere Farmen jüdischer Pioniere. In Jerusalem wohnten sie bei Wera, die jetzt an der Hebrew University studierte. Sie spürte, dass es Jochen nicht nach Palästina zog, und gab ihm ein Buch von Konfuzius. David zeigte ihnen die Lebenswelt der Beduinen, den Jordan und den See Genezareth. Esi traf Sasha wieder, der ihr vermitteln wollte, dass sie in Deutschland als Gegnerin des Nazismus von größerem Nutzen sei als in Palästina. Ihm war nicht bewusst, wie sich Esis Situation durch ihre Heirat mit Jochen verändert hatte, vor allem, dass ihr Mann nur ungerne Risiken einging.

Im größten Kibbuz Givat Brenner südlich von Tel Aviv, den Enzo Sereni als sozialistisches Kollektiv mitbegründet hatte und den britische Soldaten bewachten, begannen Esi und Jochen zu arbeiten – er in der Grapefruit-Plantage und sie im Gemüsegarten. Sie lebten in einem Zelt. Jochen, der auf seine Umgebung sehr sensibel reagierte, fiel auf, dass die Berliner Bekannten in den Kibbuzim nicht an den Arabern interessiert waren, sie gar nicht wahrzunehmen schienen, was ihn nachdenklich stimmte. Noch dort in ihrem Zelt wandte er sich wieder dem Studium chinesischer Zeichen zu und dachte über alternative Orte außerhalb Deutschlands nach. Ihr Aufenthalt in Palästina endete in einem Jerusalemer Hotelzimmer. Nur kurz trafen sie sich mit einer traurigen und enttäuschten Wera, um sich zu verabschieden. Ihre Rückreise führte über Damaskus, Beirut, Istanbul, Athen nach Venedig, wo sie in den Zug nach Berlin stiegen. Sie kamen wieder in ein Land, von dem sie wussten, dass sie es verlassen mussten.

Esi reiste nur widerstrebend aus Jerusalem ab. Sie musste ihre engste und bewunderte Freundin zurücklassen, die sich und ihren zionistischen Freunden in Palästina ein neues Leben schuf. Auch Esi hätte Serenis moralische Kampfansage gerne unterstützt und mitgeholfen, ein Leben zu begründen, das für das NS-Deutschland eine Herausforderung und für die Emigranten eine politische Rechtfertigung bedeutet hätte. Sie war unternehmungslustig und empfand das Leben im Kibbuz anregend. Aber so interessant und abenteuerlich ihre Reise und ihre Zeit in Palästina auch waren – sie musste einsehen, dass Jochen nicht in der Lage war, dort zu leben. Sie ließ ihren Plan fallen.

Am 15. Mai 1944 sprang Sereni im deutsch besetzten Norditalien mit dem Fallschirm ab, um mit Partisanen in Kontakt zu treten und den angeschlagenen jüdischen Gemeinschaften zu helfen. Er wurde gefangen genommen und am 18. November 1944 im KZ Dachau erschossen. 1950 schrieb Esi in einem Brief an Ernst Lewin, Weras Bruder: „Ich habe wieder gesehen, wie viel schwerer der Gedanke an Dachau zu ertragen ist, wenn man den betreffenden Menschen kannte und gern hatte und bewunderte.“

Wera blieb in Palästina und arbeitete für die Woman's International Zionist Organization (WIZO) sowie als Historikerin, Lektorin und Rezensentin für die große israelische Tageszeitung „Haaretz". Sasha engagierte sich nach Kriegsbeginn als Spion der Untergrundorganisation Irgun unermüdlich und unter großer Gefahr in ganz Europa für die jüdische Sache. Später wurde er nach Amerika geschickt, um dabei zu helfen, die Regierung, die Gesellschaft und die amerikanischen Juden zu mobilisieren, den Juden im von Deutschland besetzten Europa zu Hilfe zu kommen. Vorübergehend trat er in die US-Army ein, um an der Invasion Europas und Deutschlands vor Ort teilzunehmen. Nach Kriegsende kehrte er zur offiziellen Staatsgründung nach Israel zurück. Nahezu seine ganze Familie, alle lettische Juden, war im Holocaust umgebracht worden.

Für Helga waren die drei Jahre zwischen dem 30. Januar 1933 und Dezember 1935 sehr produktiv. Sie wurde im März 1933 zwanzig und führte in dieser Zeit gleich mehrere Leben. Nachdem sie als Kind so oft fortgeschickt worden war, blieb sie nun länger als ihre beiden älteren Schwestern bei ihrer Familie. Butzi war nach ihrer Hochzeit im März aus der Bendlerstraße ausgezogen, Esi ein Jahr später. In einem Haushalt mit drei kleinen Brüdern und einer kleinen Schwester wurde Helga zur zweiten Mutter. In diesen drei Jahren schrieb sie all die Seminararbeiten und absolvierte sämtliche Praktika, die nötig waren, um mit ihrer Doktorarbeit in Chemie zu beginnen. Helga war von den drei Schwestern diejenige, die am genauesten wusste, was sie beruflich machen wollte. Ihren Wunsch verfolgte sie zielstrebig.

Leo Roth pendelte zwischen Paris, Wien, Prag, Amsterdam und Genf. Im Januar 1935 wurde er in der Zeit des Volksentscheids an die Saar beordert. Helga besuchte ihn, als er in Amsterdam war, und war bereit, Tätigkeiten für ihn zu übernehmen. Seine Aufgabe war es, Informationen über NS-Deutschland zu sammeln und sie ausländischen Diplomaten sowie der Presse zuzuspielen, damit sie auch in Deutschland verbreitet wurden. Gelegentlich fungierte Helga als Kurierin.

1933 war die Gestapo in den M-Apparat eingedrungen und hatte eine Reihe von Leos wichtigsten Agenten verhaftet und verhört. Im Laufe des Jahres 1934 wurde Leo nach Moskau geschickt, um an der Militärakademie zu lehren. Als er zurückkehrte, tat er das unter der Auflage, sich nicht für längere Zeit in Deutschland niederzulassen – es war für ihn zu gefährlich geworden. 1935 verletzte er diese Weisung jedoch vorübergehend, um mehrere Wochen in Düsseldorf zu verbringen.

Da Leo selten nach Berlin kam, konzentrierte Helga sich hauptsächlich auf ihr Studium. Die Art von Leos Tätigkeit und seine „Unsichtbarkeit" verhinderten, dass Maria Gelegenheit hatte, Helga von Leo zu trennen. Als Jüngere der Schwestern hatte Helga aus den Erfahrungen, die die älteren mit ihrer Mutter gemacht hatten, gelernt. Da Leo illegal in Deutschland lebte, stellte sie ihn ihrer Familie und ihren Freunden nicht vor. Von ihrer Beziehung zu Leo wussten lediglich die Angehörigen des Geheimdiensts der KPD. Helga selbst war nur sporadisch als Agentin tätig. Für die KPD war sie aber als Tochter von Kurt Hammerstein weiterhin eine ausgezeichnete Informationsquelle. Sie berichtete über seine Gespräche und sorgte dafür, dass offizielle Dokumente, die auch nach seinem Rücktritt noch über seinen Schreibtisch gingen, den M-Apparat erreichten. Auch als Kurierin für den Geheimdienst war sie nützlich, da sie ein vollkommen „legales" Leben führte, das ihr als Tarnung für ihre Untergrundtätigkeit diente. Sie schloss sich Leo bei zahlreichen Missionen innerhalb Deutschlands an und versorgte ihn mit Nachrichten, wenn er außer Landes war. Leos wertvollster Beitrag für den M-Apparat bestand in seinen Verbindungen zum Bürgertum. Er war geschickt im Anknüpfen und Pflegen von Kontakten zu Journalisten und Diplomaten, zu denen auch der französische Botschafter zählte.

Eine Episode aus dem Jahr 1934 illustriert, worin die Arbeit bestand, die Helga außerhalb des Hammersteinschen Haushalts für den M-Apparat leistete. Am 1. Februar 1934 war Leo die Aufgabe anvertraut worden, einen Agenten des M-Apparats, der am selben Tag einen Informanten der Gestapo ermordet hatte, sicher zur tschechischen Grenze zu bringen. Dieser Agent, der später in die Fänge der Gestapo geriet, sagte 1942 aus: „Als ich in die ČSR flüchtete, wurde ich von Leo Roth und einer Frauenperson und einem Kraftfahrer an der Bahnunterführung Braunerstraße in Neukölln erwartet und mit dem Kraftwagen ins Riesengebirge gebracht. Ich saß neben Roth hinten im Wagen, während das Mädchen vorn neben dem Kraftfahrer saß. Diese Frauenperson habe ich nur das eine Mal in meinem Leben gesehen. Sie schien besserer Herkunft zu sein und auch bessere Schulbildung zu besitzen. Aus Arbeiterkreisen entstammte sie offenbar nicht. Aus den mit Roth geführten Gesprächen entnehme ich, dass sie mit ihm näher bekannt war. Wieweit aber diese Bekanntschaft ging, vermag ich nicht zu sagen. Es handelte sich um ein Mädchen, das heute etwa 30/31 Jahre alt sein dürfte. Sie war etwa 1,60 groß, von zierlicher Gestalt, hatte ein längliches Gesicht und kastanienbraunes bis dunkelblondes Haar."

Luise Kraushaar, die damals für den Geheimdienst der KPD arbeitete und später eine entscheidende Rolle in der Résistance spielte, notierte in einem Zeitzeugenbericht: „Leo Roth war von großer, herzlicher Liebenswürdigkeit. Seine Freundin war die Tochter des Generals Hammerstein-Equord, ein hübsches Mädchen mit langen, blonden Locken, damals vielleicht 20 Jahre alt. Da sie uns interessante Notizen über Gespräche von Gästen in der elterlichen Wohnung übergab, traf ich mich hin und wieder allein mit ihr. Ich freute mich immer, wenn ich mit den beiden, mit Leo und seiner Freundin, zusammentraf."

Nach der „Röhm-Affäre", der „Nacht der langen Messer" im Juni 1934, wurde Helga einmal von Hans Kippenbergers Frau gefragt, ob sie nicht um ihren Vater fürchte. Sie antwortete, dass solche Überlegungen ihr „völlig gleichgültig" seien. Dies klingt sehr kühl, aber so war sie zu dieser Zeit. Diese Einstellung half ihr zu tun, was sie für nötig hielt, und sie half ihr dabei, ihre illegale Tätigkeit scheinbar emotionslos durchzuführen.

Leos Talent, Kontakte mit unterschiedlichen Milieus zu pflegen, machte ihn für den M-Apparat enorm wertvoll. Die Tragik seines Lebens bestand darin, dass einige der in Moskau tätigen deutschen Kommunisten, die ihre eigenen Interessen verfolgten, sich veranlasst sahen, ihn als verdächtig zu denunzieren. Vor dem Hintergrund der sowjetischen Paranoia in den Dreißigerjahren unter Stalin war jeder verdächtig, der in der Vergangenheit „bürgerliche" Kontakte unterhalten hatte. Ende 1935 wurde Leo wieder nach Moskau beordert. Dieses Mal ahnten Helga und Leo, dass der Aufenthalt in der Sowjetunion von längerer Dauer sein würde. Hans Kippenberger und andere Angehörige des M-Apparats waren bereits in die Sowjetunion geflüchtet. Vor ihrer Abfahrt verbrachten Leo und Helga noch eine gemeinsame Zeit an Weihnachten und Silvester in Tirol. Nachdem sie sich versprochen hatten, sich in Moskau wiederzutreffen, verabschiedete Helga sich am 12. Januar 1936 am Bahnhof Zürich von ihm. Er reiste nach Moskau ab. Sie sollten sich nie mehr wiedersehen.

Helga war in diesen Jahren fest in ihrer Familie verwurzelt, absolvierte alle Prüfungen für die Zulassung zur Promotion, hatte einen Partner, den sie liebte und der sie ebenfalls liebte, und tat mit ihm gemeinsam alles, um ein brutales und kriminelles Regime zu bekämpfen. Dass sie ihre Arbeit mit ihrer geheimen Tätigkeit und ihrem Privatleben vereinbaren konnte, verdankte sie ihrer Intelligenz und Kompetenz, einer guten Portion Glück, Entschlossenheit und einer Familie, die nicht danach fragte, weshalb sie so oft abwesend war. Dass sie nicht verhaftet wurde, weder zu Hause noch als Kurierin oder bei Aufgaben, die sie gemeinsam mit Leo erledigte, war erstaunlich. Es hatte mit ihrer Jugend zu tun und damit, dass die Gestapo die drei Hammerstein-Töchter dauernd verwechselte und sich auf Butzi konzentrierte, die unter Verdacht und ständiger Beobachtung stand. Kurt hatte seine Vermutungen, und ein einziges Mal war er so wütend, dass ihm die Hand ausrutschte, worüber sich Helga nicht groß aufregte. Hätte die Gestapo sie entlarvt, wäre er nicht mehr in der Lage gewesen, sie zu schützen. Wenn es gegen das Nazi-Regime ging, standen sie auf derselben Seite. Aber vor allem war er als Vater um ihre Sicherheit besorgt.

Im Juni 1935 nahm Jochen im Rahmen einer kleinen Feier von Dr. Wilhelm Solf, dem angesehenen früheren Botschafter in Japan, das Diplom für Japanologie in Berlin entgegen. Gleichwohl plante er eine Laufbahn als Sinologe. Sein ursprüngliches Interesse an Japan und der japanischen Sprache schlug um in eine Faszination für die chinesische Kultur. Bei einem Besuch von Verwandten in Torbole am Gardasee im September überzeugte Esi ihn, so bald wie möglich nach Japan auszureisen. Sie war seit dem Frühsommer schwanger, und ihr Kind sollte nicht in Deutschland, sondern in einem „freien Land“ geboren werden. Sie beschlossen, eine Schiffspassage nach Japan zu buchen, jedoch nur den engsten Familien- und Freundeskreis darüber zu informieren. Als Jochen das Angebot erhielt, Geld, das er aus dem Nachlass seiner Familie geerbt hatte, in ein Grundstück in Wannsee zu investieren, lehnte er ab. Er hatte den Glauben in eine rechtsstaatliche Zukunft Deutschlands verloren. Stattdessen vertraute er sein Vermögen Robert Schön an, einem Schweizer Geschäftsmann, der seit Juli mit Grete Wells verheiratet war.

Jochen und Esi verließen Deutschland mit kaum mehr als den zehn Mark, die offiziell erlaubt waren. Ein paar Mark versteckte Jochen in seinen Schuhen. Über Freunde hatten sie in

London genügend englische Pfund deponiert, um in Japan neu beginnen zu können. Niemand hatte sie nach Japan eingeladen. Kurt und Dr. Solf gaben ihnen Empfehlungsschreiben mit. Die einzigen Menschen, die Esi in Japan kannte, waren Generalmajor Eugen Ott und seine Frau Helma. Ott war Freund und Berater Kurt von Schleichers gewesen und ließ sich nach dessen Ermordung sicherheitshalber mit Hammersteins Unterstützung in die Ferne versetzen – zunächst als Beobachter des japanischen Heeres in die Mandschurei, dann als Militärattaché an die deutsche Botschaft in Tokio.

Abschiedskuss

Esi und Jochen buchten auf der „Yasukuni Maru“, die Ende November in Southampton ablegen sollte. Damit gewannen sie noch sechs Wochen Zeit, um in Berlin alles Notwendige zu regeln. Die ersten fünf davon verbrachten sie im Zehlendorfer Gästehaus der Familie von Harnack in der Nähe der Hammersteins. Die letzte Woche war für London reserviert, da Esi, anders als Jochen, noch nie in England gewesen war. Sie trennten sich von ihrem Besitz, jeder schnürte genau drei Gepäckstücke. Dann stand der schmerzliche Abschied von den Freunden an. Bei Gretes Hochzeit im Juli hatte Esi den Pfarrer der Christengemeinschaft, Reinhard Wagner, kennengelernt. Als sie ihn etwas später zufällig in Berlin auf der Straße traf, lud sie ihn spontan ein, nach Japan zu kommen, um das Kind zu taufen, das sie im März 1936 erwartete. Sie verspürte ganz offensichtlich den Wunsch, auch weiterhin einer spirituellen Gemeinschaft anzugehören, wie auch das Bedürfnis, bei diesem Sprung ins Ungewisse die Verbindung in die Heimat zu wahren.

Nach der Abreise von Jochen und Esi, Dezember 1935.
V. l. n. r.: Ein japanischer Freund der Familie, Maria, Mogens von Harbou, Kunrat, Ludwig, Hildur, Franz, Helga, Kurt, Butzi

Über den Abschied von ihrem Vater schrieb Esi: „Als wir im November 1935 abfuhren – er lag im Bett, als ich mich von ihm verabschiedete – sagte er, ‚gib mir einen Kuss'. Küssen war nicht üblich: Seinen letzten Kuss hatte ich 1917 oder '18 bekommen [...]. Wir fühlten, dass für ihn das alles viel schwerer war als für uns. Wir dachten, in ein, zwei Jahren wären wir zurück. Er meinte, es würde mindestens vier dauern mit Hitler. Der Kuss war ein Abschiedskuss."

Kurt und Esi sollten sich nie mehr wiedersehen. Beim Abschied wussten beide, auch wenn sie es nicht aussprachen, dass die Rückkehr nach Deutschland vom Ende des Hitler-Regimes abhängen würde. Dass das Regime noch vier Jahre an der Macht bleiben würde, wie Kurt meinte, zeigt, wie schwierig es war, die politischen Verhältnisse in Deutschland richtig einzuordnen, selbst für jemanden, der immer noch bestens informiert war. Esis Absicht, zwei Jahre später zurückzukehren, beweist, dass sie nicht viele Jahre lang von ihrer Familie getrennt sein wollte, und sie zeugt davon, wie unvorstellbar es für sie war, dass Deutschland über lange Zeit unter dem Würgegriff der Nationalsozialisten stehen sollte. Dass Gerechtigkeit mit Füßen getreten und Brutalität zunehmend normal wurde, stärkte nur ihre Überzeugung, dass dieses Regime nicht von Dauer sein könne. Der Preis, der zu zahlen wäre, sollte es anders kommen, war für sie kaum vorstellbar.

Esi täuschte sich mit Blick auf Deutschland. Aber sie und Jochen täuschten sich auch in dem Land, das sie als Alternative wählten. Beide hielten Japan für ein friedliches Land, in dem sie frei sein würden, wie sie es in Deutschland nicht mehr sein konnten. Jochen wollte nicht sehen, dass Japan in Asien eine imperialistische Macht geworden war. Er hatte sich mit dem Zen-Buddhismus beschäftigt und mit der japanischen Sprache und Kultur, aber für die aggressive Politik seines Traumlandes war er blind gewesen. Sein Nationalismus, sein Wunsch nach einem starken Deutschland, das seinen Nachbarn ebenbürtig war, schrumpften durch den Aufstieg Hitlers und der Nationalsozialisten. In Japan sah er eine starke, bestimmte Nation, die frei vom Faschismus war und die er bewundern konnte.

Als Esi und Jochen sich auf den Weg nach Japan machten, liefen geheime Absprachen zwischen der japanischen Regierung und dem NS-Regime, gemeinsam Front gegen den internationalen Kommunismus zu machen. Das Letzte, was Jochen erwartete, war ein Bündnis Japans mit NS-Deutschland. Und mit Sicherheit rechnete er nicht damit, dass Japan sich bald im Krieg befinden würde. Auch Esi hatte kaum eine Ahnung, was sie in Japan erwartete. Sie stellte sich ein „Land des Friedens und der Freiheit“ vor, das ihr und Jochen Zuflucht vor der Diktatur in Deutschland bieten würde. Zwar fühlte sie sich eher aus Deutschland gedrängt als von Japan angezogen, denn das Land ihrer Sehnsucht war Palästina. Aber sie akzeptierte Jochens Wunsch. In Deutschland zu bleiben wäre schon deshalb schwierig geworden, weil den Nationalsozialisten eine Beziehung zwischen einer „Arierin“ und einem „Nicht-Arier“ als „Rassenschande“ galt. Die für März erwartete Geburt ihres Kindes machte eine baldige Abreise noch dringlicher.

Vorkriegsjahre

Mit großer Erleichterung passierten Esi und Jochen die deutsch-niederländische Grenze. Für die deutschen Grenzkontrolleure waren sie ganz normale Touristen, die sich auf dem Weg ins Ausland befanden. Schließlich kam das Paar in London an. Esi reagierte auf die Weltstadt, als wäre Berlin tiefste Provinz. Die Briefe, die sie nach Hause schrieb, vermitteln den Geist einer inspirierenden Metropole, in der sie an jeder Ecke auf etwas Neues und Unerwartetes stieß. Die Woche in London gab ihr Gelegenheit innezuhalten und sich auszuweinen, weil sie Familie und Freunde zurücklassen musste.

Am 29. November 1935 bestiegen Jochen und Esi die „Yasukuni Maru“. Die lange Seereise nach Japan begann. Als Erster-Klasse-Passagiere eines Ozean-Liners der damaligen Zeit genossen sie eine Art von Luxus, den sie bisher nicht kannten. An ihre Mutter schrieb Esi: „Es ist ganz groß. Du würdest vor Begeisterung Dich gar nicht zu fassen wissen. Jetzt wissen wir erst richtig, was wir für Glückspilze sind.“

Noch ehe sie an Bord gingen, lernten sie am Kai eine japanische Familie kennen, Kunitake und Takako Kume, denen sie ein Empfehlungsschreiben von Esis Magdeburger Freundin Elisabeth Ackermann übergaben. Die Kumes waren mit ihrer kleinen Tochter Sugako auf dem Weg nach Japan, um dort Urlaub zu machen. Kunitake Kume vertrat in Berlin eine japanische Bank.

Esi bedeutete es viel, dass sie sofort sehr sympathische Japaner kennenlernten, die sowohl Deutsch als auch Englisch sprachen. Es war der Beginn einer engen und lang anhaltenden Freundschaft. Die Kumes mögen allerdings das Gefühl gehabt haben, dass ihnen unter den gegebenen Umständen kaum eine andere Wahl blieb, als Rat und Hilfe anzubieten. Jochen und Esi müssen mit ihrer offensichtlich ungenügenden Vorbereitung auf ein Leben in Japan, dem vollkommenen Mangel an Plänen trotz der unmittelbar nach ihrer Ankunft bevorstehenden Geburt einen ziemlich seltsamen Eindruck auf sie gemacht haben.

Am 11. Dezember schrieb Esi an Grete Schön in Berlin: „In der Sonne ist man unglaublich optimistisch. Abends wird Jochen manchmal pessimistisch, ich gar nicht. Im Gegenteil." Nachdem sie das Mittelmeer, den Suez-Kanal und das Rote Meer durchquert hatten, beschlich Jochen das Gefühl, das gesamte europäische Erbe endgültig hinter sich gelassen zu haben. Er war der Verzweiflung nahe. Esi dagegen deutete dramatisch auf die Sterne und sagte, sie würden sie führen und über sie wachen. In Erinnerung an diese erste Krise auf der Überfahrt schrieb Esi: „Auf dem Roten Meer unter den Sternen wurde mir klar, dass wir von jetzt an auf uns gestellt sein würden, ohne jede Hilfe, es sei denn, etwas verbände uns mit den Sternen, die heller denn je über unseren Köpfen leuchteten. In dieser Nacht legte ich all meinen Glauben und alle Erwartung in diese Sterne und in das, was wir Gott nannten." Sich an die Natur, an die Sterne zu wenden, um sich ihres eigenen Lebensweges zu versichern, war charakteristisch für Esi. Ähnlich wie ihr Vater wandte sie sich der Schönheit zu, die sie in der Natur fand, um die Gelassenheit zu finden, die sie brauchte, um sich einem neuen Tag zu stellen. Gott und die Natur in Einklang zu bringen war ihr ein seelisches Anliegen.

Jochens Zweifel an der Klugheit ihrer Entscheidung, diese Reise anzutreten, machten Esi klar, wie schwierig es für ihn war, überhaupt irgendwo glücklich zu sein und sich zu Hause zu fühlen. Er war in Palästina krank geworden und hatte sich ein Leben dort nicht vorstellen können. Die Vernichtung seiner Familie und des Zuhauses seiner Kindheit verfolgte ihn, und er fühlte sich nie wieder so sicher und verwurzelt, dass er in der Lage gewesen wäre, für sich und seine Familie ein neues Leben aufzubauen. Das blieb überwiegend Esi überlassen, die es voller Tatkraft viele Male tat. „Als ich in der Schiffskabine aufwachte", schrieb Jochen, „während wir in Kobe einliefen, saß sie still auf dem Boden und packte. Ihre Ruhe war verblüffend, unglaublich." Sie tat sachlich, was nötig war, um von Bord zu gehen, er war niedergeschlagen, aber voller Bewunderung für sie.

Jahre später beschrieb Esi einen Traum, dessen Wunschvorstellung für ihren Aufenthalt in Japan stand: „Und dann hatte ich vor der Ankunft in Kobe diesen Traum, dass weiße Baumwolle durch das Schlüsselloch unserer Kabinentür drang, die Weisheit symbolisierte. Und das ist es, was mir diese Jahre in Japan bringen sollten: Ich hatte Geld gehabt, und ich hatte Freunde gehabt, und durch meine Familie auch eine Stellung in der Gesellschaft. All das habe ich nicht zu schätzen gewusst, weil ich ein Leben ohne Sicherheit, ohne Freunde, ohne Ansehen nie erlebt hatte. Deshalb schätze ich Weisheit mehr als alles andere."

In Japan

Am 8. Januar 1936 gingen Esi und Jochen in Kobe von Bord. Ihr ursprüngliches Ziel waren Kyoto und seine Umgebung gewesen. Das überrascht nicht, denn in Berlin galt die einstige Hauptstadt als Zentrum der Bildung und Kultur, die sie mit Japan in Verbindung brachten. Dort wollte Jochen nach einer Möglichkeit

Ausschau halten, Deutsch oder Latein zu unterrichten und so etwas Geld zu verdienen, während er weiter Japanisch studierte. Stattdessen fuhren Esi und Jochen am 12. Januar 1936 mit dem Zug nach Yokohama und kamen in einem Hotel unter, das einem entfernten Mitglied der Familie Kume gehörte. Dass sie sich in dieser Stadt wiederfanden, in direkter Nähe Tokios, der modernen Hauptstadt Japans, in der unterschiedlichste japanische und ausländische Bildungsinstitutionen angesiedelt waren, lag daran, dass die Kumes sie dazu gedrängt und ermutigt hatten und Esi vor der unmittelbar bevorstehenden Geburt ihres Kindes ein Zuhause schaffen wollte. Takako Kume übernahm für Esi die Rolle, die Wera in Berlin, Heidelberg und Jerusalem innegehabt hatte. Wie Wera gab sie Esi Halt als vernünftige und praktische Ratgeberin. Esi hörte auf sie, wie schon auf Wera. Die bemerkenswertesten Worte in Esis erstem Brief aus Japan lauteten: „... weil Kumes unsere Freunde sind". Takako Kume wurde eine enge Freundin, die sie in das Leben in Japan einführte.

Der frühere Botschafter Wilhelm Solf hatte ihnen zwei Empfehlungsschreiben mitgegeben, die sich als entscheidend erweisen sollten. Das erste war an ein frisch verheiratetes Paar mit kleinem Kind gerichtet. Er war Deutscher und sie Japanerin. Esi erfuhr, dass die kleine Familie bescheiden, aber gut von dem geringen Gehalt leben konnte, das er als Dozent für Soziologie und Philosophie verdiente, während er seinem Interesse für Kunstgeschichte nachging. Der zweite Kontakt, den sie gleich in diesen ersten Tagen knüpften, war der zu Dr. Hermann Bohner, dem führenden deutschen Japanologen, der in ihren Jahren in Japan eine wichtige Rolle spielen sollte. Er lebte bereits seit zwölf Jahren dort und gab seine Erfahrungen an sie weiter, um ihnen die Eingewöhnung zu erleichtern. Bohner wurde sowohl Mentor als auch ein Großvaterersatz, als die Familie wuchs. Durch ihn lernten sie auch andere Europäer kennen, die für sie wichtig wurden. Er war verheiratet mit Hanna Blumhardt, der

Nichte von Richard Wilhelm, dem Missionar und anerkannten Übersetzer vieler chinesischer Werke. Die Bohners nahmen sie zu einem kurzen Besuch mit nach Nara, die Stadt der Tempel, einst Sitz des Kaisers.

Nachdem sie in Yokohama angelangt waren, überschlugen sich die Ereignisse. Innerhalb einer Woche hatten sie ein kleines Haus in der Nachbarschaft der Kumes gefunden. Es befand sich in einem Teil der Stadt, der Homoku hieß und auf einem Felsen lag, von dem aus man den Ozean überblickte. Sie richteten das kleine Haus ganz im japanischen Stil ein, mit Strohmatten und Matratzen, die mit Baumwolle gefüllt waren.

Jahre später schrieb Esi: „Also zog ich meine Schuhe aus und wurde zur Japanerin. Diese erste Zeit war eine sehr glückliche, weil ich das Japanische so liebte und die Umgebung mir Mut machte. Morgens wachten wir von den Rufen eines Mannes auf, der mit einer Holzkiste herumlief, die ihm von den Schultern hing. Morgens brauchten alle Tofu für die vergorene Bohnensuppe. Man machte Suppe mit vergorenen Bohnen und kochte Reis und das war das Frühstück. Vom ersten Tag an aßen wir japanisches Frühstück. Uns verlangte nie nach bestimmten westlichen Dingen wie Butter oder Sahne, die man in Berlin schon nur noch auf dem Schwarzmarkt bekam. In Japan gab es diese Dinge. Wir hatten keinen Ofen; wir hatten einen hibachi [japanischer Herd], auf dem wir kochten, und unser Vermieter schickte uns ein Mädchen, das uns zeigte, wie man den Ofen und auch das Feuer unter der Holzwanne im Bad anmachte. Gegenüber von unserem Haus, auf der anderen Straßenseite, lag der Pazifik. Am Straßenrand breiteten Fischer Strohmatten aus, auf denen sie nori auslegten, nahrhafte Algen, die sie entlang der Küste aus dem Wasser fischten. Manchmal, wenn wir die Straße lang gingen, kam ein Mann mit einem Karren vorbei, der alle möglichen heißen japanischen Leckerbissen verkaufte, die wir für einen oder zwei Penny begierig kauften. Wir waren in Yokohama angekommen, als es gerade ungewöhnlich viel geschneit hatte. Es war kalt."

Die Briefe, die Esi in diesen ersten Wochen schrieb, sind voll von Schilderungen, wie sie in eine exotische, faszinierende und beglückende Welt eintauchte – dargestellt als Intermezzo, ein Leben außerhalb der Zeit. Es gab so viel Neues, so viel Schönes, das entdeckt und den Lieben in Berlin bis ins kleinste Detail beschrieben werden wollte.

Nach kaum mehr als zwei Wochen in ihrem neuen Zuhause schrieb Esi:

„Wir sitzen in unserem Häuschen, blicken auf Meer und Fischerboote und Kiefern. Jeden Morgen schieben wir die Holzläden weg und gucken, ob die Sonne schon aufgegangen ist auf dem Meer. Meist sind wir schon eher auf, weil wir sehr früh schlafen gehen, todmüde von der neuen Luft und den vielen neuen Worten. Nachts dürfen der kleine eiserne Ofen und das Hibachi nicht ausgehen, weil es immer friert und die Wände aus Papier sind. Tags kann man fast ohne Mantel gehen, so warm ist's in der Sonne. Wir haben ein Mädchen von 10 bis 3. Morgens um 7 und abends um 7 kommt sie vorbei und schiebt die ganzen Holzläden oben und unten zurück und zu. Das ist eine Arbeit, denn Ihr müsst wissen, dass in Japan nach Osten und Süden die Wände des Hauses aus Fenstern bestehen. Innen hinter den Fenstern geht ein etwa ein Meter breiter Gang entlang, dann kommen wieder Schiebetüren mit weißen Papierscheiben in Holzrahmen, nur in Augenhöhe für den an der Erde Sitzenden läuft eine Glasscheibe ringsherum. In jedem Zimmer fast ist ein großer Wandschrank, um die Futons (Betten) hineinzulegen. Die Japaner haben sehr luxuriöse. Zwei Matratzen, die obere zum mindesten mit Seide bezogen, alles mit Watte gefüllt. Die Decken aus sehr bunter Seide. Auch die Frauen und Kinder tragen meist sehr lustig gemusterte Kimonos, und die Kissen, auf denen man kniet, sind hellrot mit weißen Reihern. […] Durch diese Wandschränke sind wir fürs Erste um die Anschaffung von Möbeln herumgekommen. [...] Bis jetzt haben wir einen wunderschönen Park hier in unserer Nähe entdeckt. Es ist eine Art Halbinsel mit einer Steilküste hinab zum Meer, mit hohen Kiefern, etwas anders als unsere, und vielen verschiedenen, meist immergrünen Bäumen, die wir nicht kennen. Dazwischen Obstbäume, die im Frühjahr blühen werden, und ein Teich mit ganz großen Karpfen oder so was ähnlichem und vielen kleinen Enten im Schilf. Sehr auffällig sind die großen Raubvögel, eine Art Adler, die man hier, vielleicht wegen der Nähe des Meeres und der Fische sehr viel sieht. Einen Bambuswald haben wir auch entdeckt, dicke Stangen mit weidenartigen hellgrünen Blättern. Wir dachten an Urwald. Viele Tempel und Toriis, die scheinen zu jedem Park zu gehören, und weit über Meer und Wald blickend eine Pagoda, die oben in neun übereinanderliegenden Ringen ausläuft."

In einem weiteren Brief schrieb Esi, dass für Jochen „vieles Verzerrte im Kopf" zurechtgerückt werde, „Japan wie Deutschland betreffend". Sie fährt fort: „Es ist wirklich gut, dass wir endlich hier sind. Wir haben zwar noch keine feste Vorstellung davon, was aus uns wird auf die Dauer. Aber das ist nun nicht mehr so wichtig, es zählt einfach jeder Tag. Und jeder wird mehr Klarheit bringen, wenn man nur Geduld und offene Augen hat. Und hier ist es nicht mehr so schwer, Geduld zu haben." Ende Januar 1936 ist sie der Meinung: „Es ist gut für Jochen, dass er nun hier ist." Und trocken fügt sie, in einer Anspielung auf die „Zigeuner", die während seiner Kindheit im pommerschen Waldfrieden gezeltet hatten, hinzu: „Als er hier ankam, hat er festgestellt, dass die Lebenslinie in seiner Hand, die bisher eine Unterbrechung hatte, sich geschlossen hat." Davon, dass sie sich wohlfühlten, zeugen auch diese Sätze: „Hier in diesem Haus werden wir wohl bis zum nächsten Herbst bleiben. Das Kind wird da die größte Veränderung bringen. Alles ist im Fluss. Und wenn man nicht den Augenblick ernst und wichtig nimmt, ist das ganze Leben vorbei, ohne dass man es wirklich gelebt hat. Man verfällt so leicht darein, auf irgendetwas zu warten und Gegenwart Gegenwart sein zu lassen, und doch ist die Gegenwart das Kostbarste, was man hat." Von höchstem Wert erschien Esi die Freundschaft zu den Kumes: „Ein Hauptgrund übrigens, warum wir hier herausgezogen sind und warum wir nicht nach Kyoto gegangen sind, ist, dass neben uns Kumes wohnen, unsere Freunde vom Schiff. Für mich ist Frau Kume unschätzbar, weil sie aus einer sehr kultivierten Familie ist und außerdem die letzten 13 Jahre in Deutschland und England war."

Esi und Jochen entging nicht, dass sie unter den Deutschen im Lande auffielen. Sie waren nicht beruflich dort, waren weder Missionare noch Dozenten und auch nicht Teil des diplomatischen Korps. Sie waren jung, erwarteten ihr erstes Kind und lebten wie Bohemiens. Während dieser Jahre sah sich der Großteil der deutschen Kolonie verpflichtet, sich den nationalsozialistichen Vorgaben anzupassen. Die Nazifizierung deutscher Institutionen begann. Es dauerte nicht lange, bis Esi und Jochen der Tatsache ins Auge sehen mussten, dass sie um die halbe Welt gereist waren, nur um erneut mit Nationalsozialisten konfrontiert zu werden, diesmal in Gestalt der Auswanderer, die zum Teil seit Generationen in Japan ansässig waren.

Drei Wochen nach seiner Ankunft wurde das junge Paar, das sehr schlicht, aber in einem schönen Teil Yokohamas lebte, in dem reiche Japaner und Ausländer Tür an Tür wohnten, von Generalmajor Eugen Ott, der jetzt Militärattaché an der deutschen Botschaft war, zur Geburtstagsparty seiner Frau Helma eingeladen. An dieser Feier nahm als weiterer Gast Richard Sorge teil, ein deutscher Journalist und Vertrauter Otts, der Jahre später als sowjetischer Spion enttarnt und 1944 von den Japanern hingerichtet wurde. Sorge, der beim Abendessen neben Jochen saß, summte ihm immer wieder „Ol' Man River" aus dem amerikanischen Musical *Show Boat* vor. Es war damals ein populäres Lied, nachdem das Stück 1926 auf die Bühne gekommen und später verfilmt worden war. Sowohl Esi als auch Jochen waren verwirrt. Was sie nicht wussten: Der Text zu diesem Musical stammte von dem jüdisch-amerikanischen Komponisten Oscar Hammerstein, der allerdings nur namensverwandt war. Sorge benutzte das Lied scheinbar zur Überbringung einer Botschaft: „That ol' man river / He don't say nothin', but he must know somethin' / He just keeps rollin', he keeps on rollin' along." Vielleicht wollte Sorge Esi und durch sie Otts Beschützer Hammerstein ehren.

Anfang 1936 hatte man in manchen Kreisen noch die Hoffnung, dass die Nazi-Gegner im Militär, darunter Kurt von Hammerstein, Hitler stürzen würden. Doch derlei Gedanken galt es allenfalls vertraulich zu äußern, wie Esi erfahren musste. „An einem Morgen im Frühling hielt Otts Auto vor unserem kleinen Haus. Er lud mich ein, mit ihnen in ihr Sommerhaus zu kommen. Auf dem Weg dorthin sprach ich mit ihm auf die Weise, wie ich es aus Berlin gewohnt war, ohne an den japanischen Chauffeur zu denken. Das war vermutlich der Grund dafür, dass er mich danach nie wieder einlud, erst als er vom Militärattaché zum Botschafter aufgestiegen war und mich in seiner Freude darüber einlud, mir sein neues Büro in der Botschaft anzusehen."

Der Kontakt aber hatte Bestand, vor allem durch Helma. Das Ehepaar Ott reiste mehrfach nach Deutschland, ehe er 1939 zu Hitlers Botschafter in Japan ernannt wurde. Während ihrer Aufenthalte in Berlin trafen sie sich mehrmals mit den Hammersteins. Maria nutzte diese Gelegenheiten, Helma zu bitten, Geschenke für Paasches zu überbringen. Zwischen der Botschaft und dem kleinen Haus an der Steilküste von Yokohama herrschte ein reger Austausch von Briefen und Waren.

1936 ermunterte Ott Esi, ihren Vater nach Japan einzuladen, immer noch beunruhigt wegen der Folgen seiner Nähe zu

Schleicher und allseits bekannten Meinung über Hitler. Anfang 1939, nach seiner Beförderung zum Generalmajor und kurz vor seiner Ernennung zum Botschafter, lud Ott ihn nicht direkt, sondern erneut über Esi ein. Ott tat gut daran. Er hatte Hammerstein kurz zuvor besucht, und aus Gesprächen wusste er, dass Hammerstein aktiv plante, gegen Hitler vorzugehen. Persönlich war Ott immer loyal, aber er war auch ehrgeizig und verschloss sich keineswegs seiner Karriere unter den Nationalsozialisten.

Als die Otts 1936 auf dem Weg nach Berlin waren, schrieb Esi an ihre Mutter: „Ott hat sehr seine eigenen Pläne und Gedanken, vielleicht nicht ganz die richtigen in der Linie. Aber er bestimmt es ja auch nicht. Wir bestimmen ja verteufelt wenig mehr." Nachdem Ott Botschafter geworden war, brach der Kontakt ab. Das neue Amt stellte nicht nur höhere Anforderungen an ihn, er musste auch vorsichtiger sein, mit wem er in Verbindung gebracht wurde. Für einen Botschafter, der den „Führer" repräsentierte, waren die Paasches nicht die beste Gesellschaft. Umso bemerkenswerter war es, dass er sie nicht vollkommen fallen ließ, sondern still und leise dafür sorgte, dass sie von der Botschaft und von deutschen Institutionen in Japan Unterstützung erhielten. Esi und Jochen bedauerten nach dem Krieg, Ott nicht ihren Dank persönlich ausgesprochen zu haben. Er lebte bis zu seinem Tod 1977 in Tutzing am Starnberger See.

Ende Februar beeinträchtigten zwei Ereignisse ihr Wohlbefinden in Japan und bedrohten ihr Gefühl, in diesem Land sicher zu sein. Das erste war ein Putsch nationalistischer Offiziere gegen die Regierung in Tokio, das zweite ein Abendessen in der deutschen Botschaft.

Eine Splittergruppe der japanischen Armee hatte versuchte, die Regierung zu stürzen. Zwar scheiterte sie, aber der Putschversuch übte Druck auf die Regierung aus. Die japanische Armee verfolgte äußerst aggressiv imperialistische Ziele in China, Korea und der Mandschurei. Beunruhigend für Esi und Jochen war, dass diese Entwicklung zu Geheimverhandlungen zwischen Japan und der nationalsozialistischen Regierung in Berlin führte. Die in kurzer Zeit vollzogene militärische Aufrüstung Deutschlands diente der japanischen Armee als Vorbild. Die Verhandlungen zogen im November 1936 den Antikominternpakt nach sich, mit dem die Kommunistische Internationale bekämpft werden sollte.

Jochen hatte die Annäherung der beiden Länder nicht vorhergesehen, nachdem sie im Ersten Weltkrieg Gegner gewesen waren und Deutschland in den 1920er-Jahren enge Handels- und militärische Beziehungen zu China gepflegt hatte, nicht aber zu Japan. Jochen war aufgrund seiner Lektüre verschiedener ausländischer Zeitungen ein genauer Beobachter der internationalen Szene. Dass Japan die Nähe zu Deutschland suchte, schockierte ihn. Gerade das Land, das Esi und er sich als Alternative ausgesucht hatten, ein Land, dessen Kultur sie idealisiert hatten, verbündete sich nun mit NS-Deutschland. Jochen schrieb in sein Tagebuch: „Gruppen lächelnder japanischer Militärs, die sich nach ihren Abschiedsfeiern Lebwohl sagen, mit Flaggen der aufgehenden Sonne, auf denen in patriotischem Rot die Namen stehen. Warum muss man solche Szenen sehen, nach der heimlichen Abreise aus dem einst großartigen, einst schönen Europa? Das Europa der Nazis, Faschisten, Falangisten, Martialen, Spartanern, asketisch, effizient, von außen durchaus beeindruckend, aber engstirnig und hässlich, wenn man dort leben muss. Und jetzt sind wir im provinziellen, patriotischen, winzigen, wenn auch zugegebenermaßen farbenfrohen Japan gelandet, das damit prahlt, bereit für pan-asiatische ‚unbesiegbare, rücksichtslose imperialistische Fürsorglichkeit' zu sein, bereit, ganz Asien und noch einiges mehr zu übernehmen und auf ewig zu regieren. Wir sind hergekommen, um das Licht buddhistischer Weisheit und Selbstbeherrschung zu finden, majestätisch-vernünftigen chinesischen Klassizismus, Japans angebliches Erbe. Was für Kindsköpfe wir waren. Stattdessen fanden wir begeisterte Banzai-Rufer."

Ebenfalls im Februar 1936 versuchte der deutsche Botschafter Herbert von Dirksen, der weder mit Hammerstein noch mit Schleicher sympathisierte, den Paasches eine helfende Hand zu reichen – ein Gefallen, den er seinem Militärattaché Eugen Ott tat. Bei einem Abendessen brachte er die Paasches mit dem berühmten Japanologen Dr. Walter Donat zusammen, der Jochen möglicherweise eine Stellung als Dozent an einer japanischen Hochschule hätte verschaffen können. Dirksen hatte nicht damit gerechnet, dass Donats Begeisterung für die Nationalsozialisten Jochen derart abstoßen würde, dass er glattweg auf seine Hilfe verzichtete. Wenn er die Unterstützung eines NS-Anhängers benötigte, um Dozent zu werden, dann wollte er lieber einen anderen Weg einschlagen. Donat, der dafür sorgte, dass an japanischen Hochschulen nur deutsche NS-Sympathisanten unterrichteten, hat wohl nur seinem Botschafter zuliebe überhaupt in Betracht gezogen, dem „Nicht-Arier" Jochen zu helfen.

Diese neue, unerwartete Situation bestätigte sich für Jochen, als er kurz nach diesem Abendessen einen japanischen Professor mit einem Empfehlungsschreiben aufsuchte und nur verlegenes Lächeln erntete. Man sagte ihm, zuerst müsse er die Zustimmung der deutschen Botschaft einholen. Noch verheerender als die Aussichtslosigkeit, eine Stelle an einer Hochschule zu finden, war für Esi und Jochen die Erkenntnis, dass die Nationalsozialisten in Japan einen großen Einfluss hatten, besonders auf die Deutsche Botschaft und die wenigen deutschen Institutionen. Das hatte zur Folge, dass sie von den meisten Deutschen isoliert waren – eine schwierige Situation für sie in einem Land, das generell wenig tat, um Ausländer in seine Kultur, Wirtschaft und gesellschaftlichen Sphären zu integrieren. Die Konfrontation mit dem „realen" Japan bald nach ihrer Ankunft war ernüchternd. Selbst die japanische Spiritualität verlor etwas von ihrem Glanz.

Da er kaum Chancen hatte, in einer japanischen Institution unterzukommen, wandte Jochen sich mit einem Empfehlungsschreiben aus Berlin an Vogt & Sonderhoff, eine Kanzlei für internationales Patentrecht. Es waren eher seine Sprachkenntnisse, insbesondere Japanisch und Englisch, als sein kurzes Jura-Studium, das ihn für die Anwälte nützlich machte. Er wurde als Schreibkraft angestellt, eine Position, die nur ein Notbehelf war. Aber gegen Ende ihres dritten Monats in Japan, als ihre Rücklagen fast verbraucht waren und Esi kurz vor der Niederkunft stand, war er froh, überhaupt eine Arbeit zu finden. Dr. Karl Vogt, der Seniorpartner der Kanzlei, stellte Jochen auch deshalb an, weil er – wie er in seinen im Eigenverlag erschienenen Memoiren schrieb – der Enkel „des früher vielgenannten nationalliberalen Politikers Hermann Paasche" war. Es war vermutlich das einzige Mal in seinem Leben, dass die Tatsache, Enkel eines bekannten Politikers zu sein, Jochen zu einer Stelle verhalf. Vogt interessierte sich auch für Jochens Verbindung zu Hammerstein, dem „früheren Chef der Reichswehr". Er schätzte die familiären Verbindungen seines neuen Angestellten, auch wenn er ihn nur als kleinen Angestellten anheuerte.

Kurz vor der Geburt ihres Kindes Ende März schrieb Esi nach Hause: „Wir kommen uns überhaupt vor wie die Zaunkönige und sind sehr neugierig, wie es weitergehen wird." Es war das erste Mal, dass sie in einem Brief an ihre Familie andeutet, in welch schwierige Lage sie so kurz nach ihrer Ankunft geraten waren. Sie deutet an, dass sie nicht wüssten, was Japan für sie bereithält, auch mit Blick auf Jochens Aussicht, den Lebensunterhalt für die Familie zu verdienen. Es war viel geschehen seit dem 28. Januar, als ihre Berichte von ihrem neuen Leben in Japan noch vollkommen euphorisch klangen. Ende März hatte sich der Ton geändert, er zeugte von der Unsicherheit, mit der sie sich auseinandersetzen mussten.

Am 26. März brachte Esi das Kind zur Welt, das ihren Wunsch, Deutschland zu verlassen, bestärkt und ihren Weggang beschleunigt hatte. Sie beschloss, ihr erstes Kind in einem Polizeikrankenhaus zu bekommen, unter Leitung japanischer Ärzte, die aber Englisch und Deutsch sprachen. Die Kumes hatten ihr das Krankenhaus empfohlen, der entscheidende Faktor waren jedoch die Kosten gewesen, die einen Bruchteil dessen betrugen, was in einem europäischen Krankenhaus angefallen wäre. Sie kam in einem Raum mit blutbespritzten Wänden nieder. Auf der anderen Seite des Flurs befand sich eine Küche, in der Tag und Nacht Betrieb herrschte. Sie passte sich der Vorgabe an, während der Niederkunft keinen Laut von sich zu geben. Angesichts der untragbaren hygienischen Verhältnisse konnte sie nur staunen. Sie ging äußerlich gelassen damit um, beschrieb und kommentierte in ihren Briefen jedoch alles ganz genau.

Das Kind erhielt den Namen Joan, nach „Joan of Arc“ von G. B. Shaw. Das Stück hatten sie gerade gelesen, und Jochen bewunderte die amerikanische Filmschauspielerin Joan Crawford. Einwände des Konsulats, weil der Vorname nicht auf der offiziellen NS-Liste mit Namen stand, konnten sie ausräumen. Die Geburtsanzeige gab Jochen die Gelegenheit, selbst erstmals den Namen „John“ zu benutzen, und Esi wählte „Terese“ statt „Therese“. Außerdem strichen sie das „c“ in „Paasche“. Nicht ganz damit vereinbaren lässt sich, dass sie hinter das „Maria Terese Paashe“ ein „geb. von Hammerstein-Equord“ setzten. Es war Jochen, der ins Englische wechseln wollte, sowohl bei der Namensgebung als auch bei ihren eigenen Namen, während Esi an der Verbindung zum Deutschen und zu ihrer Familie festhielt.

Dr. Vogt nannte Jochen in seinen Memoiren „den sprachbegabten, auch das Japanische beherrschenden Jochen Paasche“ und schreibt: „Trotz guter Allgemeinbildung und sonstiger Befähigung konnte er sich nur schwer an korrekte Büroarbeit gewöhnen und bedurfte ständiger Aufsicht durch den Chef.“ Je mehr Zeit verging, desto stärker war Jochen – so wie sich die Dinge in Deutschland und Japan entwickelten – auf diese Stelle angewiesen. Sein Gehalt war weiterhin gering, und seine Aufgaben bestanden nach wie vor in reiner Schreibarbeit. Es war ein Einkommen, das einen Lebensstil ausschloss, wie er nötig gewesen wäre, um von den anderen Deutschen in Japan Respekt zu erfahren. Insbesondere Esi war betroffen, mit welcher Verachtung man ihnen begegnete.

1936 realisierte der Pfarrer der Christengemeinschaft Reinhard Wagner sein früheres Versprechen, die Taufe vorzunehmen. Im Juni traf er in Yokohama ein, und nach zwei Tagen bei Paasches reiste er auf Einladung von Dr. Bohner weiter nach Nara und Kyoto. Als Wagner im Juli nach Yokohama zurückkehrte, feierte er im Haus von Maria Pavlova Marsoff, die er über Dr. Bohner kennengelernt hatte, das wichtigste Sakrament der Christengemeinschaft, die „Menschenweihehandlung".

Maria Marsoff war eine russische Emigrantin aus dem Baltikum und Tochter eines zaristischen russischen Generals. Seit 1924 war sie Mitglied der Anthroposophischen Gesellschaft und Theosophin. Esi empfand große Bewunderung für sie und ließ sich in den folgenden Jahren von ihr beraten und trösten; bei zwei Kindern bat sie Maria, Patentante zu werden. An ihre Mutter schrieb Esi: „Freue Dich für uns, dass wir diese Frau hier gefunden haben. Ich schicke Dir nächstens ein Bild von ihr. Du würdest sie auch gerne haben. Heute habe ich wunderbares Brot von ihr mitgebracht, und unsere Honigquelle stammt auch von ihr. Sie ist fast nur mit Japanern zusammen, hat viele kleine Klavierschülerinnen. Sie ist die einzige Europäerin, die wir kennen, die wirklich für eine Reihe von Japanern etwas bedeutet."

Am 19. Juli 1936 spendete Wagner im Haus der Paasches oberhalb der Klippe in der Bucht von Tokio Joan das Sakrament der Taufe. Paten waren Maria Marsoff, Takako Kume und Bob und Grete Schön, vertreten durch Jochen. Jochen, der solche

Zeremonien hasste, hätte die Taufe beinahe verlassen, aber Maria Marsoff beschwichtigte ihn. In Deutschland hatten die Nazis die Christengemeinschaft aufgelöst, und in Japan war sie von japanischen Christen gegründet worden. Die Feier der beiden Sakramente im Jahr 1936 wurde zum Gründungsereignis ihrer Gemeinde in Japan.

Jochen, der wenig Geduld mit Wagner hatte, bat Esi, ihn aufzufordern, wieder abzureisen. Wagner besuchte daraufhin Fritz Hermann Karsch und seine Familie, die später gute Freunde von Paasches wurden. Sie waren 1925 nach Japan gekommen, und er lehrte an einer japanischen Universität Deutsch und Philosophie. Sie waren schon vor Langem der Anthroposophischen Gesellschaft beigetreten und setzten sich intensiv mit den Schriften Rudolf Steiners auseinander.

Dass sie Wagner wegschicken musste, war ein Schlag für Esi. Sie schrieb ihrer Mutter: „Er ist sehr beliebt, sehr anregend im Zusammensein. Wir haben viel profitiert; er weiß sehr, sehr viel, ein kluger Kopf." Wagner war noch in Shanghai eingeladen; von dort aus reiste er nach Hause.

Im Winter und Frühling des Jahres 1937, über ein Jahr, nachdem sie in Kobe angekommen waren, hatte sich bei Esi und Jochen eine Art Normalität eingestellt. Anfang des neuen Jahres schrieb Jochen an Maria lapidar: „Es geht uns gut. Ein gutes neues Jahr." Nach seinen Zukunftsplänen befragt, entgegnete er: „Haben wir nicht." Sie hatten inzwischen im selben Viertel Yokohamas ein größeres Haus gemietet, vom dem man die Bucht überblicken konnte. Esi genoss es, weil es so malerisch war und sie mehr Platz hatten. Die Zimmer waren einfach möbliert, ohne Vorhänge, aber mit Korbstühlen, was sie mit den Worten kommentierte, es sei für sie gut genug, für andere wäre es jedoch „unmöglich". In dieser Kargheit fühlte sie sich am wohlsten; Besitztümer bedeuteten ihr wenig.

Anfang 1937 wurde Esi wieder schwanger.

Bedrohte Existenz

Im Sommer 1937 änderte sich alles. Der Krieg mit China hatte sich nach dem 17. Juli wegen des sogenannten Shanghai-Vorfalls verschärft. In sein Tagebuch schrieb Jochen: „Der Asienkrieg verstärkt sich, der Lärm, das Rufen und Fahnenschwenken auf den Bahnhöfen macht mich nervös." Die bedrohliche politische Lage führte dazu, dass die Paasches ernsthaft darüber nachdachten, Japan zu verlassen. Ihr erster Gedanke war, nach Berlin zurückzukehren. Im Sommer 1937 schrieb Jochen: „Ich möchte weg von hier, obgleich die Rückkehr in ein gewiss finsteres, langweiliges und zugleich furchtbar beunruhigendes ‚Heimat'-Land eine entsetzliche Vorstellung ist. Die grauenhafte, hässliche ‚Heimat'. Aber noch sprechen wir ja seine Sprache, lieben wir seine Kultur, wenn auch nicht seine [die NS-],Kultur'." Er sprach damit für eine ganze Generation oppositioneller deutscher Exilanten.

Als sie der für Ende September oder Anfang Oktober erwarteten Geburt ihres zweiten Kindes entgegenblickte, war Esi klar, dass es äußerst schwierig werden würde, in den nächsten Jahren nach Deutschland zurückzukehren. Von ihren Freunden und ihrer Familie getrennt zu sein, fiel ihr schwer, gerade jetzt, da sie ihr zweites Kind erwartete. Um andere Ziele wie Südamerika, die USA oder Kanada in Betracht zu ziehen, hätten sie die Möglichkeit haben müssen, auf Jochens Vermögen in Berlin zuzugreifen. Einen Notfallplan hatten sie 1935, als sie ihren Japanaufenthalt planten, nicht entwickelt. Der Gedanke, nach Berlin zurückzukehren, um von dort aus ein anderes Ziel anzusteuern, war für Esi attraktiv, weil sie auf diese Weise ihre Familie hätte sehen können. Eine weitere Überlegung war, Bekannte wie Eugen Ott oder Vogt und Sonderhoff aus Jochens Kanzlei, die ständig zwischen Japan und Deutschland hin und her reisten, zu bitten, Jochens Vermögen außer Landes zu bringen. Ott hatte mit seiner Verbindung zu Esis Vater und als Diplomat unter Umständen die Möglichkeit, Privatvermögen zu transferieren, und die bekannten Juristen fühlten sich geehrt, gesellschaftlichen Kontakt zu dem General zu erhalten, und waren bereit zu tun, was sie konnten.

Doch eine Rückkehr nach Berlin, egal wie kurz sie sein würde, lehnte Jochen nach kurzer Abwägung ab, weil er der Überzeugung war, sich dort in eine höchst gefährliche Situation zu begeben. Auch wollte er sein Vermögen nicht auf irgendeine illegale Weise aus Deutschland transferieren lassen. Ihm war schmerzhaft bewusst, wie schwach seine Position als „Nicht-Arier" war und welche gravierenden Konsequenzen für ihn und seine Familie entstünden, sollten die Nationalsozialisten in der deutschen Botschaft Verdacht schöpfen.

Am 28. September 1937 brachte Esi ihr zweites Kind zur Welt. Dieses Mal hatten sie sich für ein europäisches Krankenhaus entschieden, das den Ruf hatte, die beste Geburtsklinik der Stadt zu sein. In seinem Brief an Maria und Kurt einen Tag nach der Geburt schrieb Jochen: „Der Bengel ist sehr rüstig und soll Johann Maximilian oder Jean heißen, wir müssen es uns reiflich überlegen, sonst muss er später, wie ich, seinen Namen ändern, weil er ihm zu doof ist." Johann war der Taufname seines Vaters und Maximilian der Name des Onkels seiner Mutter, des Journalisten und Herausgebers der „Zukunft", Maximilian Harden (Witkowski). Aber sein wirklicher Name lautete schließlich nicht Maximilian, sondern Gottfried, ohne dass sie ihrer Berliner Familie in den nächsten Monaten den Grund dafür verraten hätten. 1984 erinnerte sich Esi: „Als Gottfried geboren wurde, hatten wir das Gefühl, unseren Frieden mit Gott gemacht zu haben. Die Nazis konnten nichts einwenden, denn im Mittelalter hatte es den berühmten Kreuzritter Gottfried von Bouillon gegeben." Jochen führte die Namensgebung einerseits auf seine Hinwendung zu Gott in späteren Jahren und andererseits darauf zurück, dass er sich vollkommen ohnmächtig gefühlt habe: „Ich sehe noch immer das umgedrehte Hakenkreuz der Nazis über der deutschen Botschaft in Tokio. Das ist unsere Nationalflagge, dachten wir jedes Mal, wenn wir es sahen. Jahre vollkommener Verwirrung. Man war schlichtweg nirgends. Japan ignorierte uns. Unsere Nation hatte aufgehört zu existieren; da war kein Deutschland. Da war nur eine Besatzungsarmee aus Nazis auf der anderen Seite des Globus, die ihre gefährlichen Tentakel bis hier in den Fernen Osten ausstreckte, nach uns."

Für Robert (Bob) Schön, der in Berlin Jochens Finanzen verwaltete, wurde die Situation mit jeder neuen Bestimmung, die den Besitz von Emigranten betraf, schwieriger. Als Grete und Robert 1938 nach Kanada auswanderten, wurde dieses Land auch Esis Wunschziel. Die Schöns bereiteten sich in einer Weise vor, wie Esi und Jochen es 1935 nicht getan hatten. Robert bekleidete eine gute Position in einem deutschen Pharmazieunternehmen, sodass sie über genügend Geld verfügten, um später eine Farm in Quebec zu kaufen, die sie während des Krieges erfolgreich bewirtschafteten. Zu Grete und Robert hielten Esi und Jochen eine intensive Verbindung. In einem Brief, den Esi Grete 1936 schickte, bedauerte sie, ihre spirituellen Überzeugungen nie gelebt zu haben, sie werde aber nicht aufgeben, es zu versuchen. Grete und Robert erkannten die schwierige Lage der Paasche-Familie und fühlten sich verpflichtet, sie vorbehaltlos bei der Bewältigung ihrer Probleme zu unterstützen.

Esi bekam regelmäßig von ihrer Mutter, aber auch von ihren Geschwistern Post. Sie hatte ihre Kamera mit nach Japan genommen und die Hammersteins in Berlin mit vielen Fotos ihres Alltags in Japan versorgt. Selten telefonierten sie auch. Esis Briefe aus den ersten Jahren sind voller Fragen, Ratschläge und Ermahnungen und zeugen von der besonderen Beziehung, die sie zu allen Familienmitgliedern hatte. Trotz der vielen Neuigkeiten, die die Briefe enthielten, erfuhr Esi erst im Nachhinein, dass sich Butzi und Mogens hatten scheiden lassen. Im Juli 1936 schrieb Maria, dass Butzi zum zweiten Mal schwanger sei. Im Oktober beklagte sie, dass Mogens sehr viel Zeit auf der Jagd verbringe, obwohl Butzis Kind inzwischen geboren war. Erst im Januar ließ Maria Esi wissen, dass Butzis Ehe gescheitert war – sie schrieb aber nur, nicht alles gehe „glatt“. Tatsächlich wurde der Brief zwei Wochen nach der Scheidung am 22. Dezember 1936 geschrieben.

Mitte Januar 1937 wurde Esi durch einen Brief ihrer Mutter mit der neuen Situation in Butzis Leben konfrontiert, die sich über ein Jahr lang entwickelt hatte, von der sie in diesem Brief aber erstmals erfuhr. Esi antwortete ihrer Mutter: „Was macht Mogens mit [der Tochter] Christiane? Verständlich ist es ja. Er hat wohl nicht erwartet, dass die Butzi mal so energisch werden würde und will nun wenigstens das Kind behalten – es ist schon verdammt. Aber der Zustand war wohl schon lange unwürdig für die Butzi. – Vielleicht ist für Dich der neue Mensch, der da in Euer Leben gekommen ist, sehr wertvoll. Hast Du ihn gern? Leider weiß ich nicht, wer es ist. Und ich würde gerne mal ein Bild haben. Leid tun mir die alten Harbou's. Aber die Butzi wohl am meisten. – So schwer hast du's noch nicht gehabt, Mutti. Was ist denn der kleine Kai für ein Kind. Schade, dass er im Säuglingsheim ist, dass DU nicht wenigstens seine erste Süßigkeit erleben kannst. Wenn Butzi eine Japanerin wäre, würde sie ihn nicht von ihrem Rücken lassen. Was bedeutet denn der Name Kai?“

Esi hatte einiges zu verarbeiten. Am folgenschwersten war die Neuigkeit, dass Butzi Christiane nicht behalten durfte. Esis Kommentar „... schon lange unwürdig für die Butzi“ legt nahe, dass Mogens' Verhalten bereits vor der Hochzeit unerträglich gewesen war. Bereits 1930 hatte Maria Kurt von Schleicher darum gebeten, ihnen zu helfen, auf Mogens' „unehrenhaftes“ Verhalten einzuwirken. Was wiederum deutlich macht, warum Esi 1933 so fassungslos war, dass Butzi Mogens überhaupt heiraten wollte. Dass er nun Anspruch auf Christiane erhob, war ein Racheakt von seiner Seite, der vom Gesetz und der Gesellschaft jener Zeit sanktioniert war. Hätte Butzi sich widersetzt, wäre daraus ein bitterer Sorgerechtsstreit mit ungewissem Ausgang entstanden.

„Der neue Mensch, der da in Euer Leben gekommen ist", war Friedemann Freiherr von Münchhausen, der Vater von Kai, den Butzi am 15. Oktober 1936 zur Welt brachte. Das teilte Maria allerdings Esi nie ausdrücklich mit. Zwei Wochen später schickte Esi Kai einen kleinen Kimono, fragte nach Butzis Adresse und einem Foto von Friedemann. Und sie schrieb ihrer Mutter, dass die Vorgänge zu Hause sie stark beschäftigten. Das Ehedrama hatte ihre Gefühle aufgewühlt.

In den folgenden Briefen warf Maria sich vor, bei Butzis Erziehung Fehler gemacht zu haben, bis Esi schließlich genug hatte und sie in einem Brief, den sie beinahe ein Jahr später, im April 1938, schrieb, ermahnte: „Mit dem ‚Büßen' höre allmählich auf. Du musst nicht denken, dass ein Mensch nur das Produkt der Erziehung resp. Nichterziehung ist. Die Dich und alle bedrückende Sache kann ganz andere, viel tiefere Ursachen haben. Habe Vertrauen, dass Alles so geht und wie es gehen muss aus Zusammenhängen heraus, die weder Butzi noch irgendjemand leider durchschauen kann. Vielleicht, wenn Du nach ein paar Jahren darauf zurücksiehst, dämmert Dir der Sinn. So wie er uns dämmert über das, was wir vor drei Jahren erlebt haben." Dann versuchte sie ihre Mutter aufzumuntern, indem sie ihre Aufmerksamkeit auf Kai lenkte: „Wie schön, dass Ihr wieder so einen kleinen Glückspilz im Hause habt!" Aber sie nutzte auch die Gelegenheit, die Aufmerksamkeit ihrer Mutter auf ihr eigenes zweites Kind zu lenken: „Was würdest Du Dich freuen über den Allerkleinsten. Seine Haare sind rötlich golden. Und ich muss immerfort seinen kleinen Engelskopf angucken. Bin selbst noch ganz erstaunt. Joan lässt sich von ihm alles wegnehmen.

Während sie Zeter und Mordio schreit, wenn ich wage, ihren Teller anzurühren. Wenn sie ihn sieht und er hat eine Mütze auf, ist das erste, dass sie ihm die Mütze vom Kopfe zieht, es sei denn, sie habe selbst eine auf. Wenn sie rennt, jauchzt er, und das ist es gerade, was sie braucht, um richtig ausgelassen fröhlich zu werden. Viele herzliche Grüße und Küsse, liebe Mutti. Schlaf gut und sei glücklich wie wir."

Mogens hatte Friedemann, der sein Korpsbruder war, als frischgebackenen Anwalt in seine Kanzlei aufgenommen und ihn mit einem Rechtsfall in der „höheren Gesellschaft" betraut. Solche Mandate nahm er gerne an, sie ermöglichten ihm bald, in diesen Kreisen verkehren. Friedemann hatte Butzi zum ersten Mal in einem überfüllten Raum bei Christianes Taufe gesehen. Er war sofort hingerissen von ihr. Auch entging ihm nicht, dass Butzi ihm in aller Öffentlichkeit ein Kompliment machte. Damit begann ihre Beziehung. Mogens reagierte darauf zunächst, indem er für lange Zeit fortblieb, entweder auf die Jagd ging oder sich mit der Verwaltung seines Familiensitzes in Thüringen beschäftigte, den er gerade geerbt hatte. Als Butzi zum zweiten Mal schwanger wurde, war von Scheidung keine Rede. Das neugeborene Kind bekam den Namen Kai Bodo Ludwig – „Bodo" nach seinem Großvater von Harbou, dem Butzi besonders nahestand. Friedemann erklärte Mogens gegenüber – in Butzis Anwesenheit, direkt nach der Geburt –, dass er der Vater dieses Kindes sei. Daraufhin reichte Mogens die Scheidung ein.

Was Butzi befürchtet hatte, dass sie ihr erstes Kind, Christiane, verlieren würde, trat ein. Die Großeltern Harbou suchten eine Kinderfrau, und Christiane lebte fortan bei ihnen. Es war eine große Belastung für die lange und enge Freundschaft zwischen den Familien Hammerstein und Harbou, aber mit der Zeit glätteten sich die Wogen. Maria besuchte ihre erste Enkelin oft. Der Verlust der Erstgeborenen warf einen dunklen Schatten auf Butzis Ehe mit Friedemann. Ihr Sohn Kai verbrachte den ersten Monat seines Lebens mit Rücksicht auf den Wunsch von Friedemanns Mutter in einem Säuglingsheim. Christiane, die Erste einer neuen Generation von Hammersteins, verlor im Alter von drei Jahren den direkten Kontakt zu ihrer Mutter und wuchs auf, ohne sie wirklich zu kennen.

Friedemann und Butzi heirateten in Herrengosserstedt im Burgenlandkreis in Thüringen (heute Sachsen-Anhalt), auf dem Gut der Münchhausens, das Friedemann ebenfalls geerbt hatte. Im Mai 1937 besuchten Kurt und Maria sie dort. Maria bereitete es großen Kummer, dass Butzi ihre Tochter verloren hatte. In einem Brief, den sie Esi nach der Geburt ihres zweiten Kindes im September darauf schickte, schrieb sie, ohne darauf einzugehen, welchen Schmerz es für Christiane bedeutete, ohne ihre leibliche Mitter aufzuwachsen, lakonisch: „Arme Butzi, dass sie keine Christiane mehr hat."

Butzis erste Zeit in Herrengosserstedt, ihrem neuen Zuhause mit Friedemann, war nicht leicht. Seine Mutter, die gerade Witwe geworden war, missbilligte die Umstände, unter denen ihr Sohn geheiratet hatte. Fiel es ihr auch schwer, Butzi in die Familie aufzunehmen, so liebte sie doch ihren Enkel Kai. Friedemann bereute, seine Berliner Kanzlei, die er nach dem Austritt aus Mogens' Büro aufgebaut hatte, aufgegeben zu haben. Der Herausforderung, die Verantwortung für Herrengosserstedt zu übernehmen, fühlte er sich noch nicht gewachsen. Es gab viele Probleme, um die er sich kümmern musste: Das Gut war schwer verschuldet, und Erbschaftsfragen mussten geklärt werden. Butzi bestand darauf, dass Friedemanns Mutter nicht in ihrem Haushalt leben sollte. Schon bald zog sie in eine andere Wohnung in der Nähe.

Friedemann wuchs an seiner Aufgabe das Gut zu verwalten, eine Arbeit, die ihn mit der Zeit sogar zufriedenstellte. Butzi war mit dem Kind beschäftigt und nutzte die große Bibliothek im Schloss. Sie machte es sich zur Aufgabe, Grundlagen über die

Friedemann von Münchhausen und Butzi, 1938/39

Gutsverwaltung zu erlernen, und Friedemann war froh über ihre Unterstützung. Ihr zweites Kind, Bettina, wurde im Frühjahr 1940 geboren. In Friedemann schien Butzi ihren Lebenspartner gefunden zu haben. Beide entwickelten eine Liebe füreinander, die auch in den turbulenten Jahren, die vor ihnen lagen, nie ganz erlosch.

Da Helga bis 1939 zu Hause lebte, las auch sie alle Briefe, die Esi an ihre Mutter schrieb. Esi fragte dann und wann nach ihrem

Studium und den Fortschritten ihrer Dissertation. In einem Brief an Helga vom 7. Juni 1936 schrieb sie von der kleinen Joan, schilderte ihr Leben in Japan und bat sie, ihr ein Kräuterheilmittel zu schicken, „Veilchenwurzel … dringend“, falls ihre Mutter es vergessen sollte. Sie erwähnte auch, dass ein japanischer Freund Helgas sie besucht hatte. Später schickte sie den Arzt, der Joan auf die Welt geholt hatte, zu Helga, als er dienstlich nach Berlin reiste. In diesem Brief erwähnt Esi außerdem, wie kostengünstig es sei, über Sibirien mit dem Zug nach Japan zu gelangen. Helga solle das nutzen, und die anderen auch: „Du, 3. Klasse kann man für ca. 300 R.M. nach Japan fahren. Du kriegst dort noch 300.–, nicht? Ihr müsst alle allmählich mal kommen. Vom nächsten Monat an haben wir schon ein schöneres Haus.“

Das Interesse an homöopathischer Medizin teilten sie, wie zahlreiche Bitten an Helga zeigen. Im Oktober 1936 forderte Esi ihre Mutter auf, Helga die Bücher von und über Rudolf Steiner zu zeigen, die sie zurückgelassen hatte. Helga begann später tatsächlich, sich für Steiners Ausführungen über „biodynamische“ Landwirtschaft zu interessieren. Da Esi von Helgas marxistischen Ansichten und ihrem Engagement wusste, war der Versuch, ihr schon 1936 anthroposophisches Denken näherzubringen, verblüffend.

Im April 1937 fragte Esi ihre Mutter: „Hat Helga einen neuen Professor gefunden? – Hoffentlich war die Arbeit bei dem vorigen nicht ganz umsonst.“ Helga musste sich in diesen Jahren ständig neue Professoren suchen, die ihre akademische Forschung betreuten, da sie alle aus politischen oder „rassischen“ Gründen von den Nazis gezwungen wurden, ihre Position aufzugeben. Im September 1937 schrieb Jochen etwas kryptisch an Maria: „Über Helgas so verständigen und aufgeklärten Brief habe ich mich sehr gefreut und freue mich, Esi so was Vernünftiges mitbringen zu können.“ Jochen bezog sich darauf, dass Helga ihre Ansicht über ihre Verpflichtungen als Zuarbeiterin der KPD geändert hatte. Ein Jahr später versuchte Esi, Helga nach Kanada zu vermitteln, und forderte sie auf, Grete Schön in Montreal zu kontaktieren. Anfang 1939 schrieb sie an ihre Mutter, Helga solle nach Japan kommen. Sie würde versuchen, ihr über ihre Bekannten einen Start in Amerika zu erleichtern, wenn sie wüsste, was sie machen wolle. All das spiegelte Marias Sorgen um Helgas Zukunft wider. Marias Wunsch war es inzwischen, dass sie Deutschland verließ. Obwohl keine Seite Genaueres schreiben konnte, da die Briefe von der Zensur abgefangen werden konnten, waren sich Esi und Maria der Gefahr bewusst, in der Helga schwebte.

1936 war ein prägendes Jahr für Helga, die im März dreiundzwanzig Jahre alt werden sollte. Im Januar war sie mit einem von der KPD ausgestellten falschen Pass mit Leo Roth in Tirol und Zürich gewesen und hatte sich von ihm verabschiedet, als er nach Moskau aufbrach. Sie wusste, dass sie selbst in die Sowjetunion kommen müsste, wenn sie sich wiedersehen wollten. Im Dezember zuvor hatte Helga erfolgreich das zweite ihrer beiden Vorexamen abgelegt, die nötig waren, um in Chemie zu promovieren. Vom Januar 1936 an arbeitete sie bis März 1937 am renommierten Kaiser-Wilhelm-Institut für Chemie (heute Max-Planck-Institut) im Labor des anerkannten Chemikers Professor Kurt Hess, dem der Ruf anhaftete, fanatischer Nationalsozialist zu sein, an der Synthese von Zucker.

Leo war zusammen mit anderen prominenten Kommunisten, darunter auch Hans Kippenberger, vom Geheimdienst der KPD auf Befehl von Walter Ulbricht in die Sowjetunion beordert worden. Ulbricht hatte während des Aufstiegs von Josef Stalin die Bolschewisierung der KPD mit verantwortet und lebte 1936 in Moskau, wo er erbarmungslos gegen „Trotzkisten“ und andere „Abweichler“ unter den deutschen Exilanten vorging. Roth und Kippenberger wurden, kaum dass sie in der Sowjetunion angekommen waren, zu Fabrikarbeit abgeordnet. Roth bewarb sich um eine Mitgliedschaft in der Kommunistischen Partei der Sowjetunion, wurde im Juni 1936 aber zur Zielscheibe einer Reihe von Denunziationen, weswegen seine Bewerbung im September 1936 abgewiesen wurde. Seine Widersacher behaupteten, er sei arrogant und genieße ein unbeschwertes Leben. Folgenschwerer war, dass er mit „bürgerlichen und aristokratischen Kreisen" in Verbindung gebracht wurde. Auch Antisemitismus spielte eine Rolle. So wurde nicht nur seine „bürgerliche Herkunft" erwähnt, er wurde auch als „jüdischer Kleinbürger" bezeichnet. Die Intrige, dass er für den französischen und britischen Geheimdienst gearbeitet habe, besiegelte sein Schicksal. Dass er flexibel und erfolgreich war, mutig, politisch gebildet und diszipliniert, hatte den Neid seiner Gegner geweckt. Genau die Gabe, die ihn für den M-Apparat der KPD so wertvoll gemacht hatte, sein Talent, Kontakt zu Eliten zu knüpfen, wurde ihm nun vorgeworfen. Dass er wie Kippenberger und einige andere Genossen eigenständig dachte, wurde ihm nun zum Verhängnis. Diese hatten in der Tat eine eigene politische Meinung, die sie auch vertraten. Damit galten sie als „Abweichler" von der Parteilinie, was damals nichts weniger als ihr Todesurteil bedeutete.

Leo wurde am 22. November 1936 verhaftet, im Februar 1937 vor Gericht gestellt und am 10. November 1937 im Lubjanka-Gefängnis erschossen. Kippenberger war einen Monat zuvor im selben Gefängnis hingerichtet worden. Am 11. April 1936 hatte Leo den Antrag gestellt, dass Helga in die Sowjetunion emigrieren durfte. Es gelang ihm, mehrere Briefe beizubringen, die Helgas Verdienste als Agentin würdigten und von der ständigen Gefahr zeugten, in der sie sich in Deutschland befand. Das Politbüro der KPD lehnte den Antrag ab. Briefe von Helga erhielt Leo durch Dr. Nathan Steinberger, „Nati", der später mit seiner Frau und seiner Tochter in ein Straflager deportiert wurde. Ein Brief von Helga erreichte Leo am 11. November 1936, wenige Tage vor seiner Verhaftung, über Holland.

Diese Wochen und Monate des Jahres 1936 waren für Helga eine Qual. Sie war glücklich, wenn sie ab und zu eine Nachricht über Leo erhielt, die mitfühlende deutsche Exilanten in Moskau übermittelten. Ab November herrschte Stille, die bis 1937 andauerte. Verzweifelt hielt sie den Kontakt zum Geheimdienst der Kommunistischen Partei und bot an, ihre Tätigkeit fortzusetzen. Langsam wurde ihr klar, dass Leo möglicherweise verhaftet worden war, aber sie wollte die Hoffnung nicht aufgeben. Sie konnte mit niemandem über ihre Angst und ihren Kummer sprechen. Es war eine sehr einsame Zeit. Butzi, der sie so nahestand, wurde von der Gestapo überwacht und durfte nicht mit gefährlichen Informationen versorgt werden. Ihren Eltern konnte sie sich unter keinen Umständen anvertrauen – das hätte bedeutet, ihre Beihilfe zur Spionage zu offenbaren. Ihre jüngste Schwester Hildur, die zu ihr aufsah und für die sie wie eine Mutter war, hatte mit ihren dreizehn, vierzehn Jahren nicht die geringste Ahnung, was ihre Schwester durchmachte. Helga hatte das Leben, das sie mit Leo führte, so erfolgreich vor ihrer Familie geheim gehalten, dass es jetzt unmöglich war, deren Hilfe und Unterstützung zu erbitten. Sie steckte in einem ausweglosen Dilemma. Offenheit hätte bedeutet, Leo, sich selbst und ihre Familie zu gefährden. Also machte sie weiter wie bisher.

Als Esi Deutschland Ende 1935 verließ, war Kunrat 17. Sie machte sich Sorgen um ihn. Er war selbstsicher, willensstark, aber auch beeinflusst von Freunden und in einem Alter, in dem ihm viele Erscheinungsformen des Nationalsozialismus gefielen. Anfang und Mitte der Dreißigerjahre war er seinen älteren Schwestern damit ein Dorn im Auge. Im Herbst 1936 schrieb Esi: „Schickt nur den Kunrat am 1. 12. weg, wohin auch immer. Er muss doch jeden Tag von diesem kurzen Jahr nützen. Nur nicht mehr in Berlin hocken! – Wenn Euch nichts gelingt, schickt ihn am 1. 12. hierher.“ Kunrat hatte noch ein Jahr Zeit, bevor sein Militärdienst begann. Esi lag daran, dass er dieses Jahr im

Ausland verbringen sollte – es war ein Verzweiflungsvorschlag. Schließlich fand Maria einen Ausweg, den auch Kunrat akzeptierte: Colonel Jacob Wuest, der enge Freund der Hammersteins und frühere amerikanische Militärattaché, lud Kunrat zu einem ausgedehnten Besuch in die Vereinigten Staaten ein. Ende 1936 bestieg er ein Schiff nach New York, und im Sommer 1937 begann er eine ausgedehnte Reise per Bus und per Anhalter durch Amerika. Seine Reise war ein Intermezzo, das seinen Horizont erweiterte und seine Urteilskraft stärkte. Von außen beobachtete er nun, was in Deutschland vor sich ging – und kam als anderer Mensch zurück. Er meinte, er würde gerne Schriftsteller werden.

Monate nach seinem Amerikaaufenthalt wurde Kunrat eingezogen. 1939 legte er in der Dresdner Militärakademie das Offiziersexamen ab. Wie sein Vater zog er in den Krieg. Im September marschierte er mit der Wehrmacht in Polen ein und im Mai 1940 in Frankreich. Für Kunrat, der dem Nationalsozialismus inzwischen vollkommen abgeschworen hatte, waren die Werte der Armee eine Selbstverständlichkeit, jedoch hielt er den deutschen Einmarsch in Polen und Frankreich für völkerrechtswidrig; distanziert sprach er von „Hitlers Kriegen“. Die Sorgen, die sich sein Vater wegen der Aggressionskriege machte, waren auch seine. Die ganze Zeit über hielt er engen Kontakt zu ihm. So berichtete er zutiefst beunruhigt über die Verbrechen der Wehrmacht in Polen, auch erschütterten ihn die Nachrichten über die Massaker an den Juden durch die Einsatzgruppen der Sicherheitspolizei und des SD.

Verstört über das Schweigen der Wehrmachtführung, gestand Kurt von Hammerstein seinem Bekannten, dem nationalkonservativen Journalisten und Regimegegner Rudolf Pechel, der bis 1942 Herausgeber der „Deutschen Rundschau“ war und nach deren Verbot ins KZ Sachsenhausen eingewiesen wurde: „Ich bin ein alter Soldat, aber diese Leute haben mich zu einem Pazifisten gemacht.“

Kunrat, der ein akribischer Tagebuchschreiber war, legte noch 1941 seine Kriegserlebnisse in einem gebundenen Manuskript nieder. Darin notierte er Vorfälle, bei denen, wie er es nannte, die „Spielregeln“ des Krieges verletzt wurden. Eine Ausgabe schenkte er seinem Vater, auf eine andere schrieb er den Namen „Esi“, allerdings kam sie nie bei ihr an. Dieses Manuskript und seine späteren Tagebücher, für die er während des Krieges ausgeklügelte Verstecke fand, bildeten die Grundlage für seine Publikationen nach dem Krieg. Dazu gehörte eine Veröffentlichung, in der er nachwies, wie bereits zu Beginn des Kriegs die Genfer Konventionen grob verletzt wurden. Eine Kurzfassung erschien 1956 in den „Frankfurter Heften“, 1963 dann die eigenständige Veröffentlichung unter dem Titel „Spähtrupp“ im Stuttgarter Henry Goverts Verlag. Die Publikation der Texte weckte seinerzeit noch viel Widerspruch, denn die deutsche Öffentlichkeit war nicht bereit, sich mit der Vergangenheit kritisch auseinanderzusetzen. Das Bild einer Reichswehr, die ihre Integrität während der NS-Jahre angeblich gewahrt hatte, war noch zu intakt.

Als Esi und Jochen Ende 1935 nach Japan auswanderten, war Ludwig sechzehn Jahre alt. Schon früh zeigte er eine Besonnenheit, die ihn von seinen Brüdern unterschied und ihn für Esi so anziehend machte. Wenn sie über oder an ihn schrieb, war es, als schreibe sie über sich selbst. Im ersten Brief, den sie aus Yokohama an ihre Mutter richtete, erkundigte sie sich, wie Ludwig sich in der Schule mache. Ein Jahr später meinte Maria, Ludwig müsse Entscheidungen über seine Zukunft treffen, und Esi antwortete: „Vielleicht kann er das noch nicht. Die Engländer tun das auch nicht, wenn sie aus der Schule kommen. Auf der Schule kann man das nämlich schwer übersehen. Ehe er sich entschließt, nur weil er denkt, sich entschließen zu müssen, soll er lieber sagen: ich werde zwar z. B. [in der] Forstwirtschaft praktisch oder theoretisch arbeiten, aber ich werde mich erst im

Laufe eines Jahres zu meinem Beruf entschließen.“ Die Forstwirtschaft erwähnt sie hier nicht von ungefähr, war es doch der Beruf ihres Großvaters Heino von Hammerstein-Equord und ein Beruf, zu dem sich auch ihr Vater hingezogen fühlte. Ludwig war der Sohn, der seinem Vater am nächsten stand und der Einzige, der ihn auf die Jagd begleitete.

Im September 1938 fragte Esi ihre Mutter, ob Ludwig seinen Militärdienst wirklich am 10. Januar 1939 würde beginnen müssen, und fügte hinzu: „Ist er kräftig? Auch innerlich?“ Ihr bereitete Sorgen, womit er beim Militär konfrontiert werden würde. Im selben Brief schrieb sie: „Ich wünsche mir mehr denn je, Euch alle kurz zu sehen. Dieser Zustand jetzt nimmt einem auch die Lust, Briefe über Privatsachen zu schreiben. Und besonders von der relativen Sicherheit hier zu euch.“ Sie dachte dabei an das Treffen des britischen Premierministers Neville Chamberlain mit Adolf Hitler in München und die anschließend durch Hitler provozierte Sudetenkrise, die zum Einmarsch der Deutschen in der Tschechoslowakei und zur Annexion des Sudetenlandes führte.

Ludwig bewahrte sein Leben lang einen Brief auf, den Esi ihm zu seinem achtzehnten Geburtstag am 11. November 1938 schrieb. Darin sprach sie mit großer Vertrautheit von ihren Hoffnungen auf ihn und davon, was sie ihm wünschte: „Bist du wirklich schon 18? Mensch, ich seh Dich immer noch in Steinhorst mit weichen aschfarbenen Locken auf dem Kopf, weißt Du das noch? Vergiss es nicht, falls Du es noch weißt, und wenn du es nicht mehr weißt, erinnere Dich an die Zeiten, wo noch keine harte Schale um Dich war, wo Du noch warst und sein durftest, wer Du warst. Ein Kind des Himmels und der Erde, Gottes und der Menschen. Vergiss es nicht, auch des Himmels. Vergiss Deine Einsamkeit nicht. Vergiss nicht, woher Du kommst. Das, was damals noch in Deinen großen Augen klar darinstand, versuche Dich daran zu erinnern und denke daran, dass wir wieder dorthin gehen, woher wir gekommen sind. Dieses Erinnern und dieser Gedanke sind es, die Deinem Leben die Richtung geben können. Nur, wenn man das Bewusstsein seines Woher und Wohin mit einbezieht in sein Tagesbewusstsein, wird man fähig, in jedem Augenblick verantwortungsvoll zu handeln. Vergiss nicht, woher Du kommst, dann wirst Du auch später wissen, wohin Du gehst. In Liebe Deine Esi."

Lässt man für einen Moment beiseite, dass sie 1938 für ein entscheidendes Jahr in Ludwigs Leben hielt, weil er ein Alter erreicht hatte, in dem er der Armee des Landes beitreten musste, aus dem sie sich verabschiedet hatte, zeugt ihr Brief auch davon, was sie über ihr eigenes Leben gelernt hatte und wie sie es führen wollte. Sie spricht von ihrer eigenen Verbundenheit und von ihrem Kampf, sich treu zu bleiben in einer Welt, die es einem schwer machte, sich zu erinnern, woher man kommt und was man ist.

Franz, ihr dritter Bruder, war vierzehn, als sie Berlin verließ. 1940 bestand er das Abitur. Bei allen drei „Jungens" lag ihr daran, dass sie als Austauschstudenten ins Ausland gingen. Darüber schrieb sie ihrer Mutter: „Wird es gelingen [das Austauschstudium] von Franz? Hast Du darüber mit Barbara Ackermann gesprochen? Die müsstest Du im Akademischen Austauschdienst anrufen. Vielleicht könntest Du sie auch gelegentlich mal einladen. Sie hat einen ganz ausgezeichneten juristischen Doktor gemacht im Übrigen." Und sie fragte noch einmal: „Wird es mit Franz klappen? Es ist sehr wichtig für die Jungens. Wir sind jetzt oft wirklich besorgt. Aber man soll nicht besorgt sein, sondern sich nur den Tatbestand ganz klar machen." Sie bezog hier auch Kunrat mit ein, um den sie sich die größten Sorgen machte.

Als Esi ein Jahr später erfuhr, dass die Schöns planten, nach Kanada zu emigrieren, ermutigte sie Franz, Kontakt zu ihnen aufzunehmen. 1938 freute sie sich über die Nachricht, dass er

Frankreich besucht hatte, und wünschte ihm noch viele Reisen ins Ausland. Immer wieder schreibt Maria in ihren Briefen von der Notwendigkeit, dass alle ihre Kinder Deutschland verließen. Sie sah für sie keine Zukunft unter dem Regime der Nationalsozialisten.

Esi, die vierzehn Jahre alt war, als Hildur zur Welt kam, empfand für ihre jüngste Schwester – von der Familie „Puppe" genannt – eine besondere Zuneigung. Im ersten Brief, den sie nach Joans Geburt nach Hause schickte, schrieb sie: „Sieht süß aus, so appetitlich wie die Puppe damals. Auch die erstaunlich lange Birne erinnert mich an sie. Haar noch dunkel, nicht sehr viel. Stirn sehr hoch, Augen blau und groß. Nase schön. Ausdruck ernst und überlegen."

Ab September 1939 wurde es schwieriger, Briefe zu schicken, die bislang über diplomatische Kanäle versandt wurden. Ende 1941 kam die Korrespondenz zwischen Japan und Deutschland praktisch zum Erliegen. Bis dahin hatte Esi lebhaft teilgenommen an dem Familienleben in Deutschland und konnte sich weiterhin als aktives Mitglied der Hammersteins fühlen.

Im August und September 1937, als sie beschlossen, nicht nach Deutschland zurückzukehren, begannen Jochen und Esi über Kanada und später die USA nachzudenken. Japan zu verlassen entpuppte sich jedoch als schwierig, wenn nicht unmöglich. Finanzen waren ein beständiges Thema. Im Januar 1938 schrieb Esi an ihre Mutter: „Es geht uns in jeder Weise sehr gut. Wir zerbrechen uns nicht mehr den Kopf. Sind froh, dass wir hier sind. Wollen nicht dauernd wieder weg wie bis zum Sommer; andererseits haben wir nicht das Gefühl, dass alles sehr lange so weiter geht. So nahe vom Krieg, dass es einem ganz merkwürdig vorkommt." Im selben Brief deutete Esi an, dass man nach jemandem suchen sollte, der ihnen Geld aus Berlin bringen könnte – was Jochen mit den Worten „Kommt gar nicht in Frage!" kommentierte. Sie brauchten Geld, um eine Abreise aus Japan, die jetzt doch ernsthaft in Erwägung gezogen wurde, zu finanzieren. Jochen verdiente nicht genug, um Rücklagen zu schaffen. Im Mai 1938 schrieb er an seinen alten Lehrer und Ziehvater Dr. Karl Möller in Berlin: „Aus zum teil rein objektiven gründen spricht man uns hier die ‚aufstiegsmöglichkeiten' ab, viva voce und auch sonst direkt und indirekt. Dies hat uns natürlich einige zeit sehr getrubelt und verstört ... was auf die dauer aus uns wird, ist eine andere frage und muss in ruhe abgewartet werden. Als tatsache scheint aber bestehen zu bleiben, dass unsere existenz hier einstweilen nicht als solche gefährdet ist. Dies zu eurer beruhigung." Keine zwei Wochen später schrieb Esi an ihre Mutter: „Uns geht es gut. Es geht bei uns jetzt mehr denn je um die Zukunft, und wir müssen uns sehr anstrengen. Schreibe doch trotzdem weiter alles: es bedeutet für mich sehr viel. Vielleicht kannst Du im Herbst herkommen. – Hoffentlich bleibt alles so wie es ist."

Robert und Grete, die seit dem Sommer 1938 in Montreal lebten, begannen sich um die mögliche Emigration der Paasches nach Kanada zu kümmern. Erst am 9. September hatten sie ein Lebenszeichen aus Kanada erhalten: „Bobs [Roberts] erster Brief. Spät kommst du, doch du kommst", vermerkte Jochen. Als Esi von der Ankunft der Schöns in Kanada erfuhr, schlug sie vor, dass Grete und Robert sie im nächsten Sommer besuchen sollten. Die Schöns reagierten mit einer Gegeneinladung und dem Angebot, ihnen die Mittel für die Überfahrt nach Kanada zur Verfügung zu stellen. Sie schrieben von der Schwierigkeit, Visa für Kanada zu besorgen, wollten das junge Paar jedoch nicht entmutigen. Ihrem Bericht zufolge hatten sie für alle Fälle Geld zurückgelegt, das sie notfalls nach Japan überweisen könnten. Robert warnte Jochen, nicht zu versuchen, das verlorene Geld in Deutschland zurückzufordern, und drängte ihn, nach Kanada zu kommen, am besten Ende Mai, um ernsthaft über seine und Esis Zukunft zu sprechen.

Jochen befürchtete, dass seine Stelle bei Vogt & Sonderhoff nach ihrer Rückkehr aus Kanada vergeben sein könnte. Vogt hatte den Hammersteins versichert, dass er fünf Wochen Urlaub gewähren würde. Aber Jochen hatte Gerüchte vernommen, dass ein Deutscher seine Stelle besetzen sollte. Seine Aussichten, in Japan eine andere Beschäftigung zu finden, waren angesichts des Drucks, unter dem „Nicht-Arier“ und Nicht-Nazisympathisanten standen, so schlecht, dass er mehr und mehr zu dem Entschluss kam, seine Position nicht für eine fünfwöchige Kanadareise aufzugeben. Esis Wunsch, Grete im Frühjahr 1939 in Kanada wiederzusehen, erfüllte sich nicht.

Die Paasches entsprachen nicht den Vorstellungen, die Japaner über Deutsche hatten. Sie trugen zwei deutsche Namen, der eine angesehen, der andere stigmatisiert, weil „rassisch minderwertig“. Sie lebten einfach und anspruchslos von einem mageren Gehalt. Sie waren Intellektuelle, die sich für Bücher und Bildung interessierten. Die meisten Japaner waren sich einig, dass Deutsche in Japan vor allem vermögend seien und die schönen Dinge des Lebens genössen: elegante Häuser, exquisite Möbel, Kunst, Kalender voller gesellschaftlicher Anlässe und regelmäßige Urlaube in Deutschland.

Für Esi und Jochen war es eine desillusionierende Erfahrung, dass die hier lebenden Deutschen sich durch einen Stolz auf das „Dritte Reich“ und seinen „Führer“ Adolf Hitler auszeichneten. Alle wichtigen Positionen deutscher Einrichtungen waren von Nationalsozialisten dominiert, auch in den Kulturinstituten und Schulen. Die wenigen deutschen Juden sahen sich isoliert und ausgegrenzt. Paasches waren von der deutschen Gemeinschaft und der Botschaft in jeder Hinsicht abhängig. Zwar gab es Deutsche, die Kontakt zu ihnen suchten, sich mit ihnen anfreundeten und ihnen auch materiell unter die Arme griffen. Aber auch sie mussten große Hürden überwinden, um den Kontakt zu halten.

Anders als Jochen, dem die Beleidigungen und Erniedrigungen durch die Nationalsozialisten sehr zu schaffen machten, ließ sich Esi ihren – auch nach außen getragenen – Stolz nicht nehmen. Doch die Angst vor den Folgen für Jochen, sie und die Kinder hinderte sie daran, Stellung zu beziehen. Dass sie mit Jochen litt, zeigt ein Brief, den sie Jahre später an ihren Sohn Gottfried schrieb: „Wie meinst Du, übrigens, dass Vater und ich uns gefühlt haben in den ersten Jahren in Japan, abgeschnitten von allem, was uns lieb und bekannt war? Meinst Du, wir waren weniger lebenshungrig, ehrgeizig als Ihr? Vater war 25, als er plötzlich ein Paria für seine Volksgenossen in Japan wurde. Hast Du Dir das mal überlegt? Als Du geboren wurdest, war er 26! Einmal sagte die Frau seines deutschen Chefs, sie verstünde die Nichtarier nicht: Wenn sie rausgeworfen würden, kämen sie zurück wie Katzen; sie saß bei einer Einladung ihm gegenüber – Vater – am Tisch und sagte das zu ihrem Nachbarn. Vater wurde weiß, und man fragte ihn, ob er sich schlecht fühlte, denn er wusste, dass er gemeint war, aber er konnte nicht aufstehen und verschwinden, für immer – kannst Du verstehen, dass das immer noch an ihm nagt??? Ich wünschte jetzt, für ihn, er wäre aufgestanden, aber was dann aus mir und Joan und Dir geworden wäre, weiß ich nicht – es gab keine Jobs, die eine Familie hätten ernähren können, trotzdem dieser Job nur das Existenzminimum garantierte, da ja Vater nur ein japanisches Gehalt bekam, als Deutscher in einer deutschen Firma, die Geld schaufelte! Wenn man als Ausländer wie ein Japaner lebte, funktionierte das nicht mit den anderen Ausländern. Damals sind wir schon ‚outsider' geworden."

Durch die englischen Familien in ihrem Viertel lernte Esi Audrey Henty kennen, die nach Japan gekommen war, um Missionsarbeit zu leisten. Sie war eine beeindruckende Persönlichkeit, ähnlich wie Grete Schön. Ihrer Ansicht nach lebten Paasches zu isoliert in Yokohama. Sie empfahl ihnen, zu ihr nach Tokio zu ziehen, bis sie dort ein eigenes Haus gefunden hätten. Nach reiflicher Überlegung stimmten Jochen und Esi zu. Esi schilderte den Ortswechsel kurz und knapp: „Wir zogen von Yokohama nach Tokio, weg von der einsamen Klippe mit den hohen Kiefern, dem Gras und den Margueriten, in das Gassengewirr von Yotsuya. Wir wollten uns dort von Audrey's Haus aus ein eigenes Haus mieten. Es war sehr schwer, in Tokyo etwas Passendes zu finden. Audrey hatte uns in Tokyo haben wollen, näher an Menschen, näher an Jochen's Office."

Tatsächlich hatte Jochen in Tokio an der American University einen Nebenjob gefunden. Der Umzug zu Audrey wurde zum Sprungbrett in eine europäische und britisch-nordamerikanische Umgebung: „Sie hatte mir schon mehrmals vorgeschlagen, mit nach Ikebukuro zu kommen, aber ich hielt es für sinnlos. Diesmal begleitete ich sie zur Station, und auf der Station kam mir der Gedanke, doch einmal ja zu sagen, statt immer so kleingläubig zu sein. Ich fuhr mit ihr mit, und wir bekamen ein wirklich schönes, großes Haus im Grünen und doch inmitten von Tokyo. Es war Frühjahr '39. Unsere Nachbarn waren Engländer. Wie würden sie sich zu uns stellen? Aber noch war Friede."

Zu ihren Nachbarn zählten Mrs. Baldwin, Kanadierin und die Witwe eines Missionars, und Kenneth Sansbury, der Kaplan der britischen Botschaft. Ein weiterer Nachbar, Reverend David Woodward, ein Anglikaner, taufte schließlich Gottfried. Auch dieses Mal wurde Maria Pavlova Marsoff Patin. Mrs. Baldwin hatte das Gefühl, dass dieses zweite Kind großes Glück bringen würde – „Sie wissen nicht, was das Schicksal mit Ihnen vorhat!" – und schlug vor, ihm als Zweitnamen „Emmanuel" zu geben. Jochen und Esi waren einverstanden. Audrey Henty erleichterte ihnen nicht nur die Abkehr von ihrem isolierten Leben in Yokohama, sie half ihnen auch, Teil einer Gemeinschaft zu werden, die gleichgesinnt und interessiert war und sie gerne aufnahm.

Audrey war in der Oxford-Gruppe aktiv, einer Erweckungsbewegung, der besonders an der Gemeinschaft lag, an der Qualität des gelebten Lebens sowie der unmittelbaren Verbundenheit mit Gott. Esi waren diese Ideen vertraut, und ihr gefiel, wie Audrey und ihre Freunde sie umsetzten und lebten. Regelmäßiges Meditieren als Grundlage eines spirituellen Lebens und persönliches Wohlergehen, die „stille Zeit", die Mitglieder der Oxford-Gruppe sowohl gemeinsam als auch allein verbrachten – all das bedeutete ihr viel. In der „stillen Zeit" sahen die Mitglieder die Voraussetzung dafür, gemäß den „vier Unbedingtheiten" oder dem „Absoluten" zu leben, nämlich Aufrichtigkeit, Reinheit, Selbstlosigkeit, Liebe.

Helga verließ im Frühjahr 1937 das Kaiser-Wilhelm-Institut, war ein Jahr lang in der Industrie tätig, ehe sie die Arbeit an ihrer Dissertation fortsetzte, die sie im November 1939 abschloss. Bereits 1937 in Kurt Hess' Labor war ihr bewusst, dass ihre Arbeit im Kaiser-Wilhelm-Institut mit den Kriegsvorbereitungen in Verbindung stand, das galt auch für die Fachbereiche, die an chemischen Ersatzstoffen für Kriegsmaterialien forschten. All das interessierte natürlich den Geheimdienst, für den sie in jenem Jahr noch immer berichtete. Helga trat wohl oder übel den nationalsozialistischen Organisationen bei, denen alle Studenten in ihrer Position beitreten sollten, und auch alle, die wichtige Aufgaben in der Industrie hatten: 1936 der Deutschen Arbeitsfront (DAF), 1937 dem Nationalsozialistischen Bund Deutscher Technik (NSBDT), 1938 dem Reichsluftschutzbund (RLB). Ehe sie ihren Abschluss machte, füllte sie ein Formular aus, in dem sie unter Eid versicherte, dass weder ihre Eltern noch ihre Großeltern „Nicht-Arier" oder Juden waren und dass sie niemals einer Loge angehört hatte. Für Helga boten solche Auskünfte eine weitere Möglichkeit, sich als unbedarft darzustellen.

Aber Anfang der Vierzigerjahre begann die Gestapo, sich für sie zu interessieren, und verhörte einen Mitarbeiter des

M-Apparats, der Helga bespitzelt hatte. Doch zu diesem Zeitpunkt hatte sie den Kontakt zu den Geheimdiensten bereits abgebrochen. Leo Roth und seine Kollegen aus dem M-Apparat waren längst wie so viele andere in der Sowjetunion hingerichtet worden. Es war immer wieder Butzi, auf die sich die Hauptaufmerksamkeit der Gestapo richtete. Ob in Berlin, Herrengosserstedt oder in Prien am Chiemsee, wo sie während der 1940er-Jahre mit Irmgard Wegner lebte – die örtliche Polizei war informiert und sorgte dafür, dass Butzi überwacht und Opfer von Hausdurchsuchungen wurde.

Die Verbindung der Chemie-Institute und der chemischen Industrie mit der nationalsozialistischen Kriegsmaschinerie veranlassten Helga, sich von ihrem Beruf zu distanzieren. Eine Zeit lang suchte sie noch die Nähe des Kaiser-Wilhelm-Instituts, aber das Labor betrat sie nach ihrer Promotion nie mehr wieder.

Im Juni 1939 erhielt Esi eine Postkarte, die am 8. Juni in Sibirien abgestempelt und von „Franz, Puppe, Papus (Papa) und Kunrat" unterschrieben war, mit der äußerst kurzen Nachricht: „Esi und Jochen, wir denken heute besonders Eurer. Hochzeit Helga – Walter". Kurz nachdem Esi diese „Hochzeitsanzeige" erhalten hatte, fügte sie einem Brief an ihre Mutter die Worte hinzu „Helga viel Glück" und schrieb, selbst in Japan wisse man, dass „Walter mit Helga geht".

In Walter Rossow fand Helga einen Mann, der aus demselben Neuköllner Milieu kam wie Leo Roth, wenn auch nicht aus einer jüdischen Familie, und hatte denselben sozialistischen Jugendbewegungen angehört. Auch er war für den Geheimdienst der KPD rekrutiert worden. Seine Aufgaben bestanden in besonderen Kurierdiensten im Ausland. Im August 1933 war er mit Gertrud Classen auf einem sowjetischen Passagierschiff nach London und von dort nach Paris gereist, um Kontakt zu einem Agenten des M-Apparats aufzunehmen. Wie Helga war er für die Polizei und die Gestapo unsichtbar geblieben. Walter, ein

Die Hochzeit von Helga von Hammerstein mit Walter Rossow 1939.
V. l. n. r.: Maria, Helga, Walter Rossow, seine Eltern, Kurt, Hildur

großer und ruhig wirkender Mann mit scharfem Intellekt, war auf seine Weise ebenso fähig und ambitioniert wie Leo, auch er hatte eine Vision von einer besseren Zukunft. Helga und Walter vertrauten einander vollkommen. Als sie ihn ihren Eltern vorstellte und Kurt sie gemeinsam sah, sagte er schon nach kurzer Zeit: „Bleibt nur zusammen, Ihr passt zueinander." Die Tochter, um die er sich so viele Sorgen gemacht hatte, glaubte er nun in guten Händen. Und er erkannte in Walter einen Mann, der ihm nicht unähnlich schien. Mit ihm zog Helga sich aufs Land zurück, außerhalb von Berlin, und führte mit ihm einen Gärtnereibetrieb. Es war eine weitere ihrer Rollen. Ihr „inneres Exil" war komplett.

Wieder Krieg

1943 schrieb Helga an Esi: „Ob du wohl erfahren hast, dass wir seit einem Jahr in Stahnsdorf einen kleinen Bauernhof mit 8 Morgen Land haben? Wir haben dort als kriegswichtigen Nebenbetrieb zu der Gartengestaltung eine Gärtnerei gegründet. Ich bin jetzt hauptberuflich dort Landhausfrau, habe eine ganze Menge kleines Viehzeug und eine Menge Leute zu beaufsichtigen. Es war eine beträchtliche Umstellung für mich. Ich bin aber ganz zufrieden dabei, obwohl es recht anstrengend ist. Ernährungsmäßig ist es für uns und die ganze Familie eine große Erleichterung. Walter ist als einziger aus der Familie und von allen Freunden und Bekannten noch nicht Soldat und wird es wegen seiner Lunge auch hoffentlich nicht werden. Er muss sich hier sehr schinden, aber es ist natürlich trotzdem ein riesiges Glück, wenn man dagegen z. B. an den armen Ivan [Jochens jüngsten Bruder] denkt, der nun schon 4 Jahre im Dreck sitzt. Von Jochens Familie hören wir augenblicklich wenig, weil sein Onkel [Klaus Witting] nicht mehr hier ist. Er hatte sich in der ersten Zeit von Papus' Krankheit noch immer sehr nett um ihn gekümmert. Nun ist er aber seit Monaten in der Schweiz [in die er vor der Gestapo geflüchtet war]. Vielleicht habt Ihr von ihm gehört."

Helgas Fähigkeit, sich zu verändern und neu zu erfinden, war erstaunlich – aus der M-Apparat-Agentin und Chemiestudentin wurde eine Landwirtin. Ohne sich ausdrücklich auf ihre Agententätigkeit zu beziehen, gesteht sie selber zu, dass die Umstellung „beträchtlich" war. In diesem Brief steckten zwei weitere Neuigkeiten, die für Esi und Jochen von größtem Interesse waren: Jochens Bruder Ivan war noch an der Front, zu dieser Zeit tatsächlich in Russland, und Jochens Onkel Klaus Witting war sicher in die Schweiz gelangt. Klaus hatte nicht nur einen jüdischen Vater, Jochens Großvater, er hatte auch engen Kontakt zu Hammerstein und anderen aus dem Widerstand.

Jahre zuvor, am 1. September 1939, hatte er Hammerstein besucht, weil er für eine Reise nach Breslau Ausweispapiere benötigte. Kurt fragte ihn, ob er für bestimmte Angelegenheiten zur Verfügung stehe und ob er in zwei Wochen zuverlässig zu erreichen sei. Klaus bejahte.

Am 9. September wurde Kurt von Hammerstein überraschend reaktiviert und sollte das Kommando über die Armeeabteilung A in Köln übernehmen. Sofort kreisten seine Gedanken um einen verwegenen Plan, den er mit einigen seiner engsten Vertrauten teilte. Er wollte Hitler zu einem Besuch bei der Truppe bewegen, um dann die Gelegenheit zu nutzen, ihn festzunehmen. Kurt selbst hat über sein Putschvorhaben nie ein Wort verloren. Doch Fabian von Schlabrendorff widmete in seinem erstmals 1946 erschienenen Buch „Offiziere gegen Hitler" diesem tollkühnen Umsturzplan eine ganze Passage: „Ein glücklicher Umstand hatte es gefügt, dass Generaloberst von Hammerstein, ein entschlossener Gegner Hitlers, aus der Versenkung hervorgeholt wurde. Er war im Jahre 1934 auf Veranlassung Hitlers verabschiedet worden, weil er ihm wegen seiner engen Beziehungen zu den Gewerkschaften verdächtig war. Wurde er doch aus diesem Grunde in eingeweihten Kreisen der ‚rote General' genannt. Jetzt erhielt Hammerstein den Oberbefehl über eine Armee am Rhein. An diese Tatsache wurde von uns ein weittragender Plan geknüpft. Hitler sollte veranlasst werden, dieser Armee einen Besuch abzustatten, um während des Feldzuges gegen Polen die militärische Stärke des Dritten Reiches auch am Rhein zu dokumentieren. Generaloberst von Hammerstein war entschlossen, Hitler bei diesem Besuch festzunehmen und zu stürzen. […] Einige Tage später sagte Hitler, der eine Witterung für persönliche Gefahren hatte, den schon in Aussicht genommenen Besuch bei der Armee Hammerstein wieder ab und verfügte, dass Hammerstein den Oberbefehl über seine Armee abgeben müsse. Dieser trat erneut in den Ruhestand. Die Enttäuschung über das Misslingen unseres Planes dürfte bei den unterrichteten englischen Kreisen ebenso gross gewesen sein wie bei uns."

Als Klaus und Kurt im Oktober in Berlin zusammentrafen, sagte Kurt schlicht: „Es ist schiefgegangen." Klaus flüchtete daraufhin in die Schweiz.

Jochens Großmutter Gabrielle Witting war im September 1938 gestorben. Kurt konnte sie noch vor ihrem Tod besuchen, wofür Jochen und Esi ihm dankbar waren. Am 1. Oktober 1938 erschien er zu ihrer Beerdigung auf dem Alten St.-Matthäus-Friedhof in der Großgörschenstraße in Berlin. Er stellte sich in Uniform direkt neben Klaus Witting, was durchaus brisant war, da die Gestapo Witting im Visier hatte.

Im April 1940 wurde Friedemann von Münchhausen zum Militär eingezogen, einen Monat nach der Geburt seines und Butzis zweiten Kindes. Schon 1939 hatte er entschieden, dass er nicht von sich aus versuchen würde, als uk („unabkömmlich") eingestuft zu werden, indem er sich auf die Führung eines landwirtschaftlichen Betriebes berief. Stattdessen forderte er den Gutsverwalter auf, der bereits 1927 der NSDAP beigetreten war, mit dem er aber gut zusammenarbeitete, ihn zu benennen. Und er ging noch weiter. Aufgrund eines Augenleidens hätte er an die Heimatfront geschickt und als gvh („garnisonsverwendungsfähig Heimat") klassifiziert werden sollen, aber er bestand auf kv 1 („unbeschränkt kriegsverwendungsfähig"). Es war charakteristisch für Friedemann, dass er trotz aller Widerstände gegen Hitler seine Militärdienstpflicht erfüllen wollte. Butzi sah sich aber nun in einer schwierigen Situation. Zwar akzeptierte sie seinen Wunsch, aber als er das erste Mal dienstverpflichtet wurde, bemühte sie sich erfolgreich darum, dass er in der Nähe stationiert blieb. Friedemann wollte als Offizier seinen Dienst leisten. Er war verbittert, dass ihm aufgrund des „Skandals" seiner

Hochzeit der Offiziersrang verwehrt wurde. Er wandte sich daher an den zunächst widerwilligen Hammerstein, der argumentierte, als Offizier in Russland, wo er letztendlich doch enden würde, würden die Sowjets ihn einsperren, was einem Gefreiten erspart bleibe. Aber dann ließ Hammerstein seine Kontakte spielen. Anfang 1942 wurde Friedemann nach Rom beordert, statt nach Russland, eigentlich ein Glücksfall, der ihm aber nicht unbedingt zusagte, da er ja unbedingt Frontoffizier hatte werden wollen.

Butzis Aufgaben in Herrengosserstedt wuchsen ab April 1940 von Monat zu Monat. Anders als Friedemann geriet sie mit dem Gutsverwalter aneinander, besonders wegen seines groben Umgangs mit polnischen und französischen Kriegsgefangenen, die als Zwangsarbeiter auf dem Gut verpflichtet waren. Im Frühjahr 1941 besuchte Butzi ihre Freundin Irmgard Wegner im bayerischen Prien am Chiemsee, um sie zu überzeugen, mit ihr nach Herrengosserstedt zu ziehen. Ihrer Meinung nach verfügte Irmgard über die nötigen Eigenschaften und die Erfahrung, um dem Gutsverwalter entschlossener gegenüberzutreten als sie selbst. Während ihres Besuchs in Herrengosserstedt registrierte Irmgard, wie unglücklich Butzi war, und überzeugte sie davon, zu ihr nach Prien zu ziehen.

Irmgard und Butzi hatten eine lange gemeinsame Geschichte. Beide waren Kommunistinnen, aber nur Butzi stand im Visier der Gestapo. Irmgards Partnerin, mit der sie in Berlin zusammengelebt hatte, verließ Deutschland 1939, um ihren Sohn in Sicherheit zu bringen, der aus einer früheren Ehe mit einem Juden stammte. Irmgard war in das Sommerhaus ihrer Eltern in Prien gezogen, das sie geerbt hatte, und schlug ihrem früheren Ehemann Franz Josef Schöningh, der nach dem Krieg Mitherausgeber der Süddeutschen Zeitung wurde, vor, ein zweites Mal zu heiraten. Er willigte ein, und sie lebten fortan in Prien zusammen mit ihrer Tochter Karen. Irmgard konvertierte für ihn zum Katholizismus.

Nach ihrer Rückkehr aus Herrengosserstedt verkündete Irmgard Franz Josef Schöningh, dass sie nicht mehr an die üblichen Konventionen einer Ehe glaube, und bat ihn, einer Trennung zuzustimmen. Franz Josef willigte ein und verließ das Sommerhaus. Bald darauf – Anfang 1942 – zog Butzi mit ihren beiden Kindern nach Prien, entgegen Friedemanns Wünschen – und schwanger mit dem dritten Kind. Friedemann hegte eine starke Abneigung gegen Irmgard und missbilligte Butzis Beziehung zu ihr. Überdies war er verbittert, dass sie Herrengosserstedt im Stich ließ. Sie wussten beide, dass Butzis Umzug und ihre Entscheidung, mit Irmgard zusammenzuziehen, das Ende ihres gemeinsamen Lebens bedeutete. Weder sie noch er reichten aber die Scheidung ein. Anders als Mogens von Harbou, ihr erster Ehemann und Vater von Christiane, bestand Friedemann nicht darauf, die Kinder zu behalten.

Am Abend des 1. September 1939 waren Esi und Jochen im Haus von Viggo und Yanna Ullmann, den Eltern der berühmten norwegischen Schauspielerin Liv Ullmann, in Tokio, als ihr englischer Nachbar sie plötzlich zu sich rief und sie auf Hitlers Rede im Radio aufmerksam machte: Der „Führer" brüllte seine verspätete Kriegserklärung an Polen. Sie empfanden dasselbe wie die Norweger, dasselbe wie die Engländer. Diese Bekanntschaften und Freundschaften wurden immer wertvoller, als sich die Reihen Gleichgesinnter auch wegen der schwierigen materiellen Situation im Land lichteten. Jochens Kollegen an der American University (Rikkyo Daigaku), an der er Latein unterrichtete, verließen einer nach dem anderen das Land. Zuerst die Engländer, dann die Amerikaner. „Mit dem Fortschreiten des Krieges wurde das Leben jedoch immer mühevoller", notierte Esi, „und ich lebte wie so viele Frauen in der Welt nur noch für die nackte Erhaltung meiner Familie. Infolge des Einflusses von Audrey Henty versuchten wir mit allen Menschen auszukommen und nahmen uns nicht das Recht, manche Menschen als Glieder einer uns feindlichen Gruppe von vornherein abzulehnen. So bekamen wir auch immer Hilfe, wenn die Not am größten war, und das war sie natürlich, wenn diejenige, das heißt ich, die physisch das tägliche Leben bewältigen musste, krank war."

Im Sommer 1940 wurde Esi erneut schwanger. Die Paasches machten zu dieser Jahreszeit Ferien an einem See am Fuße des Fuji, um der Feuchtigkeit Tokios zu entkommen, und wohnten in der Hütte, in der zuvor die Ullmanns ihren Urlaub verbracht hatten. „Als ich im Sommer merkte, dass ich ein 3. Kind haben würde, bekam ich Angst vor der Zukunft. Ich ließ Jochen und Gottfried allein am Yamanakasee und nahm Joan mit zu englischen Freunden. Ich ließ Joan bei ihnen und fuhr weiter nach Tokio zu meinem Arzt. Ich dachte, ich sollte kein drittes Kind haben unter den Umständen. Der Arzt stellte die Schwangerschaft fest, gab mir eine Spritze und entließ mich – nichts erfolgte; meine alte Freundin, Mrs. Baldwin, sagte; ‚You never know what God has in store for you.' Ich machte einen Gottesdienst mit, der mich stärkte, und kam mit neuem Mut zurück nach Yamanaka. Ich fing an, mich auf das Baby zu freuen, statt mit meinem Geschicke zu hadern."

Trotz der bedrückenden äußeren Umstände – Hermann Bohner sagte zu ihr: „Sie leben wie die Häusler" – beschloss Esi nun, die Schwangerschaft bereitwillig anzunehmen. Aber Jochen sah der Tatsache, dass seine Familie größer wurde, mit großer Skepsis entgegen. Es wurde mit jedem Kind schwieriger, die Familie zu ernähren oder Visa und Affidavits zu erhalten, um Japan irgendwann zu verlassen. Weder Esi noch Jochen hatten ihren ursprünglichen Plan, nach Kanada auszuwandern, aufgegeben: Japan war immer noch nicht das Land, in dem sie sich ein Leben aufbauen wollten.

Zu Esis engen Freundinnen gehörte neben Takako Kume auch Midori Yamauchi. Esi schrieb Takako aus dem Kranken-

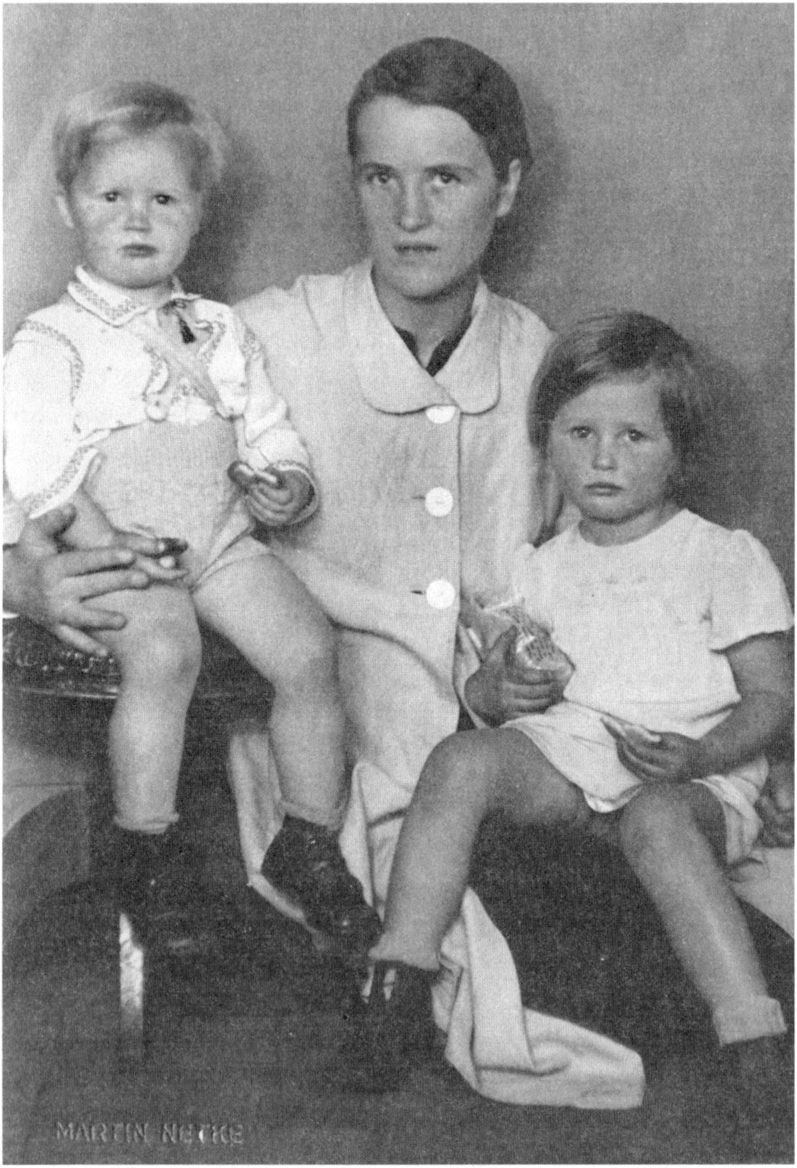

Esi mit ihren Kindern Gottfried und Joan, vermutlich 1940

haus einen Brief, nachdem ihr drittes Kind geboren worden war. Es war „neutraler Boden“, und Takako konnte sie dort besuchen. Ihr Mann war vor Kurzem in Berlin zurückgeblieben, wo er Direktor der Yokohama Specie Bank war und extrem vorsichtig sein musste, weil die japanische Geheimpolizei alle Japaner im Ausland streng überwachte. Das Ehepaar sollte sich sieben Jahre lang nicht mehr wiedersehen.

Midori Yamauchi oder einfach Midori-san, die zweite Freundin, trat in Esis Leben, als sie kurz vor der Niederkunft stand. Esi lernte sie durch das amerikanische Paar kennen, in dessen früherem Haus sie in Tokio lebten. „Ich war überglücklich, denn als ich zu meiner letzten Untersuchung ins Krankenhaus aufgebrochen war und Gottfried sich von mir verabschieden wollte, war er die Treppe heruntergefallen und hatte sich das Schlüsselbein gebrochen. Midori-san konnte sich um ihn kümmern. Joan war von einer deutschen Lehrerin zu den Karschs gebracht worden, wo sie mit gleichaltrigen Kindern zusammen sein konnte.“

Midori-san war Anfang zwanzig, sprach Englisch und half Esi, in Japan zurechtzukommen, was dringender denn je notwendig war. So wurde sie zu Esis engster japanischer Freundin. Midori-san machte es sich zur Aufgabe, dieser – in ihren Augen – seltsamen Ausländerin, die sie zunehmend liebgewann, in einer schwierigen Zeit beizustehen. Esi beschrieb sie einfühlsam: „Midori-san wollte mit uns sein, bis zu ihrer Heirat. Auf die Weise hatten wir trotz aller objektiven Verschlechterung der Lage zwei gute Jahre. […] Sie machte die Sandsäcke zurecht, die vor jedem Haus liegen mussten, und las die Anweisungen, die ausgegeben wurden, sie las die japanische Bibel mit uns zusammen und schwieg mit uns zusammen nach dem Lesen. Sie war in einem Buddhistischen Tempel aufgewachsen, hatte dann das Christentum angenommen und hatte eine Einheit aus beidem gemacht, so wenigstens kam es uns vor. […] Sie wusste, was Stille war, und sie wusste, was Beten war, besser als ich. Bei unseren quiet time las ich die Bibel mit ihr meist auf Japanisch, dann kam die Meditation, gelegentlich mit Papier und Bleistift und zum Schluss das Gebet eines jeden von uns."

Von Midori-san lernte Esi auch besser Japanisch sprechen, was in einer jetzt beinahe vollkommen japanischen Umgebung nötig war: „1941/43 waren harte Jahre für mich als Ausländerin in Japan, und sie machte diese Jahre – 11. März '41 bis 11. März '43 – für mich erträglich, und nicht nur erträglich: Durch sie war ich in dieser Zeit Teil des besten Geistes Japans. Es war wie eine Initiation."

Aber Esi und Midori-san wussten, dass die Trennung unmittelbar bevorstand: „Das Schlimme war nur, dass sie nach zwei Jahren, März 1943, unbedingt heiraten musste, denn sie war schon Mitte zwanzig. Zwar sagte sie mir, ich sei mittlerweile eine japanische Frau geworden, könnte also ohne sie auskommen, aber wir weinten beide. Und ich konnte nicht ohne sie auskommen. Wir waren inzwischen in die Einsamkeit des weiten Strandes von Chigasaki gezogen, und Midori-san wollte zurück nach Tokio, und vielleicht fiel mir der Abschied so schwer, weil ich überschüttet war von alledem, was uns noch bevorstand. Tokio ist dann (März 1945) fast ganz abgebrannt, und ich habe nie erfahren, ob Midori-san mit dem Leben davon gekommen ist. Jedenfalls lebt sie in meinem Herzen und in denen unserer Kinder. Joan und Gottfried waren ihr in diesen Jahren mehr zugetan als mir, und sie hatten recht, sie fanden mehr Stille, mehr Güte bei ihr, als bei ihrer immer noch gärenden und deshalb doch oft unberechenbaren westlichen Mutter. Sie war auch immer bei ihnen in Chigasaki, während ich noch mit Jochen und Michaela in Tokyo wohnte und nur sporadisch bei ihnen war."

Dass die Wehrmacht im April 1940 in Dänemark und Norwegen einmarschierte, belastete Esis und Jochens Freundschaft mit den Ullmanns, die spürbar auf Distanz zu ihnen gingen. Als die Deutschen im September 1939 Polen überfielen und England

Deutschland den Krieg erklärte, fiel es ihren englischen Freunden schwer, Kontakt zu ihnen zu halten. Einer, der zu ihnen hielt, war ihr Nachbar, Reverend Kenneth Sansbury, Kaplan der britischen Botschaft. Er bot ihnen an, bei der Beschaffung von Visa für die Emigration nach Kanada zu helfen. Nachdem ihm das tatsächlich gelungen war, folgte eine herbe Enttäuschung: Esi und Jochen konnten das nötige Affidavit, das ihnen Robert und Grete Schön in Montreal ausstellen wollten, nicht beibringen. Die Schöns hatten es mit einem dringenderen Fall zu tun bekommen und wollten der Witwe des österreichischen Autors Jakob Wassermann helfen, nach Kanada zu flüchten. Sie waren der Meinung, die man durchaus teilen konnte, dass sie – als Jüdin – in größerer Gefahr war als die Paasches.

Jochen und Esi wandten sich daraufhin an die amerikanische Botschaft, die ihnen versicherte, dass sie die Visa erhalten würden, wenn sie das Affidavit vorlegen und 7000 US-Dollar als Sicherheit bei einer amerikanischen Bank hinterlegen könnten. Viggo Ullmann, der am Krieg gegen Deutschland teilnehmen wollte, kontaktierte Anfang 1940 Landsleute in Kanada und überbrachte bei seinem Aufenthalt in Montreal selbst einen Brief von Jochen an Robert und Grete Schön. Zudem schrieb Viggo einen Bericht über die schwierige Situation, mit der sich Esi und Jochen konfrontiert sähen, wenn sie in Japan bleiben müssten. Robert Schön hatte die Absicht, das American Refugee Committee um Hilfe zu bitten sowie Prof. Karl Brandt, den Agrarökonomen und Freund der Hammersteins, der Deutschland 1933 verlassen hatte, um eine Professur an der Stanford University in Kalifornien anzunehmen. Robert konnte aus den Fonds, die er für Jochen verwaltete, nur noch 1500 US-Dollar zur Verfügung stellen. Der Brief, den Jochen den Schöns durch Viggo Ullmann hatte zukommen lassen, endete mit eindringlichen Worten: „Wenn du es nicht tun kannst oder jetzt nicht tun kannst, sag es uns offen. Wir suchen keinen Ärger, oder jedenfalls nicht mehr, und Gott wird auf uns aufpassen, wenn wir nicht von hier wegkommen oder uns – aber das möge Gott verhüten – gezwungen sehen sollten, nach Deutschland zurückzukehren, aber das wage ich kaum zu erwähnen, weil es so vollkommen außer Frage steht. Aber ich werde mich allem stellen, wenn es so bestimmt ist und kein anderer Weg offensteht." Das Treffen zwischen Viggo Ullmann und Robert Schön fand im Juni 1941 in Montreal statt. Es war bis Kriegsende der letzte Versuch von Esi und Jochen, mit den Schöns in Kontakt zu treten.

Mit Schrecken vernahm das junge Paar, dass japanische Luftstreitkräfte am 7. Dezember 1941 Pearl Harbor angegriffen hatten. Am folgenden Tag erklärten die USA dem Kaiserreich den Krieg. Für Esi und Jochen wurde die Situation immer prekärer. Den nächsten Schock löste die Anordnung der Deutschen Botschaft aus, dass Jochen sich als Angehöriger des Jahrgangs 1911 der Musterung für die Wehrmacht zu stellen habe. Glücklicherweise konnte er belegen, dass seine angeschlagene Gesundheit ihn untauglich für die Armee mache. Dass Botschafter Eugen Ott Esi und Jochen schützte, war in der deutschen Gemeinde weithin bekannt. Es bedeutete, dass dieses mittellose, seltsame Paar, das ein Kind nach dem anderen bekam und das aus der Tochter einer aristokratischen, militärischen Familie sowie dem Enkel eines Juden und Sohn eines berüchtigten Pazifisten bestand, einen Platz in der deutschen Gemeinde hatte. Die „Gegenleistung" für diesen Schutz war, wie Jochens Chef Karl Vogt ihm unverblümt klarmachte, dass sie jegliche Provokation unterlassen müssten, indem sie sich z. B. offen gegen den Krieg aussprachen oder sich feindselig über den Nationalsozialismus äußerten. Sie befanden sich nun in Japan im „inneren Exil", ähnlich wie Helga und Butzi in Deutschland, ein Exil, das sie ihren europäischen Freunden gegenüber in eine kompromittierende Situation brachte. Es war, wie Esi es ausdrückte, „l'ère de soupçon", beispielsweise den Ullmanns gegenüber, als Norwegen angegriffen wurde, oder im Verhältnis zu den Sansburys, als Bomben auf London fielen. Und dann gab es noch die Menschen am Rande der deutschen Gemeinde, mit denen sie viel gemeinsam hatten, denen sie aber nach außen hin nicht zu nahe kommen durften.

Als der polnische Diplomat Alexander Piskor auf Hinweis der NS-Abwehrstellen auf der Flucht verhaftet wurde, begann sich die japanische Geheimpolizei für Jochen zu interessieren. Eine polnische Freundin der Paasches, die es 1939 gerade noch schaffte, Polen zu verlassen und ihren deutsch-jüdischen Hausarzt Dr. Heinz Plessner heiratete, hatte sich im Gefängnis um Piskor gekümmert. Diese Spur führte die Polizei zu Jochen. Er wurde verhört, und ihm wurde klargemacht, dass seine politischen Ansichten bekannt seien. Die Drohung, dass Japan ihm die Aufenthaltsgenehmigung entziehen könnte, war sehr ernst zu nehmen.

In den nächsten Jahren wurde Jochen noch mehrmals von der Geheimpolizei verhört, die viel über ihn zu wissen schien. Bis Kriegsende stand er unter Beobachtung. Ein japanischer Bekannter erzählte Jochen in Paasches neuem Domizil in Chigasaki, dass ein Polizist, der ihn befragt hatte, der Meinung war: „Wenn Paasche Chinesisch lernt, muss er Kommunist sein." Ebenso beunruhigend war, dass der SD und die Gestapo in der deutschen Botschaft über Paasches informiert wurden. Nun wurde auch Esi in die Botschaft beordert und vernommen. Das Verhör lag in den Händen des SS-Obersturmbannführers Josef Albert Meisinger, des Verbindungsoffiziers des SD zum japanischen Geheimdienst. Meisinger war es auch, der für die Gestapo die „Ermittlungen" – besser gesagt: die Vertuschung – der Begleitumstände im Mordfall Kurt von Schleicher an sich zu ziehen versucht hatte. In Tokio konnte er für den SD jedenfalls uneingeschränkt Regimegegner verfolgen. Später war er in Polen an Gewaltexzessen beteiligt. 1947 wurde er in Warschau als Kriegsverbrecher hingerichtet.

Meisinger fragte Esi nach Butzi und ihren Beziehungen zum Vater des sowjetischen Militärattachés und seiner Tochter Anfang der Dreißigerjahre in Berlin. Ein Wissen, das er nur aus den damaligen Gestapo-Akten über Butzis Untergrundtätigkeit haben konnte. Er begrüßte sie mit den Worten, die sie in Berlin schon einmal gehört hatte: „Es geht um Ihren Kopf." Aus Angst beugte sich Esi der nationalsozialistischen Grußformel: „Ich ging hin mit Joan auf dem Arm. Als er mich mit ‚Heil Hitler' grüßte, hob ich den Arm nur ein kleines bisschen. Obwohl es das einzige Mal war, dass ich das getan habe, wünschte ich immer noch, ich hätte es nicht getan." Meisinger war unter den Deutschen in Japan als „Vollstrecker" der Gestapo berüchtigt. Er sorgte dafür, dass die Parteilinie der Nationalsozialisten penibel eingehalten wurde. Trotz aller Befürchtungen unternahm der SD jedoch gegen die Paasches nichts.

Da Esi und Jochen Kontakt mit Menschen mieden, mit denen sie sich unter anderen Umständen angefreundet hätten, waren sie umso mehr isoliert, je länger der Krieg dauerte. Die Situation hatte Auswirkungen auf ihr Familienleben: Wenn Joan und Gottfried mit japanischen Spielkameraden in Hörweite waren, achteten Esi und Jochen darauf, was sie sagten. Wichtige Gespräche führten sie regelmäßig unter freiem Himmel, die Kinder in einigem Abstand im Schlepptau. Esi musste davon ausgehen, dass sie jeden Moment festgenommen werden konnte. Sie bestand darauf, dass Joan und Gottfried Lieder, Gebete und Gedichte auswendig lernten, und sagte ihnen zur Begründung, in schwierigen Zeiten könne das nützlich sein.

Im ersten Brief, den Jochen nach Kriegsende an Robert Schön schrieb, ging er auf die trostlose Lage der Kriegsjahre in Japan ein und auf die unermessliche Freude über den Niedergang des Nationalsozialismus: „Das größte Problem waren die hiesigen Nazis; sie waren gefährlicher als Bomben. Homo homini lupus. Ich werde niemals beschreiben können, wie wir buchstäblich toll wurden vor Freude, als Hitler endlich zurück in die Hölle geschleudert wurde. Als er Warschau verlor, begann ich unverständliche Laute von mir zu geben, dann schrie ich, dann wälzte ich mich auf dem Boden, tanzte etc."

1941 verloren Vogt & Sonderhoff die Vollmacht über einen beträchtlichen britischen Patentbestand und mussten daher auf Jochens Dienst als Übersetzer verzichten. Auch wenn er wenig verdiente, war es doch die finanzielle Basis für die Familie gewesen. Aufbessern konnte er sein Einkommen dank seiner Freundschaft zu Douglas W. Overton mit Lateinunterricht an der nahen American University, bis auch dieser Japan verließ. Botschafter Ott sorgte immerhin dafür, dass Jochen ein Salär für die Übersetzung japanischer Zeitungs- und Zeitschriftenartikel bekam. Nachdem Ott durch die Sorge-Affäre desavouiert worden war und im November 1942 nach Shanghai versetzt wurde, führte Botschaftsrat Ladislaus Graf Mirbach das Arbeitsverhältnis mit Jochen fort. Als er um eine Gehaltserhöhung bat, musste er zur Kenntnis nehmen, dass er die ganze Zeit aus einer schwarzen Kasse bezahlt worden war. Anders als er annahm, wurde er gar nicht als Mitarbeiter der Botschaft geführt.

Leben in den Kriegsjahren

Im November 1941 schrieb Maria einen Brief, der seine Adressatin Helma Ott über diplomatische Kanäle erreichte und der indirekt auch an Esi und Jochen gerichtet war: „Ihre Exc. Frau Helma Ott, Tokyo, Deutsche Botschaft. Liebe Frau Ott, Von meinem Mann und mir Ihnen viele herzliche Grüße durch diese besondere Gelegenheit. Paasches kriegen nun endlich auch mal Nachricht aus der Heimat. […] Nelly Planck war kürzlich auch in der Gegend nach einer kleinen Lungenentzündung. Mit ihnen sprachen wir uns öfters aus. Wie viel Sorgen und oft schon tiefe Trauer liegen über den Menschen. Wie werden wir alles sühnen müssen. Marcks versuchten wir neulich in Breslau zu sehen, waren aber im Sudentenland zur weiteren Kur. Sie werden ja von dem, was sie durchmachten, schon wissen. Wenn mal Gelegenheit ist, erwähnen Sie doch kurz, wie es unsern Kindern in Wirklichkeit geht. Ihnen, liebe Frau Ott für Sie und die Ihren alles Gute wünschen. Ihre Maria Hammerstein. Gasthaus Leogang Land Salzburg 21. X. 41.

Dieser Brief, den Helma an Esi weiterleitete, zeugt von dem Vertrauen, das zwischen den Hammersteins und den Otts herrschte. Wegen der Zensur waren beide Seiten vorsichtig, sogar in einem Brief, der durch Mittelsmänner überbracht wurde. Der Brief deutet an, dass Kurt auch anwesend war und dass Maria sich bei ihrem Vater Walther von Lüttwitz, der in Breslau lebte, nach ihrem Freund Erich Marcks erkundigten, dem Esi sehr verbunden war. Durch Helma ließ Maria Esi wissen, dass er verwundet worden war. Außerdem erwähnt sie ihre Gespräche mit Nelly und indirekt auch mit Erwin Planck und berichtet damit, dass Kurt Kontakt zu diesem wichtigen Hitler-Opponenten hatte. Planck wurde 1944 nach dem gescheiterten Attentat auf Hitler zum Tode verurteilt und am 23. Januar 1945 hingerichtet. Der Brief diente als verschlüsselte Botschaft an Ott, dass Kurt direkt in den Widerstand gegen Hitler involviert war.

Helma Ott schickte die Sekretärin ihres Mannes, Luise Bauer, mit einem Lebensmittelgeschenk zu Esi, die gerade von Tokio nach Chigasaki gezogen war. Dieser Besuch produzierte eine Anekdote, die in der deutschen Gemeinde die Runde machte. Luise Bauer berichtete über die Begegnung, sie habe ein „kaum möbliertes Wohnzimmer vorgefunden, in dem überall Babys rumkrabbelten“, während Esi auf einer orangefarbenen Kiste saß und den „Faust“ las. „Es war unmöglich.“

Esi bezweifelte nie, dass die Nationalsozialisten besiegt und sich letztlich nicht durchsetzen würden. Als sie 1941 in Tokio kurz ihren alten Freund Klaus Mehnert traf, sagte er zu ihr, er wünsche sich keine deutsche Niederlage, weil sie die Deutschen zu „Parias" mache. Esi antwortete, das seien sie schon seit 1933, und sie und ihre Familie würden zu Sklaven werden, falls Hitler am Ende die Oberhand behalte. 1943, als Prof. Robert Schinzinger, ein bekannter Philosoph, der seit Jahrzehnten an japanischen Universitäten lehrte, Esi in Chigasaki besuchte, verlieh er seiner Befürchtung Ausdruck, dass das NS-Regime den Krieg gewinnen würde. Esi antwortete, er müsse sich keine Sorgen machen, die Nationalsozialisten würden mit Sicherheit besiegt werden. Sie war derart überzeugt davon, dass sie die Angst der anderen einfach abtat. Sie wollte Zuversicht verbreiten und den Verzweiflungsanfällen von Jochen und vielen anderen aus ihrem Bekanntenkreis etwas entgegensetzen. Aber es steckte noch mehr dahinter. Es war ein Zeichen dafür, wie sicher sie sich „ihres Deutschlands" war, das die Nationalsozialisten sich auch mit brutaler Gewalt nicht unterwerfen konnten: „Nachdem wir Frieden mit unserem Schicksal gemacht hatten, in Japan bleiben zu müssen, konnten wir unsere Zuversicht an unsere Freunde weitergeben."

Anfang 1938 schrieb Esi in einem Brief an ihre Mutter in Berlin: „Hoffentlich hört Ihr bald von Haas's." Dr. Wilhelm Haas hatte als Mitglied des Völkerbundes in Genf Kontakt zu Schleicher und Hammerstein gehabt und wurde 1934 mithilfe von Hammerstein als Handelsattaché Leiter der Wirtschaftsabteilung der Botschaft in Tokio. Da seine Frau Jüdin war, wurde er 1937 in den Ruhestand versetzt und gab seinen Wohnsitz in Deutschland auf. Mit Otts Hilfe fand er eine Stelle bei der I. G. Farben in Peking. Viele Jahre später, 1961, wurde er deutscher Botschafter in Japan. 1942 unternahm Haas eine Reise nach Tokio und besuchte auch die deutsche Botschaft und Esi. Nach ihrem Treffen schrieb Esi, er sei immer noch „blass und verstört" und habe berichtet, die Nationalsozialisten an der Botschaft seien nach den deutschen Siegen in Russland noch stolzer als zuvor. Haas fügte hinzu, die größte Schwäche der Nationalsozialisten sehe er darin, dass ihnen nicht klar sei, wie sehr der ganze Rest der Welt sie hasse. Er ahnte, was Tokio bevorstand, sah, wo die Paasches lebten, und bot Esi sein Sommerhaus an der Küste an. Es lag in Chigasaki, südlich von Yokohama. Tokio war zu gefährlich geworden: Die Amerikaner hatten am 18. April 1942 mit einem überraschenden Luftangriff („Doolittle Raid") demonstriert, dass Tokio für ihre Bomben in Reichweite lag.

Chigasaki war mit dem Zug von Yokohama und Tokio aus schnell zu erreichen. Es war ein Urlaubsort für Japaner wie für Ausländer. Vom Sandstrand aus hatte man einen spektakulären Blick auf den Fuji. Entlang der Küste erstreckten sich im Schutz der Dünen und Pinien Sommerhäuser, einige von ihnen von beträchtlicher Größe. Eine gepflasterte Allee verband den Strand mit dem Binnenland mit seinen kleinen Höfen, dem dicht gedrängten Stadtzentrum und dem Bahnhof. Die Familie Haas hatte sich auf einem großzügigen Grundstück ein bescheidenes, aber behagliches Sommerhaus direkt am Ozean, hinter den Dünen und Pinien, gebaut, das sich im wohlhabenden Teil der Stadt befand. Dieses Haus boten sie Esi und Jochen 1942 an. Es war ein generöses Angebot. Sie verzichteten sogar auf die Zahlung einer Miete. Jochens Arbeit bei Vogt & Sonderhoff war beendet, er musste aber noch regelmäßig pendeln, um seine Übersetzungen zur Botschaft zu bringen und das Honorar dafür entgegenzunehmen. Bis Kriegsende genossen sie die schönen Orte, sei es an der Küste oder in den Bergen wie in Karuizawa, mit Häusern, die nur für den Sommer gebaut worden waren. Gleichzeitig mussten sie mit dem absoluten Minimum an finanziellen Mitteln auskommen. In Chigasaki lebten sie inmitten einer Gemeinde aus Fischern und Bauern, die ein ganzes Stück Weges vom kleinen, aber quirligen Zentrum entfernt lag. Hier befanden sie sich nahe an der Quelle bezahlbarer Lebensmittel zu einer Zeit, als Japan seine weit entfernte Armee unterhalten musste und es von Importen mehr und mehr abgeschnitten wurde.

Doch im Verlauf des Krieges änderte sich auch die Versorgungslage an ihrem Wohnort. Esi schrieb über diese Zeit in Chigasaki: „Ich war immer mit dem reinen Überleben beschäftigt, so wie arme Bauern. Unser Fahrrad war unser einziges Fortbewegungsmittel. Und dass wir das hatten, war ein Glück. Bald waren keine Reifen mehr zu bekommen, und wir mussten gehen. Ich musste von Pontius zu Pilatus laufen, um die Lebensmittelmarken zu bekommen, dann musste ich anstehen, für jede Sache extra. Wir lebten relativ weit vom Dorf entfernt. Fuhr man nach Yokohama oder Tokio, war man einen Tag lang fort, und es war ziemlich strapaziös, weil die Züge so voll waren. All das ging nur, weil wir jung waren und weil ich meine ganze Kraft auf unser Überleben verwendete und es Jochen so ermöglichte, eine Art Intellektueller zu bleiben. Die körperliche Arbeit, und von der gab es viel, erledigte ich. Und ich bin stolz, dass wir alle am Leben blieben, ohne richtiges Essen, in einem Haus, das man nicht heizen konnte! Ein ‚Sommerhaus', der Kamin funktionierte nicht!" Jochen als eine „Art Intellektueller" zu unterstützen war für Esi Verpflichtung und innerer Wunsch zugleich, die ihre großen Opfer rechtfertigten.

Viel bedeuteten ihr die Besuche ihrer Freunde Kume bei ihrem Vater. Nachdem Kumes 1936 sechs Monate in Japan verbracht hatten, kehrten sie nach Berlin zurück und besuchten die Familie Hammerstein, denen sie ein lebendiges Bild von Esis und Jochens Ankunft, den ersten Monaten in Japan und der Geburt ihres ersten Kindes vermittelten. Frau Kume „konnte ihnen von dem kleinen japanischen Haus am Strand von Yokohama erzählen, das sie geholfen hatten zu mieten, und von seiner Einrichtung, die sie mit mir gekauft hatte". Am bewegendsten ist das Gespräch, das Esi Anfang 1940 indirekt durch Takako Kume mit ihrem Vater führte. Takako musste ihren Mann in Berlin zurücklassen und kehrte mit ihrer Tochter auf dem letzten norwegischen Schiff, das die deutsche U-Boot-Blockade durchbrach, nach Japan zurück: „Ich bekam einen Anruf, dass ich sie in der deutschen Bäckerei treffen sollte, sie wollte mir von Papus erzählen. Ich weiß nicht mehr, was sie erzählte, nur dass sie seinen Tonfall und seine Gesten so nachmachte, dass ich glaubte, ihn vor mir zu sehen. Nie hätte ich das fertiggebracht; für sie war es selbstverständlich; weil sie ihn erfasst hatte über all die Rassenunterschiede hinweg. Sie gab mir den Kuss, den Papus ihr gegeben hatte, für mich. Sie konnte mich nur das eine Mal zu diesem Zwecke treffen, weil wir außerhalb der nazideutschen Community lebten."

Mehr als ein Jahr später erhielt Esi den letzten Brief ihres Vaters. Er erreichte sie durch einen Kurier und war nach dem deutschen Einmarsch in Russland geschrieben worden: „Liebe Esi, herzlichen Dank für Euer Transradio-Telegramm zu meinem Geburtstag. Wir haben uns sehr gefreut, auf diesem Wege nach so langer Zeit mal wieder von Euch zu hören. Sonst ist ja die Verbindung leider ganz abgeschnitten. Hoffentlich geht es Euch weiter gut, bis wir uns mal wiedersehen. Das wird allerdings wohl nicht so bald sein, aber man soll die Hoffnung nicht aufgeben. Vielleicht regeln sich die Dinge in dieser tollen Welt noch eher, als man jetzt voraussehen oder befürchten kann. Bis dahin bin ich der Ansicht, dass Ihr es in Tokyo doch wahrscheinlich noch besser habt, wie wenn Ihr hier wäret. Was uns hier noch bevorsteht, weiß der Himmel. Aber da man es weder beeinflussen noch ändern kann, hat es auch keinen Sinn, sich vorzeitig Sorgen zu machen. Mutti und Deine Geschwister werden Dir ja selber schreiben. Gott sei Dank haben wir gute Nachricht von Ludwig, der in Südrussland mitten in den Kämpfen steckt. Und sonst geht es uns auch gut. Ich mache Jagden mit, wie im

Frieden. Nur ganz vergnügt ist man dabei nicht, und die Reisen sind sehr unangenehm. Ich schicke für Jochen einen Pullover mit. Hoffentlich kann er ihn brauchen und passt er ihm. Sonst alles Gute und herzliche Grüße für dich, Jochen und Eure Kinder. Gott schütze Euch. Papus. Berlin, 23. 10. 41." Erst durch diesen Brief erfuhr Esi, dass Ludwig an der russischen Front war. Von Kunrats Verletzung wusste sie. Er konnte vorläufig nicht für den Kriegseinsatz herangezogen werden, was sie beruhigte.

1942 bot Dr. Asai, ein japanischer Freund, an, dass Esi im Tokioter Haus seiner Eltern mit ihren Eltern telefonieren könnte. Dr. Asai war der Berliner Repräsentant der japanischen „Marionettenregierung" in Manchukuo. Esi hatte ihn über Wera Lewin kennengelernt, die er einmal hatte heiraten wollen. Er freundete sich mit Helga an und war regelmäßig bei Hammersteins zu Gast. Am Telefon sprach Kurt mit Esi über die großen Sorgen, die er sich um Ludwig machte, der inzwischen verwundet im südlichen Russland lag. Es war das letzte Mal, dass sie die Stimme ihres Vaters hörte. Während des Telefonats erwähnte Kurt seinen bereits damals sehr schlechten gesundheitlichen Zustand nicht. Die Berliner Familie war sich seit 1938 darüber im Klaren, wie ernst seine Krebserkrankung war. 1943 schickte Esi ein Telegramm, das Maria Kurt, wie sie später schrieb, vorlas und das ihn glücklich machte. Noch einmal betonte er, er sei der Meinung, dass es ihnen in Japan besser gehe als in Deutschland. Er war beruhigt, dass sie weit weg vom verhassten Nazi-Regime lebten.

Kunitake Kume kondolierte am 28. April 1943: „Sehr geehrte Frau von Hammerstein! Die schreckliche und traurige Nachricht hat mich überrascht, und ich möchte Ihnen und Ihrer Familie mein herzliches Beileid aussprechen. Ihrem Wunsch entsprechend habe ich gestern Abend an Herrn Paasche das beiliegende Telegramm abgesandt. Da ich bis heute Abend nichts gehört habe, nehme ich an, dass dieses Telegramm durchgegangen ist. Mit herzlichen Grüssen, Ihr ergebener Kunitake Kume." Das Telegramm lautete: „mitteilung auftrags ihrer mutter stop vater 24 april eingeschlafen beerdigung steinhorst stop kume."

So erfuhr Esi vom Tod ihres Vaters. Ihre Familie hatte von Esi zuletzt durch ein Telegramm im Februar 1943 gehört. Seit dem deutschen Einmarsch in Russland war es nahezu unmöglich, per Post Briefe von Japan nach Berlin zu schicken. Nach dem September 1939 und dem deutschen Einmarsch in Polen und Frankreich war die Post immer über Sibirien geleitet worden. Einen handgeschriebenen Brief hatte die Familie in Berlin zuletzt im März 1942 erhalten; Esi hatte ihn im Oktober 1941 abgeschickt. Anfang Juli 1943, mehr als zwei Monate nach Kurts Tod, fand Dr. Asai eine Möglichkeit, Esi Briefe aus Deutschland zukommen zu lassen. Darunter waren Briefe von Maria, Butzi, Helga, Hildur und Franz. Das Telegramm und diese Briefe gehören zu den wenigen schriftlichen Nachrichten, die Esi über all ihre Umzüge hinweg retten konnte. Sie behielt sie immer bei sich.

Der frühe Rücktritt Hammersteins im Jahr 1934 hatte ihn seiner Familie wieder nähergebracht. Als sie im selben Jahr aus der Bendlerstraße in die Wohnung in der Breisacher Straße in Dahlem zog, lebten nur Butzi und Esi nicht mehr zu Hause. Kurt war, sofern er nicht auf die Jagd ging, meist zu Hause. Alljährlich wurde er zu Militärmanövern eingeladen, die er hin und wieder auch beobachtete. Im September 1939, nach dem Einmarsch der Wehrmacht in Polen, wurde er für vier Wochen reaktiviert. Er nutzte die Gelegenheit, seinen Putschplan gegen Hitler mit engen Vertrauten auszuarbeiten. Doch bereits am 24. September wurde er auf persönliche Weisung Hitlers „wegen seiner negativen Einstellung gegenüber dem Nationalsozialismus" in den endgültigen Ruhestand versetzt.

Hammerstein erwartete die deutsche Niederlage im Frühjahr 1943. Sein hohe Meinung von der Roten Armee und die strengen Witterungsbedingungen, denen sich die Wehrmacht in den Weiten Russlands ausgesetzt sehen würde, ließen ihn zu dieser Überzeugung gelangen. Dass das Militär, an dessen Aufbau er mit Leidenschaft gearbeitet hatte, von Hitlers Ideologie durchsetzt war, hatte ihn hart getroffen.

1934 schwoll bei Kurt ein Lymphknoten an, der sich bald über die ganze linke Halsseite erstreckte. Maria glaubte, dass er noch operabel gewesen wäre, hätte man ihn 1938 oder 1939 begonnen zu behandeln. Im Herbst 1942 informierten die Ärzte die Familie, dass Kurt nicht gerettet werden könnte. Er selbst gab die Hoffnung auf eine Heilung nie auf und sprach bis zu seinem Lebensende mit der Familie nie über seine tödliche Erkrankung. Im frühen Stadium der Schwellung wurde Kurt von Dr. Ludwig Schmitt behandelt, einem bekannten Psychosomatiker und Freund Gregor Strassers. Der Lymphknotenkrebs wurde 1941 diagnostiziert, Kurt tat seine Krankheit jedoch weiterhin ab. Dr. Ferdinand Sauerbruch, der ihn operiert hatte, sagte der Familie im Januar 1943, dass Kurts Tod kurz bevorstehe und er nicht verstehen könne, wie ein Mann, der sonst so klarsichtig und urteilsstark sei, dies nicht zur Kenntnis nehmen wolle. Kurt litt in diesen Jahren sehr, zum Teil auch unter überflüssigen Behandlungen, aber er war bis zum Ende bei klarem Verstand, war stets heiter und freute sich immer über Besuch von Freunden. Er nahm jede Einladung zur Jagd an, sogar noch wenige Wochen vor seinem Tod, der am 24. April 1943 eintrat.

Für seine Beerdigung hinterließ Kurt keine Anweisungen. Als sein Schwiegervater Lüttwitz im Spätsommer 1942 im Sterben lag, hatte er Maria aufgetragen, wenn sein Ende käme, solle ein Staatsbegräbnis oder jede andere Art von „Nazipomp“ vermieden werden. Er wolle sofort in aller Einfachheit begraben werden, ohne dass das Generalkommando informiert oder sein Tod offiziell bekannt gegeben würde. Nach Kurts Tod folgte Franz dennoch dem Wunsch seiner Mutter und informierte das Generalkommando. Am Tag darauf – Ostersonntag – kam ein

Telegramm von Hitler. Kunrat beschrieb seine Worte als „einfach und angemessen“.

Helga bestand darauf, dass Kurt nicht auf dem Invalidenfriedhof beerdigt werden sollte, wo Horst Wessel und andere Nazigrößen begraben lagen, sondern auf dem Friedhof der Hammersteins in Steinhorst. Butzi weigerte sich, an der Beerdigung teilzunehmen, wenn eine Hakenkreuzflagge auf dem Sarg läge oder dieser von einer militärischen Ehrengarde aus Offizieren in die Kirche getragen würde. Am Ende siegten ihre Standhaftigkeit und die Gewandtheit von Kunrat, der gegenüber der Staats- und Militärbürokratie behauptete, für seine Mutter zu sprechen und die Wünsche seines Vaters zu befolgen. Zur offiziellen Trauerfeier in der Dahlemer Dorfkirche sandte Hitler einen Kranz, groß wie ein Wagenrad, der zuvor unauffällig übergeben wurde. Die Hakenkreuzschleife hatten die Angehörigen unterwegs in der U-Bahn angeblich „vergessen“.

Die Beerdigung in Steinhorst war würdevoll und einfach, „eine unsentimentale Feier“. Letztlich waren es Helga und Butzi, die dafür sorgten, dass der Geist ihres Vaters, den sie in den letzten Jahren seines Lebens schätzen gelernt hatten, auch im Tod bewahrt wurde. Maria war und blieb die Tochter ihres Vaters, sie pochte auf ein Begräbnis mit allen militärischen Ehren, samt Hakenkreuzflagge auf dem Sarg. Kunrat fügte sich jedoch nicht den Anweisungen seiner Mutter, nachdem seine beiden großen Schwestern ihn fest entschlossen zur Rede gestellt hatten.

Kurts früher Ruhestand, der zunächst langsame Verlauf seiner Krankheit und die Hilfe und Gesellschaft seiner Familie, die er in den letzten Monaten und Wochen suchte und brauchte, schlossen diese enger zusammen. Butzi verbrachte wenige Monate vor seinem Tod sechs Wochen an seiner Seite. Von den drei Ältesten hatte sie sich am frühesten von ihrem Vater distanziert und diese Distanz auch aufrechterhalten. Helga dagegen hatte lange zu Hause gelebt und ging auch jetzt, nach ihrer

Helga und Hildur Ende der 1930er-Jahre

Hochzeit mit Walter Rossow im Jahr 1939, im Haus ihrer Eltern ein und aus und versorgte sie mit Obst und Gemüse aus ihrer Gärtnerei. Kunrat und Ludwig konnten, nachdem sie als Folge ihrer Verletzungen aus dem aktiven Dienst entlassen worden waren, viel Zeit mit ihrem Vater verbringen, insbesondere während seiner letzten Wochen. Und Franz und Hildur wohnten zu Hause.

Nur Esi fehlte bei der Beerdigung. Nach Kriegsende war sie überrascht, wie eng ihre Familie zusammengerückt war. Am 11. Juli 1943 schrieb Helga an Esi: „Es wird für Dich sicher entsetzlich schmerzlich gewesen sein, zu hören, dass Du Papus nicht wiedersehen wirst, wenn Du einmal hierher zurückkommst. Für uns alle war dieser Winter mit der langen qualvollen Krankheit, bei der man zusehen musste, ohne helfen zu können, furchtbar. Und es ist für mich immer noch schwer, mich von diesen Eindrücken etwas frei zu machen, um eine ruhigere und friedlichere Erinnerung an Papus zu behalten. Andererseits war es gerade in der Zeit der Krankheit möglich, Papus als den großzügigen und bewundernswürdigen Menschen kennenzulernen, der er gewesen ist. Man war dauernd mit ihm zusammen, und dadurch wurde das gegenseitige Verhältnis viel wärmer und persönlicher, als es je früher gewesen war. Papus wusste zwar nicht, dass er sterben würde und hat wohl auch bis zuletzt nicht damit gerechnet, aber er hatte dem Leben gegenüber eine so abgeklärte Weisheit und eine so schöne Menschlichkeit, dass man nun nachträglich das Gefühl hat, dass er bis zur höchsten Stufe seiner Entwicklungsmöglichkeiten als Mensch gekommen war. Vielleicht ist es schön und sinnvoll, in diesem Augenblick zu sterben. Aber für uns ist es ein Verlust, mit dem sehr schwer fertigzuwerden ist."

Helgas Bemerkung, dass durch das Zusammensein das Verhältnis zum Vater viel wärmer und persönlicher geworden sei, macht deutlich, wie entfremdet sie sich von ihm zuvor gefühlt hatte. Mit dreißig Jahren stand sie ihrem Vater näher als in ihrer Kindheit und Jugend. Ihre Worte legen nahe, dass es auch den anderen so ging, insbesondere Butzi. Esi, die in dieser Zeit weit weg von ihrem Vater lebte, traf dieser Satz sehr.

Kurt starb in dem Wissen, dass seine Söhne Kunrat und Ludwig von der West- bzw. der Ostfront zurückgekehrt waren, wenn auch verletzt. Beide hatten Ambitionen im zivilen Leben, obwohl sie als Offiziere dem Militär nach wie vor verpflichtet waren. Franz blieb wegen seines schlechten Auges an der Heimatfront, sodass er einem zivilen Beruf nachgehen konnte. Kurt hatte den Dienst in der Armee nie glorifiziert, im Gegenteil, weshalb das Pflichtgefühl seiner Söhne in dieser Hinsicht nicht übermäßig stark ausgeprägt war.

Kurts lange Krankheit und sein Tod klärten die Gefühle, die Maria für ihn hatte. Der Zwiespalt, den sie in den Jahren des Ersten Weltkrieges empfunden hatte, war verschwunden. Sie war die aufrechte Gefährtin an seiner Seite, und sein Tod war für sie ein furchtbarer Schlag. Sie wurde auf eine Weise zum Zentrum der Familie, wie sie es zuvor nie gewesen war, als Kurt mit all seinen Widersprüchen stets im Mittelpunkt stand. Sie stürzte sich auf das Leben ihrer Kinder, nicht immer ausschließlich zu ihrem Besten. Die Kraft, die sie gezügelt hatte, Kurt, war nicht mehr da.

Esis hatte ihren Vater bewundert, seine Intelligenz und sein Urteil geschätzt und respektiert, aber sie war auch oft enttäuscht von ihm. 1935, als sie ihn das letzte Mal sah, hatte sie erst langsam die Nähe zu und das Mitgefühl mit ihm wiedergewonnen, die in ihrer Jugend verloren gegangen waren. Der Mord an Schleicher und seiner Frau hatte dazu beigetragen, sie einander näherzubringen.

So schwer es für Helga war, Kurt sterben zu sehen, war es ihr doch gelungen, mit ihm in seinen letzten Lebensjahren eine auf gegenseitigem Verständnis beruhende Vater-Tochter-Beziehung aufzubauen. Sie lernte ihn auf neue Weise kennen und schätzen, was sie in ihrem Brief vom Juli 1943 auch klar vermittelte. 1989 hielt Helga auf drei Blatt ihre Erinnerungen an ihren Vater fest, über eine Zeit, als die Familie von ihrer Arbeit für den M-Apparat und dem Leben, das sie mit Leo geführt hatte, noch nichts wusste. Kunrat, der Familienhistoriker und Archivar, hatte 1967 Informationen über Leo erhalten, achtete jedoch darauf, alles, was die politischen Aktivitäten seiner Schwester in den Dreißiger- und Vierzigerjahren betraf, für sich zu behalten.

Helgas spätere Erinnerungen zeugen von dem weiten Weg, den sie in der Beziehung zu Kurt zurücklegte. Sie erlebte ihren Vater, den sie ohne Skrupel ausspionierte, näher und öfter als Butzi oder Esi. Ihr Respekt vor ihm wuchs, und sie lernte ihn bewundern. Sie wohnte nach dem tragischen Ende ihrer Partnerschaft mit Leo bis zu ihrer Heirat 1939 weiterhin zu Hause. Kurt war zu diesem Zeitpunkt bereits an Krebs erkrankt. In Stahnsdorf war sie nahe genug, um zu sehen, wie es mit seiner Gesundheit bergab ging. Ihr retrospektives Urteil zeugt von Anerkennung für seine Toleranz, sie beklagt aber auch seine mangelnde Fürsorge für seine Kinder: „In den 20er Jahren beginnt die Zeit der ‚freien Republikaner'. Er hat dann immer wieder gesagt: ‚Meine Töchter sind freie Republikaner, sie können reden und machen, was sie wollen'. Was wir ja dann auch taten, nicht immer zu seinem Vergnügen. Außer seltenen Ferien sahen wir Papus nicht viel und wussten auch wenig über ihn. Er kümmerte sich nie um Schulen oder irgendwelche Einzelheiten unseres Lebens."

Im folgenden Abschnitt erzählt sie von den Freunden und Kollegen, die in ihrem Elternhaus verkehrten, und den Gesprächen in vertrauter Runde, deren Inhalte sie dem M-Apparat weitergab. „Älterwerdend war man dann bei abendlichen Einladungen dabei und hörte die Gespräche, die sich immer um Politik drehten. Es wurde wenig Militärisches geredet. [...] Wir waren dadurch über die politische Lage der Zeit informiert und an Politik interessiert, das war selbstverständlich. Und obgleich man selber infolge marxistischer Lehre und Ideologie, der wir anhingen, natürlich immer alles besser wusste, was die Entwicklung der Weltgeschichte betraf, so wurden Papus' Analysen der unmittelbaren Zeitgeschichte, die Charakterisierung von Politikern und Situationen, akzeptiert. Da Papus immer sofort das Wesentliche einer Situation ergriff und kurz und klar formulierte, kamen in den Krisenzeiten der 30er Jahre viele Leute in unser Haus, um sich zu informieren und die Lage zu besprechen. In der hektischen Zeit Januar 1933, bevor Hitler an die Macht kam, war ich kurz vor dem Abitur und ging in Neukölln in eine sehr fortschrittliche Schule. Bei uns im Hause herrschte eine sehr nervöse Stimmung. Papus ging zu Hindenburg und scheiterte schließlich mit seinem Versuch, den Reichspräsidenten davon abzuhalten, Hitler mit der Regierungsbildung zu beauftragen. Es wurde dauernd mit Schleicher konferiert, der auf der anderen Seite des Reichswehrministeriums am Ufer wohnte. Papus war sich bewusst, was diese Machtübernahme bedeuten würde. Er kannte Hitler persönlich über seine Freunde Bechstein, die zu Hitler's Anbetern und wahrscheinlich auch zu seinen Geldgebern gehörten. Hitler war in der Hardenbergstraße, vielleicht 1928, mal in unserer Wohnung, da mag die erste Unterhaltung stattgefunden haben."

Über seinen Rückzug in den Ruhestand und die Konsequenzen für ihre eigene Situation und die der Familie notierte sie: „Papus war sich von vornherein darüber klar, dass er nicht mitmachen würde. Im März 1933 musste ich mit ihm über meine Studienfinanzierung sprechen: ‚Im Augenblick kann ich Dir das Studium bezahlen, aber sobald ich hier weg bin, wird es nicht mehr gehen'. Dann nahm er seinen Abschied. [...] Ich habe dann gearbeitet und es selber finanziert. Seine Pension war für die große Familie nicht sehr reichlich."

Auch über die Folgen, die der Ruhestand für Kurt bedeutete, machte sie sich Gedanken: „Papus war auch noch ein Grandseigneur, aber ohne Geld. Und als er mit 56 Jahren pensioniert war, musste gerade er persönlich auf sehr vieles verzichten. Es wurden ihm genug ‚Tätigkeiten' in der Industrie, etc., angeboten. Aber er hätte überall politische Koncessionen machen müssen, was er nicht wollte. So war er jetzt gewissermaßen eingesperrt in unser Haus, dem ganzen Krach der großen Familie und Muttis genialer Unordnung ausgesetzt. Das muss schwer für ihn gewesen sein. Und es gab natürlich auch dauernd Reibereien. Ich erinnere mich noch an einen Spaziergang mit ihm, wo ich, vielleicht 22- oder 23jährig, versuchte, ihm in Bezug auf Mutti gut zuzureden. Da war er wahnsinnig bitter, und ich war erschrocken, dass ich gar nichts erreichen konnte. Mir wurde klar, dass er in einer schrecklichen Situation war, die er aber im allgemeinen mit Großzügigkeit und Ruhe meisterte. In dieser Zeit waren die Jagdeinladungen die einzige Möglichkeit wegzukommen. Sonstige Reisen konnte er sich nicht leisten, nur wenn er von jemandem eingeladen wurde."

Nichts hingegen schreibt Helga über ihre psychischen Konflikte, die Privatsphäre ausspioniert und politisch hochbrisante Staatsdokumente an den M-Apparat weitergegeben zu haben. Das Risiko, entdeckt zu werden, musste sie in Rechnung ziehen, die verheerenden Folgen ebenso. Wo anders als in seinem Safe hätte Hammerstein beispielsweise in den Dreißigerjahren Nachrichten aus der und in die Sowjetunion, die er über seine Vertraute Ruth von Mayenburg austauschte, aufbewahren können? Wäre dieses Material nach Hitlers Machtantritt in die Hände des Sicherheitsdienstes des Reichssicherheitshauptamtes gelangt, wäre er unweigerlich wegen Hochverrats angeklagt und verurteilt worden. Genau diese Konsequenzen dürften Helga – wie zuvor auch Butzi – hin- und hergerissen haben. In den Aufzeichnungen der beiden Schwestern findet sich zu ihren inneren Konflikten jedoch nichts.

Am 20. Juli 1944 hielten sich Maria und Kunrat in Steinhorst auf. Ludwig war gerade zum aktiven Dienst in den Hauptsitz des Oberkommandos der Wehrmacht im Bendlerblock beordert worden, Franz war in der Wohnung in Berlin, und Hildur wollte auch bald nach Hause kommen. Sie war auf einer Reise mit der Landfrauenschule, wo sie unter anderem auch Spinnen und Weben lernte. Butzi war mit ihren drei Kindern in Prien und Helga mit Walter in Stahnsdorf.

Am 23. Juli, wieder in Berlin, schrieb Maria Esi einen bemerkenswerten Brief, den Dr. Asai nach Japan übermittelte. Franz und Helga fügten ihre Grüße an. Obwohl Maria sich zurückhielt, sprechen ihre Verfassung und ihr Herz aus jeder Zeile. Sie bedauerte zunächst, dass es ihr seit Februar 1943 nicht gelungen war, Kontakt zu Esi aufzunehmen. Dann schrieb sie: „Papus' Grab in Steinhorst ist unsere Zufluchtsstätte. Er ruht so schön, beneidenswert in Mitten von Birken und Wachholder." Es folgte ihre erste und einzige Andeutung der Ereignisse vom 20. Juli: „Wir sind seit dem 20. in großer Sorge um Ludwig. Hoffentlich gibt uns der gütige Gott diesen besten Jungen zurück." Ludwig war aus der Bendlerstraße geflüchtet, nachdem er gehört hatte, dass Hitler Stauffenbergs Bombe überlebt hatte. Er war noch kurz in der elterlichen Wohnung gewesen, bevor er in Berlin untertauchte.

Kunrats Verwicklung in die Vorbereitungen zum 20. Juli deutet sie nur mit einem Satz an: „Kunrat ist in seinen Anlagen Dir sehr ähnlich, Esi." Das war eine versteckte Mitteilung, dass er sich zu einem klaren Gegner der Nazis entwickelt hatte. Maria beklagte, Kurts Weisheit und Anleitung verloren zu haben. Sie ging aber mit keinem Wort auf die tödlichen Gefahr ein, in der er sich nach dem Scheitern der Revolte befunden hätte, wäre er noch am Leben gewesen. Hitlers grausame Antwort auf alle, die direkt oder indirekt in das Attentat verwickelt waren, sollte kurze Zeit später gesprochen werden.

Maria fuhr fort mit einer düsteren Beschreibung der Bombardierungen Berlins und der Isolation, in der sie infolge der Flucht vieler ihrer Nachbarn lebte. Dann fügte sie hinzu: „Von den alten Bekannten viele tot. Marcks auch." Die Nachricht von Erich Marcks' Tod war für Esi besonders schmerzhaft. Der zwanzig Jahre Ältere war ihr ein bewunderter und kluger Mentor gewesen. Er hatte Philosophie studiert, ehe er sich für die Laufbahn als Berufssoldat entschied und schließlich Schleichers Presseattaché wurde.

Des Weiteren teilte Maria mit, dass sie im Mai bei der Hochzeit von Ivan, Jochens jüngstem Bruder, und Anne Marie Moritz, der Tochter einer alten Breslauer Klassenkameradin und

Freundin, gewesen war. Mit Blick auf die Paasches und die Wittings schrieb sie: „Die ganze Familie ohne jede Einschränkung für arisch erklärt. Alle Dokumente vorhanden. Das soll W. [Klaus Witting] gemacht haben, bevor er in die Schweiz verschwand. Ich sollte Euch diese Tatsache extra berichten ev. wichtig für Jochen. Persönlich glaube ich das nicht mehr. Täglich ändert sich die Situation. Aber Ivan, dem ich eben auch noch Bescheid sagte, wird Euch das besser selbst erklären können." Jochen wies diese genealogische Volte entschieden von sich, weil er darin die Bemühung sah, sich der Rassenlogik der Nazis zu unterwerfen. „Bewiesen" werden sollte, dass sein Großvater Witting nicht Jude gewesen, sondern von einer jüdischen Familie adoptiert worden sei. Maria wusste, dass sich die Situation für die als „nicht arisch" Stigmatisierten ständig änderte und Ivan und seine noch in Deutschland lebende Familie in Gefahr waren. Sie schloss ihren Brief mit den Sätzen: „Wir leben in Papus' Tradition fort. Ich und wir alle freuen uns auf ein Wiedersehen mit Euch. Mein gutes Esichen, in all den vielen Jahren konnte ich Dir nie helfen. Möchte es mir vergönnt sein es nachzuholen." Die innige Art, mit der Maria ihre Liebe und Wärme für Esi und ihre Familie in Worte kleidet, war für sie nicht typisch. Sie neigte eher dazu, Taten sprechen zu lassen. Es war der furchtbaren Situation geschuldet, in der sie sich befand, und der Angst, die diese bei ihr auslöste.

Kunrat war Ende 1940 in Frankreich verletzt worden und wurde nach einem Krankenhausaufenthalt dem Panzergruppenstab Guderian zugeteilt. Nachdem er mit zwei Stabsoffizieren in Streit geraten war, bekam er zunächst einen Monat Urlaub, dann wurde er dem Lehrkörper der Schule für schnelle Truppen in Krampnitz zugeordnet und schließlich, nach einer heftigen Auseinandersetzung mit dem Kommandeur des Lehrkörpers, zum Jurastudium in Leipzig kommandiert. Im Juni 1942 wurde er als Sonderkurier dem Militärattaché in Ankara zugeteilt und in der Folge einer Reihe weiterer Botschaften. Die ständigen Versetzungen waren seiner geistigen Unabhängigkeit geschuldet und seiner Bereitschaft, sich auch gegen Obrigkeiten zu positionieren, egal, welche Konsequenzen das für ihn haben würde. Von Vorgesetzten, ob Zivilisten oder Soldaten, ließ er sich nicht beeindrucken. Während seiner Leipziger Zeit hatte er Kontakt zu Dr. Carl Goerdeler, dem ehemaligen Oberbürgermeister von Leipzig und Reichspreiskommissar, den er durch seinen Vater kennengelernt hatte. Kunrat diente als Kontaktmann zwischen Goerdeler und anderen im Militär, die den Putsch gegen Hitler vorbereiteten. Goerdeler wurde im Zusammenhang mit dem Umsturzversuch vom 20. Juli nach einer Denunziation verhaftet und im September 1944 gehenkt. Kunrat wusste, dass die Gestapo auch nach ihm suchen würde. Er tauchte sofort unter. Zunächst mit Ludwig verwechselt, fahndeten Gestapo und militärische Abwehr ab Juli und verstärkt ab Dezember 1944 nach beiden. Die letzten Monate des Krieges verbrachte Kunrat im Kölner Raum, erst bei Kriegsende brach er nach Steinhorst auf.

Wenn es Kunrat zweckmäßig erschien, gebrauchte er im Untergrund den Alias-Namen seines Großvaters Lüttwitz, den dieser nutzte, als er 1920 untergetaucht war: Walter Lorenz. Das Gästebuch der Familie unterzeichnete er unmittelbar nach Kriegsende mit „zuletzt Walter Lorenz". Ludwig hatte, als er sich in Berlin verstecken musste, sehr von den Kontakten profitiert, die Helga während ihres geheimen Zweitlebens geknüpft hatte. Sie war es auch, die ihn in dieser Zeit mit Lebensmitteln und anderen notwendigen Dingen versorgte. Man mag es als Ironie der deutschen Geschichte des 20. Jahrhunderts betrachten, dass ein Großvater der nationalistischen Rechten und eine Schwester der revolutionären kommunistischen Linken zwei Mitverschwörer des 20. Juli 1944 inspirierten und unterstützten.

Ludwig war nach seiner Verletzung im Jahr 1941 an der russischen Front nicht mehr einsatztauglich. Auch er wurde zum

Studium abkommandiert, das er an der Fakultät für Bergbau der Technischen Hochschule Berlin begann. 1943 zog ihn im Kasino seines Regiments in Potsdam ein Offizier beiseite und fragte, ob er sich einer Aktion gegen Hitler anschließen würde. Ludwig vermutete sofort, dass man ihn nicht zuletzt wegen seines Nachnamens kontaktierte, und antwortete, ohne zu zögern: „Ja, darauf bin ich vorbereitet." Der Offizier, der ihn ansprach, war wohl Fritz-Dietlof Graf von der Schulenburg, wie Linda von Keyserlingk-Rehbein in ihrer Studie „Nur eine ‚ganz kleine Clique?'" schreibt.

Am Tag des Attentats wurde er um vier Uhr nachmittags in die Bendlerstraße gerufen und mit mehreren Aufgaben betraut, als schließlich die Nachricht eintraf, dass Hitler den Anschlag überlebt hatte. Da Ludwig als Kind in der Bendlerstraße gelebt hatte und mit dem Gebäude bestens vertraut war, konnte er durch einen Hinterausgang entkommen und wurde nicht gefasst. Allerdings musste er seine Aktentasche und Pistole im Büro von Friedrich Olbricht zurücklassen, dem General, der entscheidende Verantwortung für die Organisation der Revolte trug. Ludwig schaffte es noch, am selben Abend seine Mutter zu besuchen, um ihr die Nachricht des fehlgeschlagenen Attentats zu überbringen. Am nächsten Morgen erschien die Gestapo bei Maria in der Breisacher Straße. Sie konnte wahrheitsgemäß sagen, sie wisse nicht, wo „Oberleutnant Hammerstein" sei. Der Gestapo war noch nicht klar, dass es zwei junge Hammersteins gab. Kunrat traf erst am nächsten Tag bei Maria ein. Sie schickte ihn zu Ludwig, und beide halfen sich gegenseitig, sichere und vertrauenswürdige Kontaktleute zu finden, die sie versteckten – Ludwig in Berlin und Kunrat, der noch nicht unmittelbar gesucht wurde, in der Umgebung von Köln. Sie gingen davon aus, dass der Krieg nur noch ein paar Wochen dauern würde. Ihre engste Familie ermutigte sie unterzutauchen. Beide sorgten dafür, dass keiner von ihnen wusste, wo sie sich aufhielten.

Als Kunrat und Ludwig noch einmal – Tage nach dem 20. Juli – mitten in der Nacht in der Breisacher Straße auftauchten, um ihre Mutter zu besuchen, rief Maria nach kurzem Verschnaufen aus: „Ihr habt ja was noch Schlimmeres als den Kapp Putsch gemacht." Erneut durchlebte Maria die traumatischen Ereignisse des Kapp-Lüttwitz-Putsches vom März 1920, diesmal jedoch ohne Kurt und in einem für die Familie sehr viel gefährlicheren Moment. Es dauerte nur noch wenige Wochen, bis die Gestapo sie zum Verhör abholte und ihr Haus durchsuchte.

In der Nacht des 20. Juli, feststand, dass das Attentat gescheitert war, versuchte Kurt Hammersteins enger Freund und einer der Hauptverschwörer, Generaloberst Ludwig Beck, Selbstmord zu begehen. Als dies misslang, wurde er erschossen. Der übrige Kern der Attentäter, darunter Claus Schenk Graf von Stauffenberg, wurde noch in der gleichen Nacht im Hof des Bendlerblocks standrechtlich erschossen. In den folgenden Wochen und Monaten nahm die Gestapo fast alle Mitglieder der Verschwörung fest und übergab sie Roland Freisler, dem Präsidenten des Volksgerichtshofes. Die Mehrheit der Angeklagten wurde in inszenierten Prozessen zum Tode verurteilt und anschließend in der Haftanstalt Plötzensee qualvoll hingerichtet. Nur wenige erhielten Haftstrafen.

Franz als der jüngste der drei Brüder war von seinem Vater am stärksten gegen Hitler und den Krieg beeinflusst worden. Als er ins militärdienstpflichtige Alter kam, hatte die Familie bereits von den Massenmorden der Einsatzgruppen und der Wehrmacht an der Zivilbevölkerung und an den Juden im Osten erfahren. Hätte Franz sich der Wehrpflicht entzogen, wäre er als Deserteur mit Gefängnis, KZ oder im schlimmsten Fall mit dem Tod bestraft worden. Da er von Geburt an nur auf einem Auge sehen konnte, wurde er nicht in die Kampfzonen geschickt, sondern der Heimatfront zugeteilt. Er sollte in der Industrie arbeiten. Wenige Wochen, nachdem seine Brüder desertiert waren, wurde er festgenommen. Man verdächtigte ihn, mit Ludwigs Verschwinden zu tun zu haben, und sperrte ihn in die Gestapo-Untersuchungshaftanstalt in der Lehrter Straße in Moabit ein. Seine Vernehmer fanden seine „Lügen" so gerissen, dass sie ihn bis Februar 1945 in der Zelle festhielten, bis der Befehl kam, dass er ins KZ Buchenwald überstellt werden sollte.

Am 1. Dezember 1944 wurden Maria und Hildur in Sippenhaft genommen und ins Frauengefängnis Charlottenburg in der Kantstraße eingewiesen. Unabhängig davon wurde auch Helga inhaftiert. Am 3. August 1944 hatte Heinrich Himmler als Reaktion auf den Umsturzversuch vom 20. Juli die „absolute Sippenhaftung" verfügt, der zufolge die Familie eines „Verräters" bis auf das letzte Mitglied „ausgelöscht" werden sollte: „Sie sollen hängen wie gemeine Verräter", hatte Himmler erklärt. Die Festnahmen erfolgten im selben Monat, in dem wegen der Flucht von Kunrat und Ludwig in ganz Deutschland Plakate mit ihren Fotos verbreitet wurden.

Die Bedingungen im Frauengefängnis unterschieden sich erheblich von jenen im Gefängnis in der Lehrter Straße, in dem Franz einsaß. Die Unterkünfte waren primitiv, aber die Häftlinge waren nicht allein in ihren Zellen. Ihnen stand Lesestoff zur Verfügung, sie hatten Küchenarbeit zu verrichten, durften in Maßen telefonieren und Besucher empfangen, die hereinschmuggelten, woran es im Gefängnis fehlte. Die Häftlinge halfen dem Küchenpersonal sogar dabei, im Viertel die nötigen Einkäufe zu erledigen. Helga kam bereits nach 14 Tagen frei, nachdem sich ihr japanischer Freund Dr. Asai mit dem Hinweis eingeschaltet hatte, sie sei eine Rossow und keine Hammerstein.

Helga hatte ihr Leben mit Walter und ihre Arbeit in der Gärtnerei wieder aufgenommen, hielt aber ständig Kontakt zu ihrer Mutter und ihrer jüngeren Schwester, indem sie Briefe schrieb und sie besuchte. Sie versorgte sie mit allem, worum sie baten – Lebensmittel, Toilettenartikel und anderem täglichen Bedarf.

Hildur, die mit ihrer Mutter eine Zelle teilte, gelang es, ihre Psyche stabil zu halten, aber Maria vertrug die Haft nur schlecht und machte daraus keinen Hehl. Briefe zu schreiben war den Häftlingen in bestimmtem Umfang erlaubt – „Gestapobriefe", wie sie sie nannten, da sie gelesen und zensiert wurden. Sofern sich die Gelegenheit bot, ließen sie ihre Post durch hilfsbereites Gefängnispersonal nach draußen schmuggeln. In einem dieser Briefe schrieb Hildur über ihre Mutter und sich selbst an Helga Stimmungsbilder wie diese: 28. 12. 44: „Ich hab schon seltenes Glück, daß ich eine offene Zelle hab, nur in der Nacht zu, und das ist ja egal. Ob Ihr die Mutti rauskriegt? Sie war neulich so ganz munter, doch hab ich den Eindruck, daß sie sich, wenn sie allein ist, sich den ganzen Tag doch sehr grämt und sorgt um alles. Ganz graue Haare hat sie bekommen." 4. 1. 45: „Mit Mutti ist es schwierig. Sie ist vollkommen runter. Dadurch, daß ich mit ihr zusammen bin, geht es natürlich etwas besser, aber für mich ist es nicht so sehr erfreulich, immer nur ihr Gejammer zu hören – und sie ist eben mit nichts hier zufrieden und freut sich überhaupt nicht mehr. Nicht mal Dein Besuch stellte sie zufrieden, ‚aber wo sind die Jungens' kam dann, und alles kann man ja nun nicht auf einmal haben – finde ich. Na ja, doch ich werd' mich mal zusammennehmen, dann wird's schon gehen."

Am 1. März 1945 änderte sich die Situation von Franz wie auch von Maria und Hildur. Die russische Armee näherte sich Berlin. Die SS begann, bekannte Personen aus Gefängnissen und Konzentrationslagern zu holen, um sie als Faustpfand bei möglichen Verhandlungen mit den Alliierten einzusetzen – so jedenfalls der Plan Himmlers. Die beiden Geschwister und Maria trafen sich in einem Gefängniswagen wieder, der zum Anhalter Bahnhof fuhr, von wo aus sie nach Thüringen in eine isolierte, ummauerte Barackensiedlung transportiert wurden, die an das KZ Buchenwald angrenzte. Dort befanden sich bereits andere „Sippenhäftlinge" aus diversen Gefängnissen und

Konzentrationslagern, darunter Angehörige der Familien Stauffenberg, Goerdeler, Hassell, Thyssen und Gisevius. Am 16. April, man hörte bereits die Artillerie der vorrückenden US Army, wurden die Geiseln per Bus über Regensburg nach Dachau gebracht. Dort stießen hochrangige „Sonderhäftlinge" wie Léon Blum, der ehemalige französische Premierminister, Kurt Schuschnigg, der frühere österreichische Kanzler, und andere wie General Alexander von Falkenhausen, Militärbefehlshaber von Belgien, und Franz Halder, Generalstabschef des Heers bis 1942, zur Gruppe. Am 26. April erfolgte der Befehl, Dachau in Richtung Tirol zu verlassen.

Für die vier jüngsten Häftlinge, zu denen Franz gehörte, war in den Bussen kein Platz mehr, und sie mussten, bewacht von der SS, zu Fuß in Richtung Süden laufen. Ihr Gepäck wurde von einem Pferdewagen gezogen, die Nächte verbrachten sie in Scheunen. Am Abend des 30. April wurden sie in den Keller eines Bauernhauses gesperrt, wo sie am Morgen feststellten, dass ihre Bewacher geflohen waren. Amerikanische Militärfahrzeuge brachten sie nach München.

Auch für Maria und Hildur war die Gefangenschaft am Abend des 30. April zu Ende. Sie wurden zunächst in den Dolomiten durch Wehrmachtoffiziere von ihren SS-Bewachern befreit, im berühmten Hotel Pragser Wildsee untergebracht und von Einheimischen versorgt. US-Truppen stellten sie dort Anfang Mai unter ihren Schutz.

Friedemann von Münchhausen hatte im März 1945, als er in Prag stationiert war, die ungewöhnliche Erlaubnis erhalten, das KZ Buchenwald aufzusuchen. Er bemühte sich, Maria und ihre beiden Kinder durch Verhandlungen freizubekommen. Nachdem er erfahren hatte, dass sie in den Lagerkomplex gebracht worden waren, befürchtete er, die SS würde die Gefangenen töten, damit sie nicht den Alliierten in die Hände fielen. Auf dem Weg nach Buchenwald machte er halt in Herrengosserstedt, seinem

Schlossgut, das nur zwanzig Kilometer entfernt lag. Überrascht stellte er fest, dass Dr. Asai, der japanische Repräsentant von Manchukuo, zusammen mit seiner deutschen Frau und ihren drei Kindern dort eingezogen war. Der erste Stock des Hauses diente ihm, angemessen eingerichtet, als Büro. Als die russische Armee vorrückte, hatten Helga und Butzi dafür gesorgt, dass die Asais weiter westlich Sicherheit fanden. Dr. Asai hatte vor, die Flagge zu hissen und die Alliierten davon zu überzeugen, dass Herrengosserstedt extraterritorialen Status genieße – eine Illusion, wie sich herausstellte. Wichtig für Friedemann war, dass Dr. Asai ein Pkw zur Verfügung stand und er sich bereit erklärte, ihn nach Buchenwald zu fahren.

Der SS-Lagerkommandant von Buchenwald, Hermann Pister, lehnte Friedemanns Verhandlungsversuch rundweg ab. Man bestätigte ihm zwar, dass Maria sich in den Sonderbaracken nebenan befinde, sein Wunsch, sie dort besuchen zu dürfen, wurde jedoch abgewiesen. Friedemann hatte Lebensmittel mitgebracht, die Maria jedoch nie erhielt. Man sagte ihm, er solle sich wegen „der Herrschaften" – womit Maria und ihre Kinder gemeint waren – direkt an das Reichssicherheitshauptamt in Berlin wenden. Auf dem Rückweg nach Prag tat Friedemann genau das. Zwar konnte er nicht mit Heinrich Himmler sprechen, aber er traf den berüchtigten SS-Gruppenführer Heinrich Müller, der die Sonderkommission 20. Juli leitete, in dessen gut geschütztem Domizil in Wannsee. Friedemann lieferte Argumente für die Unschuld Marias und ihrer Kinder und betonte, dass Maria medizinische Hilfe benötige. In seiner Antwort sprach Müller von einem „schwarzen Schaf in dieser Familie", was Friedemann als unmissverständliche Anspielung auf Butzi verstand. Müller sagte, er könne nicht helfen, würde seine Bitte aber an Himmler weiterleiten, was, wie Friedemann wusste, ein leeres Versprechen war. Butzi befand sich also immer noch im Fadenkreuz des SD. Außerdem zeugte Müllers Antwort davon, wie wichtig die Geiseln für den Plan waren, den die SS für die Endphase des Krieges vorbereitet hatte, von dem Friedemann jedoch keine Ahnung hatte.

Als Friedemann wieder in Prag eintraf, war sein Vorgesetzter völlig überrascht, dass er tatsächlich zurückkam, um seine militärischen Pflichten wiederaufzunehmen. Er hatte erwartet, dass Friedemann die Gelegenheit nutzen würde, um das Näherrücken der sowjetischen Armee dort abzuwarten, wo er in Sicherheit war.

Esi wusste in Japan nichts Konkretes über das Schicksal ihrer Familie. Den Brief ihrer Mutter vom 23. Juli 1944 erhielt sie erst viel später. Aber die NS-Zeitung für die in Japan lebenden Deutschen berichtete von dem Umsturzversuch und von Hitlers Rache. Esi und Jochen mussten erfahren, was mit denen geschah, die das Attentat unterstützt oder direkt mit ihm verbunden waren. Viele der Namen waren ihnen bekannt. Sie hatten außerdem Gelegenheit, sich über die Schweizer Zeitung eines Freundes und Nachbarn aus Chigasaki zu informieren. Ihre Sorgen und Ängste über das Schicksal ihrer Familie waren berechtigt.

Die Familie Paasche verbrachte den Sommer 1944 in den Bergen von Karuizawa, ein paar Zugstunden nordöstlich von Tokio. In Karuizawa befand sich der Sommerpalast der kaiserlichen Familie, jahrelang hielten sich Missionare und andere Europäer dort im Sommer auf. Es war ein bevorzugter Ort, an dem man der feuchten Hitze Tokios entkommen konnte. Zu ihm gehörte auch ein kleines Geschäftsviertel, und in den umliegenden bewaldeten Hügeln befanden sich Siedlungen mit Sommerhäusern. Die Siedlung, in der Esi und Jochen ein Haus mieteten, war von einem befreundeten Architekten erbaut worden, bis 1942 hatte eine englische Familie darin gewohnt. In ihrer direkten Nachbarschaft lebten der Architekt und seine Frau sowie eine deutsche Missionarsfamilie. Angesichts der amerikanischen

Joan, Jochen, Esi, Michaela, Gottfried Paasche 1946 in Chigasaki

Bombardierungen sahen viele deutsche Familien 1944 voraus, dass sie Tokio und Yokohama würden verlassen müssen. So bauten sie diese Sommerunterkünfte winterfest um.

Im Spätsommer beschloss Esi, ihre beiden Ältesten, Joan und Gottfried, zurückzulassen. Karuizawa hatte inzwischen nicht nur ein Gymnasium, sondern auch eine deutsche Grundschule. In Chigasaki gab es weder das eine noch das andere, und eine japanische Schule kam nicht infrage, da es Japanern verboten war, mit Ausländern in Kontakt zu treten. Esi fand deutsche Familien, die bereit waren, Joan und Gottfried aufzunehmen, und meldete sie in der deutschen Schule an. Die Spannungen in der deutschen Gemeinschaft waren so groß, dass Joan ihren Bruder Gottfried vor Steinen schützen musste, die Kinder aus nationalsozialistisch gesinnten Familien nach ihm warfen. Immerhin war seine Lehrerin ihm zugetan. Schließlich meldete Esi die beiden für Kurse an, die eine Frau Goepfert in ihrem Haus abhielt. Esi und Jochen, die wegen seiner Übersetzungen für die Botschaft in der Nähe von Tokio bleiben mussten, kehrten mit ihrer Jüngsten, Michaela, nach Chigasaki zurück.

Dort wurde es jedoch immer gefährlicher. Man erwartete, dass die Amerikaner die Besetzung Japans an den weiten Stränden und Dünen starten würden, an denen auch Chigasaki lag. Flugzeuge der amerikanischen Luftwaffe flogen bereits Einsätze und griffen nahe gelegene strategische Ziele an. Am Strand waren Betonbunker zu Verteidigungszwecken gebaut worden. Im März wurde die Situation schließlich unerträglich. Jochen gab seinen Job als Übersetzer und damit sein regelmäßiges Einkommen auf. Er, Esi und die vierjährige Michaela bestiegen mit dem, was in ihre Rucksäcke passte, den überfüllten letzten Zug nach Karuizawa. Am Vortag war spontan ein japanischer Nachbar gekommen, hatte ihr Bettzeug eingepackt und es per Zug vorweggeschickt.

Im April gingen in Tokio verheerende Feuerbomben nieder. Esi war im siebten Monat mit ihrem vierten Kind schwanger. Karuizawa war trotz der Kälte ein friedvollerer Ort für die Geburt. Sie hatten keinerlei Proviant mitnehmen können, aber Dr. Wilhelm Haas schickte aus China etwas Geld. Er wusste um ihre Situation, und da er selbst Kinder hatte, war ihm klar, welche Art von Hilfe sie am dringendsten benötigten. In Esis Worten: „Wir gelangten mit dem letzten Zug nach Karuizawa, der die Bahnhöfe der bombardierten Städte passieren konnte. Unser Haus befand sich in den Wäldern von Karuizawa, und dort fühlten wir uns sicher; aber im Gegensatz zu Chigasaki, wo wir nicht hatten hungern müssen, hatten wir hier keinerlei Vorräte. Aber das machte uns nichts, so lange wir außer Reichweite der Flugzeuge waren! Wir waren froh, und am Ende hatten wir

Esi mit Joan, Gottfried, Michaela und Vergilia 1946 in Karuizawa doch jeden Tag etwas zu essen. Als Vergilia zur Welt, kam, Juni 1945, sagte mein Arzt, ich wäre ein Skelett, das stimmt, aber ihr ging es gut. Sie wog beinahe 4000 gr. Also war ich froh. Als ich aus dem Krankenhaus kam, musste ich mich um den ganzen Haushalt kümmern, dazu gehörte es auch, Vergilias Windeln zu waschen, mit kaltem Wasser und ohne Seife. Ich hatte für nichts anderes Zeit, nur noch für die Mahlzeiten – magere Mahlzeiten; Fischkonserven hatten wir, aber kein Brot, keine Milch, keinen Zucker, weder Haferflocken noch Mehl, weder Eier noch Äpfel. Aber im Sommer fanden wir Pilze und Beeren. Und als es im Frühling überhaupt gar kein Gemüse gab, aßen wir die jungen Blätter der Birken in unserer Umgebung. Im Herbst gab es Kastanien. Schönheit fanden wir immer, egal wo wir in Japan waren."

Jochen schlug Holz und gab Sprachunterricht für deutsche Familien, die halfen, wo sie konnten. Deutsche Einrichtungen stellten Lebensmittel für die Kinder zur Verfügung, die von der städtischen Kommunalverwaltung als „Arier" eingestuft wurden.

Kriegsende und Neubeginn

Wie durch ein Wunder überlebten alle sieben Kinder von Kurt und Maria die Nazizeit und den Krieg. Butzi und ihre drei Kinder wohnten im Mai 1945 noch immer in Prien. Kunrat stellte sich den anrückenden Amerikanern in Köln und fuhr mit dem Fahrrad Richtung Steinhorst; Ludwig konnte nach dem Sieg der Roten Armee in Berlin aus dem Untergrund auftauchen. Franz entkam mit einer kleinen Gruppe Geiseln der SS. Er begab sich am 30. April auf den Weg nach Norden Richtung Steinhorst. Unweit von Steinhorst traf er auf der Straße auf einen Landstreicher, in dem er zu seiner großen Freude seinen Bruder Kunrat erkannte.

Helga und Walter stießen in Stahnsdorf bei Berlin auf die Sowjets. Maria und Hildur befanden sich in Obhut der US-Streitkräfte.

Esi, Jochen und die Kinder erlebten das Kriegsende in Karuizawa. Sie wurden im Mai zunächst der Überwachung durch die Nationalsozialisten entzogen und dann der Aufsicht durch die Japaner, nachdem Japan Ende August 1945 vor den Amerikanern kapituliert hatte. Im Gegensatz zu einigen engen Freunden waren sie nicht interniert worden, wenn auch ihre Bewegungsfreiheit innerhalb des Landes eingeschränkt gewesen war. Bei der befreundeten Familie Karsch, die zusammen mit vielen anderen Botschaftsangehörigen ebenfalls nach Karuizawa gezogen war, hatten sie die Möglichkeit, Radio zu hören und die großen Ereignisse jenes Jahres zu verfolgen, darunter die Kapitulation NS-Deutschlands, die über Hiroshima und Nagasaki niedergegangenen Atombomben und die Rede des Kaisers, der das japanische Volk darüber informierte, dass Japan besiegt worden war.

Ludwig, der auf abenteuerliche Weise den Russen entkommen war, nahm am 7. Mai Kontakt mit Helga in Stahnsdorf auf. Maria und Hildur wurden von den Amerikanern zusammen mit einigen anderen Geiseln zur Erholung und ärztlichen Beobachtung nach Capri geflogen, anschließend in Frankfurt abgesetzt, von wo aus sie sich auf den Weg nach Neuburg/Donau zu Marias Schwester Carla machten. Ihre Schwester Eleanore und Walther Lüttwitz' zweite Frau hatten die Flucht aus Schlesien bereits dorthin geschafft. Wochen später reisten Maria und Hildur zu Butzi nach Prien am Chiemsee. Reisen bedeutete nach dem Krieg in der Regel, mehrere Besatzungszonen der Alliierten zu durchqueren. Maria hatte ein Dokument bei sich, das sie bei jeder Kontrolle vorlegen konnte. Es war ein von Léon Blum, des ersten jüdischen und auch ersten sozialistischen Premierministers Frankreichs, unterzeichneter Brief. Blum war vom Vichy-Regime inhaftiert und später nach Buchenwald deportiert worden. Seine Frau hatte sich ihm freiwillig angeschlossen. Dort war er unter den Geiseln, die ins KZ-Dachau transportiert wurden, von wo sie schließlich im Hotel Pragser Wildsee in den Dolomiten landeten. Er war, wie sich später herausstellen sollte, ein entfernter Verwandter von Carol Levine, Esis künftiger amerikanischer Schwiegertochter.

Blum hatte das Dokument am 15. April 1945 in Schönberg verfasst, an der alten Brennerstraße, wo die SS den Transport der Geiseln für kurze Zeit unterbrach: „Sehr geehrte gnädige Frau, ich nehme eine Gelegenheit wahr, die sich vielleicht nicht mehr bieten wird, Ihnen diesen Brief zukommen zu lassen. Denn es liegt meiner Frau und mir daran, Ihnen zu sagen, wie sehr wir uns glücklich schätzen, dass die neulichen Umstände unserer gemeinsamen Haft uns gestattet haben, Ihnen und den Ihren näherzukommen. In Buchenwald haben wir zwar, als die Russen vorrückten, über Lagergerüchte vernommen, dass man in großer Eile eine Baracke bereit machte für wichtige deutsche Persönlichkeiten, die seit dem Attentat vom 20. Juli in Haft gehalten wurden. Aber es war uns unbekannt, dass sich unter ihnen die Witwe und die Kinder des Generals von Hammerstein befanden, des Mannes, der im Januar 1933 vergebens versucht hatte, die Machübernahme Hitlers zu verhindern. Als man uns plötzlich aus Buchenwald wegschaffte aufgrund des amerikanischen Vormarsches, wussten wir noch nicht, dass Sie und Ihre Kinder Teil waren dieses Transports von Gefangenen und Geiseln, deren Befreiung die Nazis bis zur letzten Stunde verhindern wollten. Aber, das gräuliche Gefängnis von Regensburg, wo wir gemeinsam untergebracht wurden, hat uns wenigstens ermöglicht, uns kennenzulernen, und, seit wir zusammen in Schönberg sind, haben unsere allzu seltenen Treffen es erlaubt, Ihre Intelligenz, Standhaftigkeit und Ihren Mut wertzuschätzen, wie Sie es verdienen – wie viele Heimsuchungen müssen Sie, Ihre Familie und Freunde durchgemacht haben! Wir hoffen, sie werden bald ein Ende finden. Wir glauben, dass all diese Bemühungen, diese Einschränkungen und all das Leid nicht umsonst waren, sondern in Deutschland und außerhalb ihre Früchte tragen. Ich erlaube mir, gnädige Frau, beizufügen, dass wir hoffen, Sie wiederzusehen, im Kreis Ihrer Kinder, in einem befreiten und befriedetem Europa. Mit dem Ausdruck unserer herzlichen Verbundenheit. Ihr Léon Blum."

Auf dem gefalteten, abgewetzten Brief befand sich ein Stempel mit den Worten „Die Glaubwürdigkeit vorstehender Angaben bescheinigt. Steinhorst, den 27. 8. 1945. Der Bürgermeister." Ein weiterer Stempel lautete: „Gemeinde Steinhorst Gifhorn". Ein zweites Exemplar wurde von Pastor Rosenbusch von der Kirche St. Georg beglaubigt, ebenfalls in Steinhorst. Léon Blums Brief diente als interner Ausweis, um die Papiere zu ergänzen, welche die ehemaligen Insassen des KZ vom Internationalen Lagerkomitee bekamen.

In München nahm Maria Kontakt zu dem für die Stadt zuständigen Presseoffizier auf, der im Begriff war, eine neue Zeitung zu gründen. Sein Name kam ihr bekannt vor. Es war der ehemalige Zionist Joseph Dünner, der in Butzis Berliner Studienjahren einer der Gefährten der „Sozialistischen Studentenschaft" und auch schon in der Hardenbergstraße bei Hammersteins zu Gast gewesen war. Dünner war 1933 aus Deutschland nach Amerika geflohen. Ihn suchte Maria gleich am ersten Tag in seinem Münchner Büro Ende Juni 1945 auf, um ihn zu bitten, dass sie das Haus der Hammersteins in der Breisacher Straße, das im amerikanischen Sektor lag, weiterhin bewohnen durften. Nachdem er interveniert hatte, bezogen Helga und Walter es zusammen mit Ludwig, wobei ein Stockwerk für eine heimatlose Familie reserviert war. Maria zog im September 1945 wieder nach Berlin, nachdem sie eine Zeit lang in Steinhorst gelebt hatte; Hildur blieb in München. Sie trat eine Stelle als Sekretärin des späteren CSU-Mitbegründers und -Vorsitzenden Dr. Josef

Müller an, der 1943 wegen seiner Tätigkeit im Widerstand verhaftet worden und im April 1945 als „Sonderhäftling" aus dem KZ Flossenbürg nach Tirol gebracht worden war, wo er auf die anderen „Sonderhäftlinge" stieß.

Dunner, wie er sich jetzt nannte, erwähnte in seinen Memoiren, dass er „die wunderschöne Hildur von Hammerstein" kennengelernt habe, „Tochter des Generals". Am 6. Juli fuhr er nach Prien, um seine alte Freundin Butzi wiederzutreffen. Das familiäre Umfeld von Butzi und Irmgard Wegner, der ersten Frau von Franz Josef Schöningh, sowie Testate unter anderem von Kardinal Faulhaber trugen zu einem Vertrauensvorschuss bei, der die Grundlage für Schöninghs Berufung als Mitherausgeber der „Süddeutschen Zeitung" war. Joseph Dunner bot Butzi an, in München als seine Sekretärin zu arbeiten, und erleichterte es Irmgard, eine Stelle als Leiterin der Finanzabteilung bei einer Krankenversicherung im nahen Rosenheim zu erhalten. Für Butzi war die Zusammenarbeit mit amerikanischen Offizieren ein Glücksfall. Viele von ihnen waren früher in der linken Szene Berlins aktiv gewesen. Dunner hatte sie eigens für die Konzeption der „Neuen Zeitung", die als weiteres Blatt in München gegründet werden sollte, ausgesucht. Diese Offiziere ermunterten Butzi, die linksgerichteten Organisationen ihrer Jugend wiederzubeleben. Das hatte zur Folge, dass sie und Irmgard sich bei der neu gegründeten KPD in München meldeten, die sie beauftragte, in Prien eine KPD-Ortsgruppe aufzubauen.

Die Offenheit der Amerikaner solchen politischen Aktivitäten gegenüber hielt jedoch nur wenige Monate an. Ihre Einstellung zu den Russen verhärtete sich mit Beginn des Kalten Krieges. Dunners linke Ambitionen und Berufungen im Zusammenhang mit der Gründung der „Süddeutschen Zeitung" hatten seine Vorgesetzten auf den Plan gerufen. Im Dezember 1945 wurde er von seinem Posten abberufen. Ungefähr zur selben Zeit wurde Butzi wegen ihrer kommunistischen Aktivitäten zur Zielscheibe der aufgebrachten Priener Bevölkerung. Sie entschloss sich, eine Stellung in der Stadtverwaltung von Rosenheim anzunehmen.

Arbeit und Geld brauchten Butzi und Irmgard dringend. Herrengosserstedt lag jetzt in der Sowjetischen Besatzungszone und wurde später enteignet. Das Einkommen aus dem Betrieb, auf das Butzi angewiesen gewesen war, war dadurch entfallen. Ihre juristische Ausbildung hatte sie nicht abgeschlossen, musste sich also mit Sekretärinnen- und niedrigen Verwaltungsstellen zufriedengeben. Irmgard war beruflich besser gerüstet und hatte überdies mehr Arbeitserfahrung. Anfang Mai 1945 erhielt Butzi die Nachricht, dass Friedemann in russischer Gefangenschaft war. In den letzten Wochen des Krieges hatten er und drei Offizierskameraden auf dem Weg von Italien nach Prag, wohin sie versetzt worden waren, für vierundzwanzig Stunden in Prien haltgemacht. Butzi flehte ihn an zu desertieren und schlug vor, ihn zu verstecken. Sie wussten beide, dass der Krieg innerhalb weniger Wochen zu Ende sein würde und dass die deutsche Armee von den Sowjets das Schlimmste zu erwarten hatte. Dennoch nahm er ihr Angebot nicht an. Er wollte seine Truppe nicht im Stich lassen. Seine Loyalität und sein Pflichtgefühl ließen es zum wiederholten Male nicht zu.

In Butzis Leben waren neben Friedemann ihr Vater, Werner Scholem, Mogens und dessen Vater Bodo von Harbou die wichtigsten Männer. Scholem war Häftling im KZ Buchenwald, ganz in der Nähe des Schlossgutes, aber Butzi wusste noch nicht, dass er dort im Juli 1940 von der SS ermordet worden war. Bodo von Harbou war für Butzi, schon lange bevor sie seinen Sohn Mogens heiratete, eine Vaterfigur gewesen. Als Großeltern übernahmen die Harbous Verantwortung für Butzis Tochter Christiane. Bodo von Harbou diente in den Vierzigerjahren als Stabschef beim Chef der Militärverwaltung von Belgien und Nordfrankreich, General von Falkenhausen. In dieser Position stand er in enger Verbindung zu führenden

Widerständlern des 20. Juli 1944. Unter dem Vorwand illegaler Devisengeschäfte wurde er am 16. Dezember 1943 festgenommen und nahm sich am 22. Dezember im Militäruntersuchungsgefängnis Lehrter Straße in Berlin das Leben, wohl um die Offenlegung von Namen und Hintergründen des Brüsseler Widerstandszentrums zu verhindern. Er starb acht Monate, nachdem Hammerstein seinem Krebsleiden erlegen war. Hätte Hammerstein noch gelebt, wäre auch er nach dem fehlgeschlagenen Attentat verhaftet und mit hoher Wahrscheinlichkeit hingerichtet worden. Harbous Schicksal war für Maria und Butzi ein großer Schock.

Mogens und Butzi tauschten sich weiterhin freundschaftlich über Christiane aus. Da eine Einziehung zur Wehrmacht unwahrscheinlich war, hatte der Jurist Mogens zunächst die Position eines Kreishauptmanns in dem kleinen Städtchen Sambor im sogenannten Generalgouvernement bekleidet. Den Weg in die Zivilverwaltung hatten Hammerstein und Vater Harbou aus ihrer Sicht als Militärs befürwortet, allerdings in der falschen Annahme, dass er dadurch den Krieg unbeschadet überstehen könne. Mogens hatte eine klare Einschätzung des Nationalsozialismus und für Hitler nichts als Verachtung übrig. Er war ein Bonvivant, seine Leidenschaft galt der Jagd. Die Stellung in Polen versprach eine ruhige Verwaltungstätigkeit. Ab 1942 wurde er in gleicher Funktion Kreishauptmann von Tarnopol, einem der Zentren der Judenvernichtung. Vor der näher rückenden Roten Armee setzte sich Mogens, wie schon zuvor seine zweite Frau mit zwei Kleinkindern, im April 1945 nach Henfstädt, seinem Schlossgut in Thüringen, ab.

Im Februar 1946 wurde er von den Amerikanern auf einem weiteren Anwesen der Harbous an der nördlichen Weserküste festgenommen und nach Untersuchungshaft in Bremen und Darmstadt im Oktober in das Internierungscamp Dachau überstellt. Im Dezember sollte er nach Polen ausgeliefert werden.

Ehe es dazu kam, nahm Mogens sich das Leben, fast genau drei Jahre nach seinem Vater. Zwar lag gegen ihn keine persönliche Anklage vor, jedoch war er als Kreishauptmann Mitglied einer „verbrecherischen Organisation", wie das Nürnberger Kriegsverbrechertribunal den Status der Kreishauptleute definierte. Mogens war als Chef der Zivilverwaltung 1942 bis 1944 in Tarnopol auch zuständig für die verwaltungsmäßige Einhaltung der Befehle, die die „Judenpolitik" betrafen. Inwieweit auch er an der Radikalisierung der Besatzungspolitik Anteil hatte und ob er gar in Erschießungen von Zivilisten involviert war, ist ungewiss. Dieter Pohl resümiert, dass „die meisten Kreishauptleute durch Gettobildung, Konzentrierung und Registrierung der Juden noch Ende 1942 an der Vorbereitung der Morde beteiligt" waren. „In Tarnopol scheint Sipo [Sicherheitspolizei]-Chef Müller den Kreishauptmann Harbou von den Judenmorden eher ferngehalten zu haben, er pochte hier auf seine ausschließliche Kompetenz." (S. 285)

Christiane war später davon überzeugt, dass Butzi ihrem Vater hätte helfen können. Prien und das Camp Dachau lagen nicht weit voneinander entfernt. Dass Butzi das nicht tat, warf Christiane ihr vor. Doch Butzi wähnte sich nicht in der Position, bei den amerikanischen Behörden zu intervenieren, und glaubte auch nicht, dass sie ihm hätte helfen können.

Franz Josef Schöningh, Irmgards früherer Mann und Mogens' Stellvertreter in Sambor und Tarnopol, floh ebenfalls vor den Sowjets aus Polen und fand Unterschlupf in einer Jagdhütte am Starnberger See. Wesentlich für seine Entnazifizierung war die Unkenntnis der Behörden über seinen Arbeitsbereich im besetzten Polen, den er überdies geschickt verschleierte. Für seine Rolle in Galizien übernahm er nie Verantwortung. Nach dem Krieg wurde er Herausgeber der intellektuellen katholischen Monatsschrift „Hochland" und Mitherausgeber der „Süddeutschen Zeitung".

Im Frühsommer 1945 knüpfte Butzi da an, wo sie im Jahr 1933 aufgehört hatte. Sie war im Innersten immer Kommunistin geblieben, auch wenn sie nicht Teil des kommunistischen Untergrunds gewesen war, soweit dieser nicht von den Nazis zerschlagen wurde. Für sie bedeutete die Befreiung, dass sie ihre politische Haltung öffentlich zeigen und an der Veränderung der deutschen Gesellschaft aktiv teilnehmen konnte. Dass sie sich entscheiden würde, in die Sowjetische Besatzungszone überzusiedeln, sobald diese etabliert war, stand außer Frage. Nur dort war ihrer Ansicht nach die von ihr ersehnte Transformation der Gesellschaft möglich.

In den ersten Wochen und Monaten nach Kriegsende strebten viele eine Veränderung „mit Stumpf und Stiel" an. Butzi und Irmgard waren der Ansicht, dass diese unter der Ägide der Sowjets und der KPD am wahrscheinlichsten war. Damit standen sie nicht allein. Aus ihrem eigenen Kreis trafen Gertrud Classen und Butzis alte Freundin vom Magdeburger Wandervogel, Ulla Krebs, dieselbe Entscheidung. Die politischen Überzeugungen von Butzi und Irmgard waren von Kommunisten beeinflusst, deren erste Auseinandersetzung mit der Ideologie vor der Hinwendung der KPD zu Stalins „demokratischem Zentralismus" stattgefunden hatte. Ihre politischen Ziele wurzelten in demokratischen und humanistischen Überzeugungen, denen Rosa Luxemburg am klarsten Ausdruck verliehen hatte. Die Revolution sollte von Arbeitern getragen und nicht von oben auferlegt wurden. Wegen des Festhaltens an dieser Tradition wurde Werner Scholem Mitte der Zwanzigerjahre aus der KPD ausgeschlossen, wurde Leo Roth 1937 in der Sowjetunion hingerichtet und Nathan Steinberger in ein sibirisches Arbeitslager verbracht. Sie waren bei Weitem nicht die Einzigen.

Diese Form des Kommunismus, die mit den Vorstellungen der Sozialdemokratie verwandt war, wurde für Butzi, Irmgard und Gertrud Classen ein Zuhause und sollte es bleiben. Butzis

Beobachtung, dass es in Westdeutschland an einer massiven Entfernung früherer Nationalsozialisten aus öffentlichen Ämtern fehlte, trieb sie genauso aus dem Land wie sie das Versprechen der neuen Machthaber in Ostdeutschlands anzog, in dieser Hinsicht entschlossen vorzugehen. Sie wollte, dass ihre Kinder in eine Schule gingen, deren Lehrkörper und Verwaltung frei von Nazismus waren. Und sie wollte ihr Studium abschließen und Juristin werden, ohne dabei auf Nationalsozialisten zu treffen. Diese Veränderungen würden ihrer Sicht zufolge in Westdeutschland nicht stattfinden, solange die gesellschaftliche und wirtschaftliche Ordnung sich nicht grundlegend wandelte. Bereits in den unmittelbaren Nachkriegsjahren hatten ehemalige Nationalsozialisten ihre früheren Positionen in der Regierung, im Justizapparat oder im akademischen Bereich wieder eingenommen oder einfach behalten. Für Butzis Entscheidung spielte überdies die pragmatische Überlegung eine Rolle, dass sie in der sowjetischen Zone mit ihrer Vergangenheit und als Mitglied der wiederaufgebauten Kommunistischen Partei bessere Aussichten haben würde, als Anwältin zu arbeiten.

Im Juli 1947 zogen Butzi, ihre drei Kinder und Irmgard zunächst nach Zehlendorf in den amerikanischen Sektor Berlins. Irmgards Tochter Karen, die inzwischen fünfzehn Jahre alt war, beschloss, bei ihrem Vater in München zu wohnen. 1947 war in Berlin noch alles im Wandel. Die Teilung zwischen Ost und West, zwischen der sowjetischen und den anderen Zonen hatte sich noch nicht verfestigt. Für zwei Jahre lebten Butzi und ihre Kinder ganz in der Nähe von Maria und Helga und zeitweise auch nicht weit entfernt von Kunrat, Ludwig und Franz. Für Irmgard war es nicht ganz einfach, inmitten der großen Familie Hammerstein zu leben. Sie war schon in Kasseler Zeiten die Freundin gewesen, die Butzi von der Familie separiert hatte. In Berlin sah sie sich mit Maria konfrontiert, der vernarrten Großmutter, für die sich alles um Butzi und ihre Kinder drehte und für die es unzweifelhaft war, dass Friedemann seinen Platz an Butzis Seite wieder einnehmen würde, sobald die Sowjets ihn freiließen.

Ein dreiviertel Jahr später, im April 1948, wurde Irmgard im sowjetischen Sektor zur Leiterin der Hauptabteilung Kunst und Literatur im Ministerium für Volksbildung berufen, wohnte aber weiterhin in Zehlendorf. Butzi versorgte die Kinder und den Haushalt. Währenddessen unternahmen die Westalliierten große Anstrengungen, um den Berliner Westen an ihre Zonen anzubinden. Am 1. Juli 1948 übergeben sie den westlichen Ministerpräsidenten und Bürgermeistern von Bremen und Hamburg die „Frankfurter Dokumente" und erteilten ihnen den Auftrag, eine verfassunggebende Versammlung für einen westdeutschen Staat einzuberufen.

Bereits am 24. Juni hatten die Sowjets begonnen, die Land und Luftwege zwischen Westdeutschland und West-Berlin zu sperren. West-Berlin musste nun über die „Luftbrücke" der Briten und Amerikaner versorgt werden, um die sowjetische Blockade zu umgehen. Am Ende dieser Kette von Ereignissen stand die Teilung Berlins in drei Westsektoren und den sowjetischen Sektor. Am 23. Mai 1949 wurde die Bundesrepublik gegründet, am 7. Oktober erfolgte die offizielle Gründung der DDR.

Diese für Deutschland und insbesondere Berlin dramatischen Ereignisse geschahen, während Butzi und Irmgard immer noch in West-Berlin lebten. Von Juni 1949 an wurde ihnen jedoch immer klarer, dass es für sie aus politischen Gründen besser wäre, den amerikanischen Sektor zu verlassen und in den sowjetischen zu ziehen. Irmgard veräußerte ihr Haus in Prien und kaufte ein Haus in Wilhelmsruh, einem noch relativ ländlichen Vorort Berlins am nördlichen Rand des sowjetischen Sektors. Das neue Heim, in das Butzi und ihre Kinder mit Irmgard zogen, war ein zweistöckiges Backsteinhaus mit einem großzügigen Garten.

Maria versuchte verzweifelt, Butzi von diesem Umzug abzuhalten. Sie schrieb an ihre guten Freunde in Amerika, Colonel Jacob Wuest, den ehemaligen amerikanischen Militärattaché in Berlin, und seine Frau, welche Sorgen sie sich um ihre Tochter mache, die in Amerika ihrer Ansicht nach besser aufgehoben wäre. Wuests informierten Esi, die zu diesem Zeitpunkt schon seit einem Jahr in Amerika lebte, dass sie Butzis Umzug in die USA unterstützen wollten. Esi stellte in einem Brief an Hildur aus dem Jahr 1949 die komplizierte Situation dar: „Frau Wuest schrieb uns neulich, wenn wir später Butzi hier herüberbringen wollten, würden sie uns helfen. Ich habe es Butzi noch nicht geschrieben. Sage auch noch nichts Mutti davon. Es fragt sich, ob man Wuests gegenüber die Sache verantworten kann bei Butzis Einstellung. Aber, wenn diese Perspektive sie am Umziehen hindern würde, müßte man es ihr jetzt sagen. Ich war sehr erstaunt über diese ausgestreckte Hand von Wuests. Sie haben sonst in keinem Falle etwas Ähnliches geschrieben, trotzdem ich immer gejammert habe, wie gern ich Mutti hier hätte, etc. Wenn Du mit Ludwig telephonierst, sag es ihm mal. Er kann meine Bedenken am besten beurteilen, und auch, wie dringend es mit Butzi ist."

Die Teilung Berlins verhärtete sich, und Maria bezweifelte aus gutem Grund, dass Friedemann jemals in die sowjetische Zone ziehen würde. Auch Esi glaubte nicht daran, dass Butzi nur eine Minute lang darüber nachdenken würde, nach Amerika auszuwandern. Das Land, in dem sie leben wollte, entstand gerade direkt in ihrer Nachbarschaft. In allen ihren Briefen ignorierte Maria Butzis Verbindung zu Irmgard, auch Hildur und Esi erwähnte sie nicht. Die Beziehung von Butzi zu Irmgard dürfte aber eine große Rolle bei Marias Entschluss gespielt haben, sich an die Wuests zu wenden.

Einen Monat, nachdem sie im September 1949 in den sowjetischen Sektor gezogen war, fand Butzi eine Stelle in der Kanzlei ihrer Freundin Ingeborg Gentz, was ihr Gelegenheit gab, sich auf das zweite juristische Staatsexamen vorzubereiten, das notwendig war, um als Anwältin zu arbeiten. Butzi bestand dieses Examen im Dezember 1952 und trat dem neu gegründeten „Rechtsanwaltskollegium der DDR“ bei. Eine Stellung im Innenministerium wurde ihr verwehrt, weil sie Verwandtschaft ersten Grades im Westen hatte. Aber da sie nun ihre Zulassung als Anwältin besaß, war sie in der Lage, den Lebensunterhalt für sich und ihre Kinder zu bestreiten.

Die Beziehung von Butzi und Irmgard hielt nach dem Umzug in das neue Haus in Wilhelmsruh nicht mehr lange. Bereits im Oktober 1948 hatte die Assistentin der bekannten Tänzerin Gret Palucca Irmgard gebeten, ihr dabei behilflich zu sein, in Berlin einen Ort für die Dresdner Ballettschule zu finden, die Palucca 1945 wiedereröffnet hatte. Wie Irmgard war sie verheiratet gewesen, hatte dann aber jahrelang in einer mehr oder weniger offenen lesbischen Beziehung gelebt. Irmgard half ihr in Berlin, wo sie nur konnte. Im Herbst 1949, nicht lange nach ihrem Umzug nach Wilhelmsruh, entschloss sie sich, bei Palucca und einer ihrer Dresdner Partnerinnen einzuziehen. Als Palucca in Berlin eine Wohnung fand, lebte Irmgard dort mit ihr, während Butzi mit ihren Kindern in Wilhelmsruh blieb.

Im Dezember 1950 wurde Friedemann aus russischer Kriegsgefangenschaft entlassen. Auf seinem Weg nach Stuttgart, wo er einen Neuanfang versuchen wollte, kam er auch nach Berlin, um Butzi und seine Kinder wiederzusehen. Kurz überlegte er, sich in ihrer Nähe niederzulassen, obwohl die Ehe längst am Ende war. Allerdings sah er für sich im kommunistischen Osten keine Perspektive. Noch vor Weihnachten reiste er wieder ab.

1951 reichte Butzi die Scheidung ein, als Grund gab sie politische Differenzen an. Die Scheidung verlief einvernehmlich. Butzi erhielt das Sorgerecht für die drei Kinder. Als Friedemann beruflich wieder über eine Basis verfügte, trug er zu ihrem Lebensunterhalt bei. Er heiratete erneut und bekam noch einmal

Kinder. Friedemann kam mindestens einmal im Jahr zu Besuch. Die Familie unternahm zusammen Reisen, bei denen Butzi immer dabei war. Friedemann hatte für den Rest seines Lebens zwei Familien – eine im Osten und eine im Westen. Seine Liebe zu Butzi überdauerte all die Jahrzehnte, in denen sie geschieden waren und in verschiedenen Ländern lebten. In seinen letzten Lebensjahren erklärte er, wie sehr er es bedauerte, die Weimarer Republik nicht energischer verteidigt zu haben – was natürlich Butzi als Kommunistin nicht getan hatte.

Butzi genoss einige Freiheiten, die ihr die Funktionäre der DDR einräumten. Ihr früher „Kampf gegen den Faschismus", den sie trotz ihres familiären Hintergrunds aufgenommen hatte, wurde stets gewürdigt. Sie unternahm Schritte, um ihre adelige Herkunft auszuradieren, strich das „von" aus ihrem Namen und lehnte offen jeden Kontakt zu ihrer Familie im Westen ab. In den früheren Jahren der DDR befolgte sie, was die Partei von ihr verlangte. Sie half dabei, aus den Schutthaufen an den Straßenrändern Baumaterialien auszusortieren, damit die Stadt wieder aufgebaut werden konnte. Noch 1960 war sie damit beschäftigt. Sie wollte ein ganz normales Parteimitglied sein, nichts Besonderes. Ihre Mitgliedschaft in der Kommunistischen Partei und der SED konnte sie nun offen zur Schau tragen, was ihr in der Zeit, als sie sie für den M-Apparat der KPD gearbeitet hatte, nicht möglich gewesen war.

Irmgard war 1953, nach fast vier Jahren DDR, desillusioniert. Die „demokratischen Zentralisten" hatten von den Kulturinstitutionen ihren Tribut gefordert, und sie fühlte sich nicht mehr frei zu handeln und zu arbeiten, wie sie es erhofft hatte. Sie beschloss, der DDR den Rücken zu kehren, und zog nach Sylt. Dort, in der Abgeschiedenheit der Nordseeinsel, baute sie sich ein neues Leben auf. Von 1959 an besuchte Gret Palucca sie regelmäßig. Irmgard konnte diesen Schritt vollziehen, weil sie für niemanden als sich selbst Verantwortung trug und weil

Butzi entspannt, wahrscheinlich Ende der 1950er-Jahre

sie ein Talent hatte, sich immer wieder neu zu erfinden, auch noch mit 51 Jahren. Das Haus in Wilhelmsruh überschrieb sie Butzi – ein unermesslich großzügiges Geschenk, das Sicherheit und Beständigkeit in das Leben von Butzi und ihren heranwachsenden Kindern brachte.

Obwohl sich ihre Wege bereits Jahre zuvor getrennt hatten, war Irmgards Weggang aus der DDR für Butzi ein schwerer Schlag. Mit Irmgard zusammen hatte sie ihren Rückzug aus der Welt ihrer Eltern begonnen, erst beim Wandervogel und später beim Studium des Marxismus und in der Kommunistischen Partei. Nachdem Butzi in den sowjetischen Sektor gezogen war und sich dort ein Leben aufgebaut hatte, konnte sie nicht mehr so einfach in den Westen zurückkehren, obwohl die Entwicklung

Butzi, vermutlich Ende der 1950er-Jahre

der DDR auch sie ernüchterte. Dennoch war die DDR für sie akzeptabler als Westdeutschland. Sie wollte ihre Kinder in dem Teil Deutschlands großziehen, der sich der radikaleren Veränderung verschrieben hatte. Dafür war sie bereit, über einiges hinwegzusehen.

Helga und Walter Rossow überstanden den letzten Kampf um Berlin im nahen Stahnsdorf. Walter wurde nach dem Einmarsch der Sowjets verhaftet und sollte mit anderen Kriegsgefangenen zur Zwangsarbeit in der Sowjetunion herangezogen werden. Auf dem Marsch zu einer Sammelstelle half ihm ein junger Franzose zu fliehen, der als Zwangsarbeiter in der Gärtnerei der Rossows in Stahnsdorf verpflichtet worden war. Er führte die Aufsicht über die Transportkolonne.

Nach Kriegsende zogen Helga und Walter unmittelbar nach Ludwig in das wiedergewonnene Zuhause der Hammersteins in der Breisacher Straße in Dahlem. Dass sie dadurch aus dem sowjetischen in den amerikanischen Sektor wechselten, war zu jenem Zeitpunkt Zufall, erwies sich später jedoch als Glück. In Berlin oder Umgebung wollten sie jedenfalls leben. Helga kümmerte sich weiterhin um die Gärtnerei in Stahnsdorf, während Walter begann, als Gartendirektor für den Bezirk Zehlendorf und damit auch für die amerikanischen Einrichtungen zu arbeiten. Er hatte das Glück, sogar über ein Auto zu verfügen. Aber seine Ziele lagen höher. Er wollte wieder als Landschaftsarchitekt und in der Stadtplanung tätig werden, wie er es vor 1933 getan hatte, als er bei fortschrittlichen Firmen angestellt war, darunter einer, bei der auch der gesellschaftlich engagierte Architekt Bruno Taut gearbeitet hatte.

Walter hatte klare Ansichten zum Verhältnis der Stadt zur Natur, die von den Pionieren der Weimarer Zeit genährt waren. Sein erster Erfolg war ein Preis für den Entwurf des Denkmals für deutsche „Antifaschisten", das die Sowjets in Friedrichsfelde errichten wollten. Doch sein Entwurf wurde nie umgesetzt. Es war der letzte Niederschlag seiner frühen politischen Ansichten, den er anschließend aus seinem beruflichen Lebenslauf tilgte. Die Erfahrung der Blockade durch die Sowjets und die amerikanische Reaktion darauf beeindruckten Helga und Walter nachhaltig und machten sie zu überzeugten Bürgern des Westens. Das änderte nichts an ihrer Verbundenheit mit der Sozialdemokratie oder an dem Standpunkt, dass die Hinterlassenschaft der Nazis entschieden bekämpft werden müsse. Beunruhigt verfolgten sie die gesellschaftlichen und wirtschaftlichen Entwicklungen im sowjetischen Sektor. Obwohl Helga und Butzi sich stets nahestanden, verfolgte Helga einen ganz anderen Lebensweg. Sie war Wissenschaftlerin, und als solche schätzte sie die Stringenz der Logik. Ihre Lebenserfahrung hatte sie Utopien gegenüber skeptisch werden lassen, ob es nun die der Linken oder die der Rechten waren. In anderen Bereichen blieb Helga ihrer Schwester gegenüber loyal. Ein Jahr lang, bis Butzi den amerikanischen Sektor nach Ende der Blockade verließ, verbrachten sie viel Zeit miteinander. Auch nachdem Butzi mit ihren Kindern nach Wilhelmsruh gezogen war, besuchte Helga sie regelmäßig. Beide ließen nicht zu, dass ihre politischen Überzeugungen kollidierten. Sie verstanden sich gegenseitig jenseits politischer Diskussionen. Helga wäre nie in den Sinn gekommen, den Entschluss ihrer älteren Schwester, in die sowjetische Zone zu ziehen, infrage zu stellen, egal, welchen Druck Maria diesbezüglich ausübte.

In der Breisacher Straße bezogen Helga und Walter das oberste Stockwerk und den Dachboden, wo Walter sein erstes Studio einrichtete. Maria wohnte, sofern sie nicht in Steinhorst weilte, mit Ludwig und Kunrat in den unteren Etagen; Franz hörte auf sich. Statt sich auf eine Karriere in der Wirtschaft vorzubereiten, begann er im westfälischen Bethel Theologie zu studieren; Hildur blieb in München, wo sie studierte und zu arbeiten begann. 1945 nahmen Helga und Walter einen Jungen mit dem Namen Horst auf, der seine Eltern in den letzten Kriegsmonaten bei der Flucht aus Schlesien verloren hatte. Verglichen mit ihren älteren Schwestern wurde Helga spät Mutter, was sie durch die Aufmerksamkeit und Fürsorge ausglich, mit der sie das Kind überschüttete. Er vervollständigte Helgas neues Leben. Sie sorgte dafür, dass Walter Ruhe für seine Arbeiten hatte, dass Horst so bemuttert wurde, wie er es brauchte, und dass Marias Wünsche erfüllt wurden. Helga verfügte über einen gesunden Menschenverstand und eine Bestimmtheit, die ihr halfen, Marias Impulsivität und Gleichgültigkeit, wenn es um ihre eigenen Bedürfnisse ging, auszugleichen. Ihr Verhalten strahlte Autorität und Ruhe aus.

Am 6. und 9. August 1945 warf die US-Luftwaffe Atombomben über Hiroshima und Nagasaki ab. Eine Woche später kapitulierte Japan. Die unmittelbare Sorge von Esi und Jochen war, wie sie das soziale und wirtschaftliche Chaos überleben sollten, das auf den Kollaps sämtlicher Regierungs- und Gemeinschaftseinrichtungen folgte. Zwar gab es einen florierenden Schwarzmarkt, für den man aber Ersparnisse gebraucht hätte, über die sie nicht verfügten. Im Juni 1945 war Esis und Jochens viertes Kind, Vergilia, geboren worden. Sie zehrte sehr an Esis Kraft und Wohlergehen, brachte aber große Freude, die bitter nötig war.

Mit den Alliierten kehrten einige Offiziere nach Japan zurück, die Esi und Jochen schon vor dem Krieg gekannt hatten. Im Januar 1946 wurde Jochen von den Amerikanern in Tokio als Übersetzer angestellt. Er sollte für die Abteilung arbeiten, die die Kriegsverbrecherprozesse vorbereitete. Zwei US-Offiziere hatten ihn empfohlen: Der eine war der Sohn eines russischen Paares, mit dem Jochen sich in den Dreißigerjahren in Tokio angefreundet hatte, der andere, Douglas Overton, sein alter Freund von der Anglican St. Paul's University in Tokio, der als Colonel zur amerikanischen Armee gegangen war. Beide bürgten dafür, dass die US-Administration sich trotz seines deutschen Passes und seiner Übersetzertätigkeit für die deutsche Botschaft politisch auf ihn verlassen konnte. Ohne diese Verbindungen und diese Freunde wäre es schwer vorstellbar gewesen, dass die Familie die bevorstehenden Monate hätte überleben können. Die Besatzer ordneten die Ausweisung aller Deutschen in Japan an. Ende des Jahres 1946 sollte das erste Schiff mit dem Ziel Bremerhaven auslaufen, Anfang 1947 das zweite. Jochen und Esi gelang es unter Mühen und mithilfe der zwei alliierten Offiziere, dass ihre Namen von der Liste gestrichen wurden.

Da Jochen wieder über ein regelmäßiges, wenn auch bescheidenes Einkommen verfügte, hatten er und Esi Zeit, über ihre Zukunft zu sprechen. Die Schöns aus Montreal hatten Esi und

Die Paasches mit Freunden vor ihrem Haus in Chigasaki, 1946

Jochen ermuntert, nach Deutschland zurückzukehren, was sie auch im Oktober 1946 an Maria schrieben. Maria antwortete, sie habe gerade durch einen Brief von Esi erfahren, dass die Paasches bereits über ihre Rückkehr nachdächten. Sie und die anderen Familienmitglieder wünschten sich inständig, dass Esi zurückkommen würde. Sie seien optimistisch, dass Jochen an einer deutschen Universität eine Professur für Japanologie bekäme. Die Schöns leiteten diesen Brief an Esi und Jochen weiter, die ihn im Januar 1947 erhielten. Esi war hin und hergerissen zwischen der Sehnsucht ihrer Mutter nach ihr und ihren Enkeln, die sie noch nie gesehen hatte, und der Furcht vor dem, was sie in Deutschland erwarten würde. Sie schrieb den Schöns: „Obwohl ich nichts mehr wünschte, als meine arme Mutter zu sehen und von meinem Vater zu hören und mit meinen Geschwistern zusammen zu sein, spürte ich nichts als Schrecken bei dem Gedanken, jetzt gezwungen zu sein, dorthin zu reisen. Es hat keinen Zweck, aus einem geschlagenen Japan in ein geschlagenes Deutschland zu gehen."

Jochens Bruch mit Deutschland war entschieden und endgültig. Im Gegensatz zu Esi hatte er keine Sekunde lang in Betracht gezogen, nach Deutschland zurückzukehren. Amerika war für ihn das „Land der Zukunft". Er wollte endlich einer Perspektive ohne Angst und Gefahr entgegensehen, und Esi fand den Gedanken schrecklich, zusammen mit anderen Deutschen ausgewiesen zu werden: „Es ist sehr schwer für all jene, die jetzt gehen müssen. Aber diese Leute wissen wofür, und die meisten von ihnen hatten den ganzen Krieg über ein leichtes Leben und sind gut gerüstet. Dennoch gibt es Grund, das Schiff ein ‚Selbstmordschiff' zu nennen, wie es ein Freund von uns gestern tat. Es ist eine Deportation." Ihre Namen von der Liste zu streichen war ein Risiko – die Ausweisung bedeutete schließlich einen Freifahrtschein nach Deutschland. Sie wussten, dass sie nicht mehr lange in Japan würden bleiben können. Das Land war zwar nicht mehr im Krieg, aber es war in große Armut und entsetzliches Elend versunken. Die Japaner machten deutlich, dass Deutsche unerwünscht waren – tatsächlich waren sie Gegenstand von Hohn und Spott. In Jochens Worten: „Wir müssen bald in eine bessere, fruchtbarere, stabilere und gesündere Lebensphase eintreten. Wie wir das anstellen sollen, wissen wir nicht, und von hier aus können wir das offenbar auch nicht wissen. Die Familie leidet noch immer unter diversen Schwierigkeiten, und wir müssen unbedingt in nicht allzu ferner Zukunft eine große Änderung in Betracht ziehen. Als ‚ausländische Staatsangehörige' haben wir in Japan keine Zukunft, kein richtiges Einkommen, werden sozial nicht anerkannt, gar nichts. Wir leben von der Hand in den Mund, und Esi muß sehr aufpassen, um in der zweiten Monatshälfte überhaupt noch Geld zu haben. Unsere Kinder bekommen irgendeine Bildung. Wir hoffen, daß unsere Kinder bald eine andere Luft atmen, aber wir wissen nicht, was wir dafür tun sollen."

Esi wollte ihren Traum erfüllen, in Kanada in Gretes Nähe zu leben: „All diese einsamen, harten Jahre über hatte ich eine Vision: daß wir am Ende mit euch zusammen sind. Die Gedanken und Vorstellungen, die mich durch die letzten zwölf Jahre getragen haben, habe ich von euch bekommen, ehe wir Deutschland verlassen haben. Ihr steht als Mutter und Bruder und Schwester für mich an erster Stelle. Also treffen wir zuerst euch. Um es klar und deutlich zu sagen: was ich will, ist den Sommer mit euch verbringen, um einen Schlußstrich unter die Vergangenheit zu ziehen und eine neue Phase in unserem Leben zu beginnen, in der die spirituelle Gemeinschaft mit dir an erster Stelle steht. Wir haben mit Blick auf unser weiteres Leben nichts Spezielles vor, aber wir vertrauen darauf, daß Gott etwas mit uns vorhat und daß er uns führen wird, wie er uns bis heute geführt hat."

Mit einer sechsköpfigen Familie auszuwandern war eine beängstigende Aufgabe. Amerika kam zunächst nicht infrage, weil dafür ein Affidavit und eine bei einer amerikanischen Bank zu hinterlegende hohe Geldsumme nötig gewesen wären. Kanada hingegen betrieb eine sehr restriktive Einwanderungspolitik. Ihr größtes Glück war, dass Colonel Overton ihnen dabei half, als deutsche Staatsbürger bei der amerikanischen Botschaft vorsprechen zu dürfen. Er diente ihnen dort als Ratgeber, Mäzen und Vermittler.

Ende 1947 gelang es Robert und Grete Schön, wiederum dank der Vermittlung von Colonel Overton, Visa für Esi, Jochen und die Kinder zu bekommen – nicht für Kanada, aber für die USA. Robert hatte von all dem Geld, für das Jochen ihm 1935 in Deutschland die Verantwortung übertragen hatte, letztlich noch 1000 US-Dollar, womit die Überfahrt bezahlt werden konnte. Sie mobilisierten Freunde aus der Vorkriegszeit, die jetzt in Kanada und den USA lebten, ihnen bei der Beschaffung eines Affidavits zu helfen. Es war dann jedoch Colonel Jacob Wuest, der sich bereit erklärte, die verlangten 7000 Dollar zur Verfügung zu stellen. Im März 1948 schifften sie mit der „Flying Scud" nach San Francisco ein, einem leeren amerikanischen Frachter, als einzige Familie an Bord.

Flucht aus Japan

Als feststand, dass die Familie nach Amerika auswandern würde, ging Esi mit ihren Kindern an den Strand vor der Tür ihres Hauses in Chigasaki und erzählte ihnen, dass sie ins „Land of milk and honey" reisen würden. Joan war elf und lernte bei einem Benediktinermönch Englisch, Gottfried, zehn Jahre alt, ging auf eine englischsprachige Jesuitenschule, ebenfalls in Yokohama. Als sie in San Francisco ankamen, hatten sie kaum Geld und waren auf ein Darlehen von 300 Dollar angewiesen, das ihnen Ernst Baerwald, ein Kollege von Wilhelm Haas bei den I. G. Farben in Peking, gewährte. Er hatte schon in der Nazizeit Juden bei der Flucht geholfen.

Esi und Jochen betrachteten die USA nicht als vorübergehenden Aufenthaltsort, wie es in Japan der Fall gewesen war. Sie kamen als Immigranten, mit sehr wenig Gepäck, weil Jochen in letzter Minute Angst bekommen hatte, dass die Amerikaner Anstoß nähmen an japanischen Gegenständen wie der bronzenen runden Tischplatte, die Esi von den Eltern der Kumes in Yokohama geschenkt bekommen hatte.

Schon wenige Wochen nach ihrer Ankunft fand Jochen mithilfe von Professor Karl Brandt, ihrem alten Freund aus Berlin, jetzt Professor an der Stanford University, Arbeit in der dortigen „Hoover Library and Archives on War, Revolution and Peace“, wo er für die Katalogisierung chinesischer Bestände zuständig war. Trotz der Wohnungsnot, die in der Nachkriegszeit herrschte, gelang es ihnen, ein kleines, aber angemessenes Haus mit einem schönen Garten zu finden, in dem Artischocken und Obstbäume wuchsen und das in der Nähe der Universität lag. Es war ein kalifornisches Idyll. Die drei großen Kinder wurden in der öffentlichen Grundschule des Viertels angemeldet. Esi arbeitete, um das Familieneinkommen aufzubessern, als Sekretärin an der Universität. Für Esi und Jochen hatte ein neues Abenteuer begonnen, dieses Mal in einem Land, das vertraut wirkte und dessen Sprache sie beherrschten. Auf dem Campus trafen sie bekannte deutsche Exilanten, die Deutschland gleich in den Dreißiger- oder in den frühen Vierzigerjahren verlassen hatten. Zu ihnen gehörten Fritz und Herta Epstein, die 1933 emigriert waren. Er war Historiker für Osteuropäische Geschichte und Kurator der Central European and Slavic Collections der Hoover Library. Sie interessierten sich sehr für dieses exotische deutsche Paar mit den vier kleinen Kindern, das 1948 über Japan nach Amerika gelangte. Außerdem trafen Jochen und Esi amerikanische Offiziere – jetzt Studenten – wieder, die sie in Tokio kennengelernt hatten. Nachdem Esi und Jochen jegliche intellektuelle Anregung lange schmerzlich vermisst hatten, fanden sie nun Menschen, mit denen sie sich auf gleichem Niveau geistig austauschen konnten. Sie blühten dabei förmlich auf. Amerika hielt sein Versprechen.

Wie in Japan drang jedoch auch hier bald die bittere Realität in ihr Leben ein. Um Geld zu sparen, zogen Esi und Jochen bald in eine günstigere Studentenwohnung in einer alten Militärbaracke. In dieser Unterkunft, in der sie sehr beengt lebten, erhielten sie Besuch von dem deutschen Schriftsteller Ernst Wiechert, der auf Lesereise in Amerika unterwegs war und das Leben und

Jochen Paasche, 1948/49

die Schriften Hans Paasches kannte. Dann ereilte die Familie der nächste Schock: Jochen wurde in der Hoover Library durch einen Muttersprachler ersetzt. Es zeichnete sich ab, dass er keine gleichwertige Arbeitsstelle finden würde, solange er nicht das Studium abschloss, das er in Berlin begonnen hatte. Sie zogen nach Berkeley um, weil die staatliche University of California deutlich weniger Studiengebühren forderte als Stanford. Gottfried und Joan lebten bei Familien in Menlo Park, damit sie nicht die Schule wechseln mussten, was Esi wichtig war. Die Familie sollte für lange Zeit nicht mehr unter einem Dach leben. Esi setzte sich das Ziel, Hauptverdienerin zu werden, auch um es Jochen zu ermöglichen, sein Studium wieder aufzunehmen und sich ganz seinen intellektuellen Interessen zu widmen.

Im Alter von 28 Jahren erhielt Esis jüngerer Bruder Franz ein Stipendium, um sein Theologiestudium ab Herbst 1948 an der University of Chicago und der Howard University in Washington D.C., der historisch afroamerikanischen Universität, fortzusetzen. Die Erfahrungen, die er während des Nationalsozialismus und des Krieges gemacht hatte, hatten dazu geführt, dass er seinen Plan, in die Wirtschaft zu gehen, aufgab und sich stattdessen an der Kirchlichen Hochschule Bethel in Bielefeld einschrieb. Er studierte intensiv Judaismus und schrieb seine Doktorarbeit über Martin Buber. Ein Jahr später bekam Hildur im Alter von 25 Jahren ein amerikanisches Stipendium, um bei der Ausbildung von Kindern von Überlebenden des Widerstands zu helfen. Sie lebte ein Jahr lang in North Carolina. Franz besuchte Esi zweimal, zunächst an Weihnachten 1948 und dann im folgenden Sommer, Hildur kam 1950 zu Besuch. Esi hatte beide nur als Kinder erlebt. Franz schilderte Maria seinen Besuch: „Mein Weihnachten bei Esi wahr sehr schön; die Kinder sangen Weihnachtslieder und freuten sich sehr an den Kerzen. Übrigens, Paasches haben in Japan vor und während des Krieges in sehr starker Isolierung von allen Deutschen gelebt und sind sehr angefeindet worden. Z. B. auch von den Japanern. Gestapo. Selbst die Kinder hat man das in der Schule fühlen lassen."

Im Sommer 1949 hielt sich Franz ein paar Monate bei Paasches in Kalifornien auf, ehe er im Herbst sein Studium an der Howard University fortsetzte. Seine Briefe an Maria zeichnen ein realistisches Bild über die Situation, in der sich Jochen und Esi befanden. Am 22. Juli 1949 schrieb er: „Ich spiele jeden Morgen mit Esi und deren Kindern eine Stunde Tennis. Die Kinder kommen hier immer noch nicht sehr gut zurecht. Teils sind sie zu deutsch, teils zu japanisch in ihrem ganzen Wesen, so daß es gar nicht so einfach ist." Einen Monat später, am 24. August 1949, teilte er mit: „Jochen macht jetzt hier auch noch genau wie meist in Japan sehr zweitrangige Arbeit, die weder seinen Fähigkeiten noch seinen Interessen entspricht, aber es bahnen sich in weiter Ferne bessere Dinge an." Und noch einmal einen Monat später, am 22. September 1949, berichtet er: „Bin augenblicklich unter anderem ziemlich beschäftigt mit dem Schreiben von Briefen, um für Jochen einen neuen Job zu finden, was sehr schwer ist. Falls Du noch irgendwelche Ideen hast hinsichtlich einer Stellung für Jochen, so schreib mal darüber. Es ist hier nicht so einfach, weil er einerseits noch kein Bürger der USA ist und andererseits keine abgeschlossene akademische Ausbildung hat. Viele Stellungen, die er haben könnte, sind durch diese beiden Punkte ausgeschlossen. Außerdem ist er zart und liebt es nicht, bei einer Arbeit irgendwie zeitlich gedrängt zu werden, was in Amerika leider Sitte ist, weil jeder in der Zeit, für die er bezahlt wird, möglichst viel schaffen soll." Zwei weitere Briefe veranschaulichen knapp Jochens berufliche Not: 28. September 1949: „Jochen sucht noch neuen Job: Sehr schwierig, Krisenlage! Aber sie regen sich nicht mehr über solche Dinge auf." 5. Oktober 1949: „Vielleicht klappt es jetzt für Jochen mit der Universität Berkeley, die viel angenehmer ist als Stanford. Unter Umständen kann er dort einen degree machen und dann mit degree nach Deutschland zurückkommen; denn das würden sie schon ganz gern. Wohl fühlen tun sich beide in Amerika nicht so recht."

Einige Wochen danach sucht er zu beruhigen und findet warmherzige Worte für Esis und Jochens Familie. 9. Januar 1950: „Geliebte Mama, las gerade eure Briefe über die peculiar family. Mach Dir nur keine Sorgen über das. Was Esi jedenfalls betrifft, so ist sie wahrscheinlich das beste Stück in der Familie und innerlich so ausgeglichen, daß ich dort wirklich gern war." Und am 13. Juni 1950 erklärt er: „Mach nur nicht zu vielen Leuten die Hölle heiß über Paasches. Der Realismus von

Frau Epstein ist ganz unreal gegenüber Paasches, die dadurch unglücklich gemacht werden. Esi will die Kinder nicht [nach Deutschland] geben, und da hat sie ganz recht. Und Esi ist mit Jochen verheiratet und liebt ihn und nicht den Realismus von Frau Epstein, und sie hat Jochen geheiratet, gerade weil er so ist, wie er ist, und trotz allem Schweren, was sie durchgemacht haben. Trotz oder wegen Jochens ‚Idealismus' sind die Kinder gut erzogen und mir lieber als meine anderen Neffen und Nichten. Wenn Jochen mit seinem Job in Stanford absolut unglücklich war, warum sollte er dann dort bleiben? Vielleicht wegen des materiellen Wohls der Familie? Was ist das wert, wenn er immer das tun muß, was er nicht mag, und Esi mit ihm darunter leidet? Das ist alles Unsinn. Es ist richtig und gut, daß sie in Berkeley sind, und sie werden auch weiter ihren Weg gehen, vielleicht auch mal nach Deutschland kommen, wenn die Zeit dafür reif ist. Jetzt wäre es Unsinn, weil sie es viel schwerer hätten als in Californien. Carl Friedrich Weizsäcker hat auch sehr abgeraten, jetzt übereilt zurückzugehen. Wie soll er jetzt in Deutschland einen Job finden, der ihm zusagt."

Franz' Briefe offenbaren in aller Deutlichkeit, welch große Sorgen Maria sich um ihre Kinder machte. In diesen Monaten hatte sie auch genügend Grund dazu. Friedemann Münchhausen war in russischer Kriegsgefangenschaft bzw. gerade zurückgekehrt, Kunrat fand nur langsam seinen Weg in ein normales Leben, und Butzi war in die Sowjetische Besatzungszone gezogen.

In Kalifornien trat Klaus Mehnert wieder in Esis Leben. Er hatte während des Krieges in Shanghai eine deutschsprachige Zeitschrift herausgegeben, finanziert vom deutschen Auswärtigen Amt. Es war ihm gelungen, dort einigermaßen unabhängigen Journalismus zu betreiben und Menschen Arbeit zu geben, die anderweitig keine fanden. Auf seinen Rat hin veröffentlichte Jochen in den Fünfzigerjahren Artikel in der Zeitschrift „Osteuropa". Jochen seinerseits konnte Mehnert dank seiner

Chinesischkenntnisse bei den Recherchen für seine Bücher behilflich sein.

Klaus Mehnert hatte Jochen und Esi einst zusammengebracht, und er begleitete sie durch ihr Leben. Sie trafen sich in Japan und später mehrmals in Amerika. Esi überwand die Gefühle, die sie für ihn gehabt hatte, bevor sie Jochen kennenlernte, niemals ganz, doch sie zweifelte, dass sie sich gegenseitig wirklich kannten. Sie sehnte sich nach einer Freundschaft mit ihm und war enttäuscht, dass er dazu nicht in der Lage war, auch wenn er den Kontakt immer hielt. 1956 schrieb Esi ihm: „Du scheinst gerne einfach aufzutauchen und wieder zu verschwinden, ohne auch nur eine Adresse zu hinterlassen. Ich habe an unser Abendessen vor 15 Jahren gedacht, im Teikoku Hotel, und an die kurze Zeit im Park auf der anderen Straßenseite und den Spaziergang zurück zum Tokyo Ekki. Du hast mich gefragt, was Jochen meiner Meinung nach gerne tun würde, wenn der Krieg vorbei wäre. ‚Dabei helfen, Deutschland aufzubauen', war meine Antwort. Und dann sagtest du mir im Tokyo Ekki auf Wiedersehen, so wie du mir im Shattuck (Berkeley) und in der Universität auf Wiedersehen gesagt hast. Du hast weiterhin wie ein Deutscher gelebt, obwohl du weit weg warst von Deutschland. Und wir haben weiterhin das Leben des Emigranten geführt, nicht das des emigrierten Spezialisten, sondern das des emigrierten Studenten. Und wir haben alle den Kelch bis zum bitteren Ende getrunken. Dann machtest du einen Neustart, und wir machten einen Neustart. Du dachtest an Deutschland und halfst dabei, es aufzubauen. Wir dachten an uns und an unser unterbrochenes Studium, den unterernährten Zustand unserer Kinder. Unser jüngstes war erst zwei. Wir wollten einen Einschnitt, eine neue Chance, und so kamen wir hierher, ohne zu wissen, was es bedeutete, in einem anderen Land neu zu beginnen; wir hatten uns mit diesem Land nicht mal eingehend beschäftigt, und von Japan aus wirkte es auf uns wie ein Außenposten Europas, denn die Amerikaner, die wir dort kennenlernten, waren mehr oder weniger wie Europäer. Wir haben einfach ein paar ungewöhnliche kennen und mögen gelernt. Ich dachte, ich könnte einfach bleiben, was ich bin."

Schon ein Jahr zuvor notierte sie über einen Besuch dieses ungewöhnlichen Mannes: „Klaus Mehnert betrat den Raum, so schlank und lebhaft wie immer. Später saßen wir im Gras unter Eukalyptusbäumen, aßen Brote und sahen über die Bucht auf die Golden Gate Bridge. Erinnerten uns, wie wir so im Gras gesessen und über das Schilf der Havel geblickt haben, bei unserem letzten gemeinsamen Spaziergang. Viele haben wir nicht gemacht. Seitdem sind 22 Jahre vergangen. Wir haben uns nur ein paar Mal gesehen, aber ich hatte jedes Mal dasselbe Gefühl: Ich wäre gern mehr mit Klaus zusammen, damit wir uns besser kennenlernen können. Wir haben uns nie kennengelernt. Aber dafür braucht es zwei, die das wollen. Stimmt es, daß zwischen den Geschlechtern nur Liebe sein kann, aber niemals Freundschaft? Gibt es keine Zeit für Freundschaft?"

Der letzte Satz war vielsagend, bezog sich aber auch allgemein auf das Leben in der neuen Heimat. Die Gesellschaft in den USA erschien ihr viel zugänglicher als die japanische. In Japan war sie weitgehend Außenseiterin geblieben, eine Besucherin. Amerika bot ihr die Chance, dieser Gesellschaft und Kultur anzugehören. Dabei stand das Thema Freundschaften immer wieder im Mittelpunkt ihrer Gedanken. Sie war erstaunt, wie leicht man Leute kennenlernte und wie zugewandt sie einem erschienen – und wie schwierig es dennoch war, echte Freunde zu finden. Das war zumindest verwirrend. Sie hatte nicht erwartet, in einer so gastfreundlichen und scheinbar offenen Gesellschaft so einsam zu sein.

In den Jahren nach dem Ende des Zweiten Weltkrieges fanden sich Butzi, Esi und Helga in einem neuen Leben wieder. Die Umstände hätten unterschiedlicher nicht sein können.

Maria und Butzi, vermutlich 1955

Beinahe zwanzig Jahre, nachdem Butzi das Zuhause in der Berliner Bendlerstraße als Erste verlassen hatte, lebte sie im sowjetischen Teil Deutschlands. Helga erfand sich im Westen neu, sie war Hausfrau, Mutter und Anker der Familie Hammerstein, ein Leben, das beinahe so unwahrscheinlich war wie ihr vorheriges. Esi traf die harte und konsequente Entscheidung, nicht in das von den Nazis befreite Deutschland zurückzukehren, sondern mit Jochen und den Kindern in Amerika ein neues Zuhause zu suchen.

Nachwort

Die drei Schwestern, die sich auf dem Hochzeitsfoto vom März 1933 vor der Kamera präsentieren, haben einen langen, gewundenen und schwierigen Weg durch das 20. Jahrhundert zurückgelegt, den weder sie noch irgendjemand anders auf dem Foto sich hätte vorstellen können.

Helga verbrachte den Rest ihres Lebens in West-Berlin, Butzi den Großteil ihres Lebens in Ost-Berlin und Esi in den USA. Aus unterschiedlichen Gründen sahen sich weder Butzi noch Esi in der Lage, nachdem sie sich einmal für die DDR beziehungsweise die USA entschieden hatten, so einfach wieder in die alte Heimat zurückzukehren. Dass Butzi im sozialistischen Teil Deutschland blieb, war für sie nicht nur eine Frage des Lebensunterhalts, den sie dort für ihre Kinder und sich verdienen konnte, es war auch der Wunsch, am Aufbau eines anderen, besseren politischen Systems mitzuwirken. Esi emigrierte über Japan in die Vereinigten Staaten, die ihr oberflächlich vertraut schienen, die dann aber größere Herausforderungen bereithielten als erwartet. Wie schon in Japan bestimmte der Kampf um den Lebensunterhalt für die sechsköpfige Familie ihren Alltag. Jochen war sich sicher, dass er die richtigen Entscheidungen getroffen hatte, ungeachtet aller Schwierigkeiten und Enttäuschungen. An eine Rückkehr ins „Heimatland" verschwendete er keine ernsthaften Gedanken.

Esi brach nie radikal mit ihrer deutschen Vergangenheit und sehnte sich doch immer wieder nach einem Leben bei ihrer Berliner Familie und den alten Freunden. Helga und Butzi hielten während der deutschen Teilung engen Kontakt, teils offen, teils verdeckt. Die Beziehung, die sie seit frühester Jugend aufgebaut hatten, erwies sich als stabil. Esi war weiterhin die Außenseiterin – das klassische mittlere Kind. Die Briefe, die Esi in den

Beerdigung von Maria von Hammerstein, 1970:
links Ludwig, in der Mitte Butzi und Esi

Jahrzehnten nach Kriegsende an ihre Schwestern schrieb, sind herzlich, doch echte Vertrautheit findet sich selten. 1970 waren Esi und Butzi in Mutlangen am Sterbebett ihrer Mutter. In dieser Zeit führten sie lange Gespräche, auch über Menschen wie Nathan Steinberger, die sie in Neukölln gekannt hatten. Auch mit Helga ergab sich die Chance auf tiefergehende Gespräche, als Esi sie in den Achtzigerjahren in Guarda, bei Schuls im schweizerischen Engadin, besuchte, wo sie und Walter ein Ferienhaus und ein Studio besaßen. Über Helgas „geheimes" Leben wurde dabei nicht gesprochen.

Maria fand ihre letzte Ruhestätte neben Kurt auf dem Friedhof der Hammersteins in Steinhorst. Als sie beerdigt wurde, waren Helga und Walter gerade in Japan, um die Weltausstellung zu besuchen. Doch Butzi und Esi und ihre vier Kinder waren gekommen. Es war das einzige Mal, dass Esi und ihre Kinder alle zusammen in Deutschland waren. Von Butzis Kindern war nur Kai anwesend, der inzwischen im Westen lebte.

Butzis entschieden anti-westliche Einstellung hielten weder ihre Geschwister noch ihre Mutter davon ab, engen Kontakt zu ihr zu halten. Die Gegnerschaft zu den Nationalsozialisten hatte sie zusammengeschweißt. Später fanden sie Wege, über die Unterschiede in ihren politischen Ansichten, ihrem Temperament und den Lebensweisen, für die sie sich jeweils entschieden hatten, hinwegzusehen. Ihr Zugehörigkeitsgefühl, ihre Nähe und ihre Liebe zueinander bewiesen sie sich auch in der Art, wie sie sich gegenseitig um ihre Kinder kümmerten. Im Laufe der Zeit lernten sich alle einundzwanzig Enkel von Kurt und Maria kennen. Die Enkel waren im Alter noch sehr viel weiter auseinander als ihre Eltern: Butzis Christiane, das erste Kind dieser Hammerstein-Nachfahren, war 1934 geboren worden, das jüngste, Hildurs Ian, 1961 und damit beinahe dreißig Jahre später.

Maria empfand es als ihre wichtigste Aufgabe, die Familie zusammenzuhalten. Sie gab nichts auf Politik, Religion oder Einstellungen, die dabei hätten stören können. Ideologien bedeuteten ihr nichts, für sie stand einzig und allein der Mensch im Mittelpunkt. Sie war charmant und engagiert und immer um die Jugend bemüht. Als Butzi in Ost-Berlin lebte, nahm sie wöchentlich mühsame Wege über die streng kontrollierte Grenze auf sich, um sie und ihre Enkelkinder zu besuchen und sie mit Geschenken zu versorgen. Ununterbrochen kümmerte sie sich um all ihre Kinder. Darüber hinaus war sie eine äußerst produktive Briefeschreiberin. Die Enkel durften jederzeit zu ihr in die Breisacher Straße kommen und taten das auch. Wie bei ihren eigenen Kindern hatten sie auch hier ihre Lieblinge, aber das hinderte sie nicht daran, sich um alle hingebungsvoll zu kümmern.

In den Fünfzigerjahren reisten mehrere Hammersteins nach Amerika und besuchten immer auch die Paasche-Familie. Maria lebte von der Pension ihres Mannes, die es ihr gestattete, zwei damals noch sehr teure Reisen in die USA zu unternehmen und dort mehrere Wochen bei Esi und ihrer Familie zu verbringen. Bei ihrem ersten Besuch im Sommer 1954 war sie angesichts der Lebensumstände von Esi so entsetzt, dass sie ihren Ärger an Jochen ausließ und dann an Kunrat schrieb, er solle ihr Geld schicken. Im selben Jahrzehnt kam Franz mit seiner Frau und seinen kleinen Kindern nach Amerika, um vorübergehend als Pastor in einer Gemeinde in New Jersey zu arbeiten. Hildur hielt sich Ende der Fünfzigerjahre mit ihrem amerikanischen Ehemann, den sie in Berlin kennengelernt hatte und der zeitweise dort beruflich tätig war, längere Zeit in den USA auf, ehe beide nach Berlin zurückkehrten. Ludwig ging im Juni 1952 nach Kalifornien, nachdem er ein Stipendium erhalten hatte, um Journalismus zu studieren, und besuchte dabei selbstverständlich auch die Paasches.

In ihrer zweiten Lebenshälfte wurde Helga zum Zentrum der großen Familie Hammerstein. Symbolisch für diese Rolle war die Tatsache, dass sie im alten Familienhaus in der Breisacher Straße lebte. Sie kümmerte sich um Maria, bis diese 1970 im Alter von 84 Jahren starb. Maria hatte einen großen Freundeskreis. Nach ihrer Beerdigung nahm Helga sich ihres Adressbuchs an und achtete darauf, dass alle Bekannten und Freunde über Marias Tod benachrichtigt wurden. Helga verzichtete darauf, in ihren Beruf als Chemikerin zurückzukehren und wieder zu arbeiten. Stattdessen ging sie in ihrer Rolle als Mutter und Ehefrau auf. In den Jahren, bevor sich Walter einen Namen machen konnte, war das nicht leicht, aber Helga sorgte dafür, dass er seiner Arbeit nachgehen konnte, wozu auch das Studio in ihrem Haus in der Breisacher Straße gehörte. Als Maria 1959 das zweite Mal nach Amerika reiste, besorgte Helga in der Nähe eine Wohnung für ihre Mutter, ohne sie groß zu fragen. Wie Maria darauf reagierte, ist nicht überliefert. Maria war keine einfache Mitbewohnerin, schon gar nicht mit einem so anspruchsvollen Schwiegersohn wie Walter. Helga hatte sich die Aufgabe gestellt, dafür zu sorgen, dass Walter sich seiner Arbeit widmen konnte, und verschaffte ihm den dafür notwendigen Freiraum.

In den Siebziger- und Achtzigerjahren bekam Walter immer größere Aufträge und erhielt Auszeichnungen, darunter 1972 den Orden Pour le Mérite für Wissenschaften und Künste, sodass Helga Zeit und Gelegenheit fand, ihren eigenen intellektuellen und künstlerischen Interessen nachzugehen. Sie las viel und profitierte von Walters Bekanntenkreis aus Intellektuellen und Künstlern. Mit ihrem wachen Geist, ihrer Belesenheit und auch ihrem Familiennamen trug sie zu seiner Reputation bei. Sie reiste viel, unter anderem zur Weltausstellung in Japan 1970, da Walter am Entwurf des Pavillons der Bundesrepublik beteiligt gewesen war. Sie kauften ein Grundstück und ein Haus in der Nähe des Bodensees, wo sie sich aus Liebhaberei einem Hof widmeten, auf dem sie Rudolf Steiners biologisch-dynamische Landwirtschaft umzusetzen versuchten.

Nach Walters Tod im Jahr 1992 besuchte Helga Esi in San Francisco. Es war ihre einzige Amerikareise, und sie machte sie gemeinsam mit Ludwig und seiner Tochter. Obwohl Helga Walter um viele Jahre überlebte, ging es bald auch mit ihrer Gesundheit bergab. Sie starb 2005 in einem Pflegeheim in der Nähe von Stuttgart. In der schwäbischen Hauptstadt lebte Horst, der von Beruf Möbeldesigner war, mit seiner Frau und den drei Töchtern. Die räumliche Nähe machte es ihnen möglich, Helga in ihren letzten Jahren oft zu besuchen und sie zu umsorgen. Als Helga starb, war von ihren und Walters Geheimnissen aus der NS-Zeit kaum etwas nach außen gedrungen. Sie hatten gelernt zu schweigen. Während des Kalten Krieges war es besser, nicht von der kommunistischen Vergangenheit zu sprechen, andernfalls hätte Walters Karriere auf dem Spiel gestanden. Dieses fortgesetzte Schweigen zehrte an Helga. Über Leo Roth verlor sie kein Wort, nicht einmal gegenüber den Freunden oder Familienmitgliedern, die ihr am nächsten standen. Ihr engster Bekanntenkreis aus der Vorkriegszeit hatte Deutschland verlassen. Kurz vor dem Fall der Mauer begann Helga sich etwas zu öffnen, aber sie blieb vorsichtig. Es belastete sie sehr, die Erinnerung an Leo mit niemandem teilen zu können. Dass er umgebracht worden war, blieb ein tiefer Schmerz in ihrem Leben. Sie gehörte zu den wenigen Zeitzeugen, die über ihn und sein Leben hätten berichten können. Walter hatte ihn auch gekannt und wusste, was er Helga bedeutete.

Die höchsten Funktionäre in der DDR wussten, dass sie es gewesen war, die in den Jahren nach 1933 für den M-Apparat der KPD gearbeitet hatte. Auf kuriose Weise halfen Butzi und Helga sich gegenseitig dabei, ihre Ziele zu erreichen: Butzi beanspruchte Helgas konspirative Erfolge für sich, womit sie ihr Ansehen in der DDR stärkte, und sorgte damit gleichzeitig dafür, dass Helga nicht mehr im Rampenlicht stand, was in deren Interesse war. 1973 gab Butzi vor, die Untergrundarbeit alleine geleistet zu haben, um eine Aufstockung ihrer Pension zu erreichen sowie als Argument für die besondere Anerkennung ihrer antifaschistischen Aktivitäten in Form einer Medaille. Was Helgas Vergangenheit in der Bundesrepublik während des Kalten Krieges verdächtig erscheinen ließ, war für Butzi in der DDR von Vorteil. Mit ihren Möglichkeiten schützte Butzi ihre Schwester, die in einem Land lebte, das den Kommunismus nicht tolerierte, weder in der Vergangenheit noch in der Gegenwart.

Helga zeigte Butzi auch still und unaufdringlich ihre Zuneigung, indem sie deren ältester Tochter Christiane in West-Berlin einen Zufluchtsort bot. Christiane, die vorwiegend bei ihren Großeltern Harbou aufwuchs, hatte es 1945 geschafft, mit ihrer Großmutter von der russischen in die amerikanische Zone zu fliehen. Sie verbrachte mehrere Jahre in einem Internat in Holzminden und kehrte Anfang der Fünfzigerjahre nach Berlin zurück, um dort zu studieren. In Berlin nahm sich Helga ihrer an. Zu ihrer Mutter in Ost-Berlin begann Christiane, wenn auch zögerlich, eine Beziehung aufzubauen. Mit 19 heiratete sie überstürzt einen jungen Kollegen von Walter, den Designer und Architekten Fridtjof Schliephacke. Sie beendete die Ehe zwei Jahre später, nachdem sie 1955 ihren Sohn Han Fridtjof zur Welt gebracht hatte. Sie war das erste Enkelkind der Hammersteins, und nun wurde Han der erste Urenkel. Seine Großmutter väterlicherseits nahm das Kind bei sich auf, wie Christiane selbst, als sie nur unwesentlich älter gewesen war.

Nachtrag in eigener Sache

Kennengelernt habe ich Helga erst im Frühjahr 1960, als ich meine Großmutter Maria Hammerstein in der Breisacher Straße besuchte – Helga lebte mit Walter nebenan im eigentlichen Haus der Hammersteins. Das erste Semester meines Auslandsjahrs hatte ich an der Universität Tübingen verbracht und mich für das zweite Semester an der Freien Universität in Berlin eingeschrieben. Im Juni erwartete ich meine amerikanische Verlobte Carol Levine. Wir beschlossen, in Berlin zu heiraten. Erst viel später verstand ich, welche Bedeutung es für meine Familie mütterlicherseits hatte, dass ich ihnen Carol vorstellte. Abgesehen von Helga und Butzi war nur meine Großmutter in Berlin, die mich auf ihre typische Weise von meinen Plänen abzubringen versuchte. Helga und Butzi hatten enge Freundinnen gehabt, die sich in den Dreißigerjahren gezwungen sahen, ins Exil zu gehen. Und hier brachte ich ihnen eine jüdische Verlobte im Alter ihrer Freundinnen, die sie verloren hatten. Beide nahmen Carol herzlich auf. Helga sorgte dafür, dass ich mich so benahm, wie es einem Bräutigam angemessen war, und lieh Carol ein Kleid, das sie bei unserer Hochzeit trug. Außerdem richtete sie ein Hochzeitsfrühstück für uns aus. Auf unserer Hochzeitsreise besuchten wir dieselben Orte im Westen Frankreichs, in denen sie 1939 mit Walter gewesen war. In Holland empfahl sie uns Städte, die sie – was ich damals nicht wusste – mit Leo Roth besucht hatte.

1978 reiste ich nach Deutschland, um meine Familie zu besuchen und für ein Buch zu interviewen, das ich schreiben wollte. Ich musste aber feststellen, dass es noch zu früh war. Meine Tanten und Onkel fühlten sich, genau wie meine Mutter, nicht frei genug, über ihr früheres Leben zu sprechen – alles war noch zu nah, die Wunden waren noch nicht verheilt und der Kalte Krieg noch am Brodeln. Ihr Schweigen und die Art, wie sie mir das

Hochzeit von Gottfried und Carol 1960. Obere Reihe v. l. n. r.: Helga, Bettina (Tochter von Butzi und Friedemann von Münchhausen), Walter, Christiane (Tochter von Butzi und Mogens von Harbou); untere Reihe: Kai, Sohn von Butzi, Carol, Butzi, Gottfried

vermittelten, bestärkten mein Interesse nur. Ich las alles, was öffentlich zugänglich war, um mein Wissen über die Zeit zu vertiefen, in der sie aufgewachsen waren und lebten, insbesondere die des Ersten Weltkriegs und der Weimarer Republik.

Bei diesem Besuch erlaubte mir mein Onkel Kunrat, sein Archiv einzusehen. In dieser Zeit lebte ich eine Woche bei Helga

Die Geschwister Hammerstein trafen sich
erstmals wieder 1978 in Berlin.
V. l. n. r.: Franz, Hildur, Kunrat, Esi, Helga, Butzi, Ludwig

und Walter. Ihr war klar, warum ich gekommen war, und am Ende der Woche wollte sie mit mir spazieren gehen. Sichtlich bewegt erzählte sie mir, dass sie mit Rücksicht auf Walters Beruf nicht über ihr früheres Leben sprechen wolle. Ich wusste kaum, wovon sie redete, nur, dass sie einst Kommunistin gewesen war. Sie erzählte, dass sie während ihres Studiums in den Dreißigerjahren immer wieder gezwungen gewesen war, neue Professoren zu finden, die ihre Arbeit betreuten, weil die anderen ins Exil gehen mussten. Helga begann erst freier zu sprechen, als ich ihr 1988 von einer Konferenz zum Thema Judaismus in Mitteleuropa berichtete, auf der ich den damaligen Staatssekretär für Kirchenfragen der DDR, Dr. Klaus Gysi, kennengelernt hatte. Er

Vor dem Haus in der Breisacher Straße, im Hintergrund die Gedenktafel für Kurt von Hammerstein. V. l. n. r.: Jochen, Esi, Nils (Sohn von Hildur), Dorothee (Ehefrau von Ludwig), Ludwig, Butzi, Kunrat, Juliane (Tochter von Ludwig), Hildur und Ralph Zorn

hielt mich für Helgas Sohn und erzählte mir, dass sie ihm 1933 nach dem Reichstagsbrand geholfen habe, ein Versteck zu finden. Er wollte auch mir gegenüber seine Dankbarkeit ausdrücken.

Erst als ich Helga diese Begegnung schilderte, begann sie sich zu öffnen. Ein Jahr später besuchte ich sie an dem Ort, an dem sie mit Carol und mir einen Spaziergang durch den Wald ohne Walter gemacht hatte. Dabei erzählte sie uns von Leo und wie sie sich 1936 am Züricher Hauptbahnhof von ihm verabschiedet hatte, als er sich auf den Weg nach Moskau begab. Sie hat niemandem jemals vollständig von dieser Zeit berichtet, auch ihre Familie war weitgehend ahnungslos.

Im Juli 2003 besuchten Carol und ich Helga in ihrem Pflegeheim bei Stuttgart. Seit Monaten hatte sie kaum gesprochen, und wenn sie es versuchte, fiel es ihr schwer, Worte zu finden. Sie lag auf ihrem Bett und lauschte aufmerksam unserem Gespräch, ließ aber nicht erkennen, ob sie etwas verstand. Ich wollte mit ihr über Leo Roth sprechen, damit endlich jemand aus der Familie seinen Platz in ihrem Leben anerkannte. Mir war schon lange aufgefallen, dass die Familie ihn nie erwähnte, schon gar nicht in ihrer Gegenwart. Ich sah sie an und sagte mehr als einmal die Worte „Leo Roth war ein guter Mann." Lange Zeit starrte sie mich nur an, dann sagte sie plötzlich „Das stimmt." Ihre Worte waren gut zu verstehen, kosteten sie aber große Mühe. Dann flüsterte sie mir etwas ins Ohr, was jedoch unverständlich blieb. Es war das letzte Mal, dass wir sie sahen.

Butzi zog ihre drei kleineren Kinder in Wilhelmsruh in Ost-Berlin auf und blieb ihr ganzes langes Leben in dem Backsteinhaus wohnen. Es war zugleich „Burg" und Oase für sie, ihre Kinder und ihre vielen Freunde, darunter auch die aus dem Westen, die ohne DDR-Visum nicht über Nacht bleiben durften. In ihrem Arbeitszimmer umgab sie sich mit einer Bibliothek der Weltliteratur. Butzi und ihre Kinder hatten viele nahe Verwandte in West-Berlin, wurden also durch den Bau der Mauer nicht so isoliert wie die meisten anderen DDR-Bürger, zumal, wenn sie nicht in Ost-Berlin wohnten. So konnten sie von den wenigen Ausnahmen profitieren, welche die DDR bei Reisen in den Westen zuließ.

Die Anwaltskanzlei, der Butzi angehörte, befand sich in Pankow. Ehe 1961 die Mauer gebaut wurde, vertrat sie auch Mandanten, denen „versuchte Republikflucht" vorgeworfen wurde, und oft gelang es ihr, mildere Strafen zu erwirken. Später konzentrierte sie sich auf Familien- und Erbrecht. Gerne nahm sie sich auch des Verbands Bildender Künstler der DDR an, denn hier konnte sie ihren Beruf mit ihrer Leidenschaft für die Künste verbinden. Durch diese Arbeit lernte sie viele Maler und Bildhauer kennen. Es entwickelten sich Freundschaften, die ihr Leben bereicherten. Noch bis zu ihrem 75. Lebensjahr stand sie ihnen mit fachlichem Rat zur Seite. Butzi pflegte auch Freundschaften mit Ost-Berlinern, die sie schon früher kennengelernt hatte und die entweder, wie sie, in den Osten gezogen oder aus der Sowjetunion zurückgekehrt waren. Zu Letzteren gehörten Nathan Steinberger und seine Frau Edith, die 1955 nach vielen Jahren in einem sowjetischen Lager nach Ost-Berlin gekommen waren, oder Genia und Günter Nobel, der Bruder von Esis ehemaligem Freund Werner „Nafta" Nobel. Beide waren 1947 nach Deutschland zurückgekehrt, nachdem sie drei Jahre wegen „Hochverrats" in einem Gestapo-Gefängnis gesessen hatten und dann nach Shanghai geflohen waren. Günter hatte in der DDR mehrere Positionen inne. In seinen letzten Jahren war er im Komitee der Antifaschistischen Widerstandskämpfer der DDR aktiv und Ehrenmitglied des Vorstands des Jüdischen Kulturvereins Berlin.

Ebenfalls in Ost-Berlin lebte Gertrud Classen, die als Künstlerin und Lehrerin arbeitete. Mit ihr hielt Butzi engen Kontakt, bis sie 1974 starb. Butzi schickte ihre Kinder zum Kunstunterricht zu ihr und half Gertrud dadurch, ihr Einkommen aufzubessern. Als Butzi um die Anerkennung ihrer antifaschistischen Aktivitäten während des Nazi-Regimes kämpfte, um ihre eigene Pension aufzustocken, half Gertrud ihr, indem sie mit Briefen ihre Untergrundarbeit bezeugte. Ende der Fünfzigerjahre entwickelte sich in Ost-Berlin eine lebendige jüdische Gemeinde, und Butzi begann, an den dortigen kulturellen Veranstaltungen teilzunehmen, die sie inspirierender fand als die Angebote der protestantischen Gemeinschaft. Zu ihrem Kreis gehörten auch Menschen, die sie schon in den Zwanziger- und Dreißigerjahren in Berlin kennengelernt hatte.

Butzi hielt die Hoffnungen, die sie mit der DDR verbunden hatte, so lange wie möglich aufrecht. Mit den Jahren verschob sie ihre Energie und Aufmerksamkeit jedoch immer mehr ins Private, sei es bei der Arbeit, im engsten Freundeskreis oder zu Hause. Ihr Traum von einer sozialistischen und demokratischen Gesellschaft in der DDR starb lange vor dem Fall der Mauer. Doch die politischen Verhältnisse in der Bundesrepublik stießen sie mehr noch ab – die DDR erschien ihr als das kleinere Übel. Sie zog es vor, sich auf die Errungenschaften des Staates zu konzentrieren, nicht auf seine Fehler. Der Niedergang der Sowjetunion war für sie kein Grund zur Freude. Auf ihre eigene Weise blieb sie der Idee von einem humanistischen, demokratischen Sozialismus verhaftet, die ihrem Leben Kraft und Motivation gab und die sie in ihrer Jugend mit Werner Scholem, Nathan Steinberger, Leo Roth und vielen anderen geteilt hatte. Als sie im Jahr nach dem Fall der Mauer einen Besucher aus dem Ausland empfing, unterließ sie es zu dessen großem Erstaunen, ein Wort der Kritik an der Politik der ehemaligen DDR zu äußern. Es lag nicht in ihrem Wesen, zu lamentieren oder ihre innersten Gefühle zu offenbaren.

Die drei Kinder aus der Ehe mit Friedemann entwickelten sich in drei ganz unterschiedliche Richtungen. Kai, den Ältesten, ermunterte Butzi 1958, nach West-Berlin zu ziehen, um dort sein Abitur zu machen und ein Jurastudium zu beginnen. Er hatte die größten Schwierigkeiten, sich an die DDR zu gewöhnen –1958 war er zweiundzwanzig Jahre alt –, obwohl er Butzis politische Einstellung grundsätzlich akzeptierte. Bettina beendete ihre Ausbildung in der DDR und wurde Russischlehrerin. 1969 flohen sie und ihr Mann mit diplomatischer Hilfe in den Westen und fingen ein neues Leben an – sie als Russischlehrerin in Waldorfschulen. Cecil arbeitete als professionelle Fotografin für das Theater. Von Christianes Weigerung, eine engere Beziehung zu ihr aufzubauen, war Butzi tief getroffen. Butzi starb 1999 in dem Haus in Wilhelmsruh, fünfzig Jahre, nachdem sie dort eingezogen war.

Bei meinem ersten Besuch 1960 in Berlin lebte ich bei meiner Großmutter Maria in der Breisacher Straße in Dahlem. Von dort machte ich mich mit der U-Bahn auf den Weg zu Butzi, stieg am Wittenbergplatz in die U-Bahn und ging in Wilhelmsruh einen langen Kilometer zu ihrem Haus. Es war das erste Mal, dass ich sie sah. Ich wusste sehr wenig über sie. Meine Mutter hatte nur selten von ihrer älteren Schwester gesprochen. Erst beim Schreiben dieses Buches wurde mir bewusst, wie wichtig sie in der Jugend und im frühen Erwachsenenalter für meine Mutter gewesen war. Ich hatte aber verstanden, dass Butzis Umzug in die Sowjetische Besatzungszone sowie ihre Mitgliedschaft in der SED meinen Eltern in den ersten Jahren in Kalifornien Schwierigkeiten bereitet hatten, auch noch Jahre später, als mein Vater keine Unbedenklichkeitsbescheinigung erhielt und deshalb nicht befördert werden konnte.

Ich fand die Lessingstraße, klingelte am Tor und ging dann die wenigen Stufen zur Haustür hoch. Als sie sich öffnete, war ich verdutzt angesichts einer kleinen, untersetzten Frau mit schwarzen Haaren und Brille. Meine Mutter, die größer und schlank war, hatte seit Langem weißes Haar. Die ersten Worte, die ich an Butzi richtete, bezogen sich auf diesen Kontrast. Sie meinte nur, dass Frauen in dieser Hinsicht gewisse Möglichkeiten hätten.

Es war der erste von vielen Besuchen. Butzi blieb immer freundlich und bestrebt, mir die Bücher und Autoren vorzustellen, für die sie sich interessierte. Sie bewunderte die Filme von Sergej Eisenstein und machte mich auf den belgischen Grafiker und Maler Frans Masereel aufmerksam, der inzwischen zu meinen Lieblingskünstlern gehört. Sie hatte sogar die Bücher von Jack London gelesen, ihr Wohnzimmer war voll von Bücherregalen. Bei diesen ersten Besuchen erklärte sie mir stolz, dass nur in der Sowjetischen Besatzungszone und der DDR wirklich „reiner Tisch" gemacht worden sei. Insbesondere an Schulen und Gerichten gebe es keine früheren Nationalsozialisten mehr. Später, im Sommer 1960, lud Butzi Carol und mich noch einmal ein, sie zu besuchen. Sie war in dieser Zeit als Parteimitglied verpflichtet, in Berlin Trümmer zu sortieren, was ihr keineswegs zuwider war, wie sie erzählte. Es folgten viele weitere Besuche. Da wir keine DDR-Visa bekamen, durften wir nie über Nacht bleiben. Erst Ende der Achtzigerjahre erhielten wir die benötigten Visa und fuhren mit Butzi in ihrem Trabant nach Neustrelitz und zu den Wäldern und Seen um Steinförde, wo sie in ihrer Jugend ihre Großeltern Hammerstein besucht hatte. Die massiven Backsteingebäude, aus denen die Försterei und der Ort bestanden, gab es noch. Auf dem Weg dorthin kamen wir an dem ehemaligen Frauen-Konzentrationslager Ravensbrück vorbei. Butzi fragte, ob wir anhalten wollten. Wir taten es und verbrachten mehrere Stunden mit ihr zusammen in der Gedenkstätte.

Als ich Butzi 1978 in ihrem Garten ansprach, ob ich sie für das Buchprojekt interviewen könnte, überlegte sie eine Weile und antwortete dann mit einem deutlichen „Nein". Sie habe einmal mit einem Autor an einem Manuskript über die Zwanziger- und Dreißigerjahre gearbeitet, aber dies sei im Staatsapparat „verschwunden". Das Wort „Stasi" erwähnte sie nicht, und ich habe es von ihr nie gehört. Auch über die Vernehmungen und Hausdurchsuchungen der Gestapo, denen sie ausgesetzt gewesen war, sprach sie nicht.

Bei unseren letzten Besuchen begleiteten wir sie auf ihrem täglichen Gang auf den großen alten jüdischen Friedhof in Berlin-Weißensee. Wir wussten damals nicht, dass es auf diesem Friedhof ein sehr bekanntes Familiengrab der Scholems gab, zu dem in den Sechzigerjahren auch Werners Name hinzugefügt wurde: „Werner Scholem, geb. 1895 in Berlin, umgekommen 1940 im KZ Buchenwald". Butzi erzählte uns viel über die Gräber und ihre Inschriften. Sie sagte, sie wolle auf diesem Friedhof beerdigt werden. Ihr Wunsch blieb unerfüllt.

Bei Esi und Jochen hatte sich in den Jahren des Krieges und der Entbehrungen das Bedürfnis nach einem besseren, freien Leben entwickelt, das aufwiegen sollte, was ihnen und ihren vier Kindern in Japan verwehrt geblieben war. Dass sie die Vereinigten Staaten Deutschland vorzogen, hatte viel mit dieser Hoffnung zu tun. Als Jochen sich im September 1949 an der University of California eingeschrieben hatte, ging Esi in den Häusern der Akademiker in Berkeley putzen, kochen und babysitten oder, wie sie es ausdrückte: Sie wurde „Mädchen für alles". Am 1. Januar 1951 schrieb sie: „In dem Bus morgens sitzen nur schwarze Frauen aller Schattierungen. Da ich eben morgens fahre, mit meiner Lunchtüte unter dem Arm wie alle anderen, weiß der Busdriver natürlich, daß ich auch Putzfrau bin. Vielleicht könnte ich doch etwas Nützlicheres tun, etwas, was ein anderer nicht ebenso gut machen kann? Die Arbeit deprimiert mich. Dann hat mich eines Morgens am Busstop ein junges Negermädchen aus seinen goldbraunen großen Augen so warm angesehen, daß mir plötzlich der Wert dieser anderen Menschengruppe aufgegangen ist und nicht nur das, sondern der Wert des Menschen überhaupt: sie hatte die Intensität im Gesicht, die heute die meisten Menschen verloren zu haben scheinen. Man darf nicht die Menschen um einen herum in verschiedene Kategorien einteilen und man darf sich nicht Arbeit von anderen machen lassen, die man selber machen kann, besonders nicht Arbeit, die das intimste Leben angeht."

Sie akzeptierte dieses Leben mit der für sie charakteristischen Zuversicht und Tapferkeit, aber im Winter 1951 stieß sie an ihre Grenzen: „Ich bin müde. Möchte, daß das Leben aufhört, sich um Miete und Essen zu drehen. Man sollte jetzt so weit sein, daß diese Dinge selbstverständlich sind. Stattdessen muß ich gehen und arbeiten im Haus von fremden Menschen, damit wir leben können, damit die Kinder zu essen haben und ein Dach über dem Kopf. Und ich bin es müde."

Hinzu kam die unerwartete Erfahrung, wie groß die kulturellen Unterschiede bei dem ihr so wichtigen Thema

Freundschaften waren: „O, hier wieder weg zu kommen aus dieser Seichtheit! Nach dem Osten dieses Landes, der schon anders sein soll, und dann einmal nach Europa." Trotz vieler Enttäuschungen lernte sie auch Amerikaner kennen, die sie schätzte und bewunderte und die ihr auch ähnlicher waren. So freundete sie sich mit Josephine Duveneck an, die die Mittelschule gegründet hatte, auf die Gottfried, Michaela und Vergilia gingen. Josephine bot Michaela sogar an, während ihrer Highschool-Zeit bei ihr zu leben, was sie auch tat. Esi hatte Josephine gegenüber einmal angedeutet, dass sie ihre Kinder wohl nicht gut aufgezogen habe. Josephine beruhigte sie: „Du solltest die Fehler der Vergangenheit nicht bedauern. Ich kenne niemanden, der angemessener, selbstloser und sicherer gewesen wäre – all diese harten Jahre, und du wirkst immer noch so heiter (innere Kämpfe?), und es ist so eine Freude, dich anzusehen und zu kennen! Du bist weise und hast die große Fähigkeit zu wachsen. Das Leben kann dir nichts anhaben."

Jochen belegte für seinen Bachelor-Abschluss, den er wegen seines in Berlin begonnenen Studiums in zwei statt in vier Jahren machen konnte, Kurse in zahlreichen Fächern, darunter Politologie, Amerikanische Geschichte, Wirtschaftswissenschaft, Islamische Zivilisation, Russisch, Chinesisch für Fortgeschrittene, Tibetisch, Griechisch und Arabisch. Mit dieser Bandbreite schien er seine neu gewonnene Freiheit endlich realisieren zu können. Aber er war jetzt für eine sechsköpfige Familie verantwortlich, und Esi verlor langsam den Glauben daran, dass Jochen mit seinem Studium am Ende je einen Beruf ausüben könnte. Seine wiederholten Versuche, wenigstens ein Stipendium für sein Politologiestudium zu erhalten, waren vergeblich, vor allem, weil der Nachweis seiner amerikanischen Staatsbürgerschaft fehlte. Er war vierzig Jahre alt, die meisten anderen Studenten hingegen Mitte zwanzig. Zusammen mit Esi übersetzte er wissenschaftliche Aufsätze ins Deutsche und nahm nebenher weitere

Jobs wie die Nachtschicht in einer Konservenfabrik an. Ein Jahr lang unterrichtete er Deutsch an der US Army Language School in Monterey. Er wurde entlassen, weil er darauf bestand, dass man eine Sprache nicht lernen könne, ohne sich auf die Literatur zu beziehen. Es waren Jahre, die Esi nach der schwierigen Zeit in Japan körperlich und geistig sehr zusetzten.

In Kalifornien wurden Jochen und Esi mit der antikommunistischen Hysterie der Fünfzigerjahre und der Hexenjagd auf Linke, Unabhängige und Intellektuelle unter US-Senator McCarthy, der dem Senatsausschuss zur Untersuchung „unamerikanischer Umtriebe" vorstand, konfrontiert. Das FBI begann sich für Esi zu interessieren und verhörte sie im Jahr 1950. Sie soll Kontakt zu einer „kommunistischen Spionin" namens „Olga Hammerstein" gehabt haben. Esi bestritt, diese „Olga" zu kennen. Das FBI konfrontierte sie überdies mit sowjetischen Dokumenten, die angeblich belegten, dass sie in den Dreißigerjahren mit dem sowjetischen Militärattaché „davongelaufen" sei – was immer das bedeuten sollte. Sie wurde auch gefragt, warum Butzi sich entschieden habe, in die DDR zu ziehen. Die staatliche Beobachtung machte Jochen und Esi große Angst. Zu ihrer Erleichterung gelang es ihnen 1954, die amerikanische Staatsbürgerschaft zu erhalten, obwohl das FBI sie weiterhin im Visier hatte und Jochen in dieser Zeit ihre Ausweisung befürchtete. Als ich – Gottfried – im Juni 1956 aus dem Internat kam, wurde ich von zwei FBI-Agenten verhört, die im Besitz der Seminararbeit waren, die ich über Lenin und seinen Weg zum Revolutionär geschrieben hatte.

1952 fand Esi dank ihrer Erfahrung als Sekretärin eine Stelle an der Stanford University. Drei Jahre später wurde sie Assistentin von Hans Speier und von Leo Löwenthal, der gemeinsam mit Theodor W. Adorno, Max Horkheimer und Herbert Marcuse die Frankfurter Schule begründet hatte. Speier gehörte zu den Pionieren der politischen Soziologie und war Professor an der New School for Social Research in New York City, später lehrte er in

Illinois, Michigan und Massachusetts. Er erkannte Esis Interesse an der Literatur und förderte es. Das war ein Glücksfall, denn Esi hatte endlich eine befriedigende Tätigkeit gefunden. Die Momente der Verzweiflung, die ihr Leben als Emigrantin jahrelang begleitet hatten, begannen zu verblassen. Speier ermunterte sie, sich als Intellektuelle zu begreifen, und drängte sie zu schreiben. Schreiben wurde für sie, was es für Jochen schon lange war: ein Mittel psychischen Überlebens.

Speier war ein warmherziger, intelligenter und nahbarer Mensch und stand mit beiden Beinen fest im Leben. Die Zuneigung zu ihm gab Esi die Lebensfreude zurück, die sie verloren hatte, und verlieh ihr die Kraft, auch schwierige Situationen zu meistern. Sie überlegte ernsthaft, sich von Jochen zu trennen. Letztlich entschied sie sich aber dagegen, auch weil sie wusste, dass er ohne sie kaum überleben konnte. Sie verbarg ihre wiedergewonnene Fähigkeit, lieben zu können, in ihrem Innersten, fand darin aber die Kraft, an Jochens Seite zu bleiben.

Kurz vor Abschluss seiner Magisterarbeit über die sowjetische Kolonialpolitik im äußersten Osten der Sowjetunion nahm Jochen eine Stelle als Übersetzer chinesischer wissenschaftlicher Texte an der Library of Congress in Washington, D.C., an, mit der sich eine Familie einigermaßen ernähren ließ. Jochen verließ Kalifornien im Juni 1957, zwei Monate später traf Esi die schwere Entscheidung, ihre Stelle als Assistentin aufzugeben und ihm mit den zwei jüngeren Kindern Michaela und Vergilia, die noch zu Hause lebten, zu folgen.

Auch aus der Ferne unterstützte Esi Speier weiterhin bei seinen Forschungsprojekten, wofür sie die Library of Congress in Washington nutzte. Nachdem Speier zehn Jahre später seine Jugendliebe, die Künstlerin Margit Leipnick, geheiratet hatte, besuchten sich die beiden Paare gegenseitig und machten gelegentlich gemeinsam Urlaub in Tirol. Noch nach Speiers Tod im Jahr 1990 blieben Margit und Esi eng befreundet. Was Esi aus ihrer Zeit mit Hans Speier blieb, waren die breitgefächerte Lektüre, die sie unter seiner Anleitung begonnen, und das autobiografische Schreiben, zu dem er sie ermutigt hatte. In Washington übernahm Esi eine Stelle als Assistentin der deutsch-amerikanischen Psychoanalytikerin und engen Freundin und Kollegin von Frieda Fromm-Reichmann, Dr. Edith Weigert, die aus Berlin über die Türkei in die USA emigriert war. Das gab Esi Gelegenheit, sich unter Anleitung einer großzügigen und klugen älteren Frau in die psychoanalytische Literatur einzulesen, die ihr neue Einsichten eröffnete.

1961 reisten Esi und Jochen zum ersten Mal wieder nach Deutschland, und zum ersten Mal seit ihrer Auswanderung nach Japan im Jahr 1935 sah Esi ihre Geschwister Butzi, Helga und Kunrat wieder. Sie besuchte auch Hilde Schaeffer, die ihr einst in Magdeburg so wichtig gewesen war, ihre Cousine Elisabeth Websky und viele andere.

Jochens Stelle in Washington wurde 1970 gestrichen, wieder einmal hatte er seine Stelle verloren. Er und Esi beschlossen deshalb, einige Monate in Deutschland zu verbringen. Hier fand Jochen unerwartet eine zeitlich begrenzte Stelle an der Staatsbibliothek in Marburg. Für Esi, die bereit war, in Deutschland zu bleiben, war es eine angenehme Zeit. Jochen dagegen fiel es schwer, sich an das Leben in diesem inzwischen so fremden Land zu gewöhnen. Ihn stieß es furchtbar ab, wenn Leute über die angeblich positiven Seiten des „Dritten Reiches" redeten. Außerdem machten sich beide Sorgen um ihre Sicherheit. Als sie ein paar Nächte in Steinhorst verbrachten, unweit der Grenze zur DDR, wurden sie vom Geräusch von Panzern geweckt. Sie dachten, die Sowjets würden angreifen. Es waren jedoch amerikanische „Tanks".

Ein Höhepunkt des Deutschlandaufenthalts war für Esi das Wiedersehen mit Wera Lewin, der es zwar gesundheitlich nicht gut ging, die aber weiterhin für die Literaturbeilage der Zeitung

„Ha'aretz" in Tel Aviv schrieb und an einem umfangreichen Buch über das Selbstbild jüdisch-deutscher und -österreichischer Schriftsteller wie Stefan Zweig und Jakob Wassermann arbeitete. Wera war fasziniert von dem Verhältnis, das diese Autoren zur deutschen Sprache hatten. Um Esi zu treffen, fasste sie 1971 den Mut, Deutschland zu besuchen. 1969 hatte sie Esi noch von ihrem Widerwillen, nach Deutschland zu reisen, geschrieben: „Immer hatte ich zuviel Angst. Und immer denke ich – nächstes Mal sicher. Es wäre leichter, wenn Du da wärst. Auch hier sehe ich kaum Deutsche. 2 mal hatte ich gute Interviews – einmal Günter Grass, einmal mit Walter Jens, es war so vertraut, und doch so weit weg. Dein Brief war so Du [selbst] – und ich kann zwar nicht sagen, nun weiß ich mehr von Dir – aber etwas ist so vertraut wie eh und je. [Schön], wenn man sich sehen könnte." Nachdem Esi und Jochen 1970 in Deutschland eingetroffen waren, schrieb sie: „Ich beschäftige mich viel mit Dir – Du wirst es mir möglich machen, (wenn ich kann) nach Deutschland zu fahren und nicht zu große Angst davor zu haben. Allerdings: wenn Du schon schreibst, dass Ihr nicht (oder ‚noch nicht') zu Hause seid – wird es mir wohl auch nicht leicht fallen. Natürlich werde ich überall hinkommen, wo Ihr Euch niederlassen werdet. Es ist so dominant geworden – alle Erinnerungen, die mit den Eltern und Dir verbunden sind, und es ist gut, es wird so eine seelische Bestandsaufnahme."

Die langen Jahre der Trennung hatten ihre gegenseitige Liebe nicht beeinträchtigen können. Wera hatte nie geheiratet, sie unterhielt aber dreißig Jahre lang eine enge Beziehung zu einer Freundin. In Marburg war es Esi, die Wera helfen und trösten musste, denn Wera war sehr krank. Bald nachdem sie nach Israel zurückgekehrt war, zog sie in ein Altersheim, weil sie nicht mehr selbst für sich sorgen konnte. Sie starb 1980.

Als ihr Jahr in Deutschland dem Ende entgegenging, nahmen Esi und Jochen die Bitte ihrer jüngsten Tochter Vergilia an, in ihre Nähe in San Francisco zu ziehen. Vergilia hatte einen

Ingenieur und Philanthropen geheiratet, sie hatten drei kleine Kinder. Esi zog es sehr zu diesen drei Enkelkindern. Sie wollte die junge Mutter unterstützen, nachdem sie das Kleinkindalter ihrer anderen sechs Enkel nicht aus der Nähe miterlebt hatte. Sie bezogen ein schönes altes Haus mit Blick über die Bucht von San Francisco. Zwischen den beiden nahe beieinander liegenden Häusern in einer der elegantesten Straßen San Franciscos herrschte ein reges Kommen und Gehen. Sie hatten Platz für Gäste, und Esi fand großen Gefallen daran, sie einzuladen und Freunden wie Familienmitgliedern des ganzen Kontinents, aber auch aus Deutschland, eine gute Gastgeberin zu sein. Sie lebten sorgenlos, wenn auch bescheiden wie immer.

In dieser Zeit reisten Esi und Jochen mehrmals nach Deutschland und verbrachten Urlaube in Tirol. Auf einer dieser Reisen erlitt Jochen 1984 einen Schlaganfall, der ihn halbseitig lähmte. Er konnte nicht mehr richtig sprechen, war aber geistig voll auf der Höhe. Er lebte noch zehn Jahre dank Esis ständiger körperlicher und emotionaler Fürsorge. In dieser Zeit erkrankte Esi an starker Arthritis, was ein unabhängiges Leben erschwerte. Jochen starb 1994 im Alter von 84 Jahren. Esi bat den Pastor der Christengemeinschaft in San Francisco, Jochen nach deren Ritus zu beerdigen.

Ein emotionale Wiederbegegnung war für Esi der Besuch von Alexander „Sasha" Raffaeli und seiner Frau Esther aus Israel. Langsam und unter Schwierigkeiten ging sie die herrschaftliche Treppe ihres Hauses hinunter, während er unten stand, um sie zu begrüßen. Ein paar Momente lang schien es, als wäre keine Zeit vergangen, seit sie sich zuletzt 1934 in Palästina gesehen hatten. In diesem Moment lebten sie, beide inzwischen weißhaarig, in ihrer eigenen Welt. Wenige Jahre zuvor hatte Esi ihre Enkelin Sara, die eine Reise nach Israel plante, gebeten, unbedingt Alexander zu besuchen, von dem sie ihrer Familie zuvor nie erzählt hatte.

Esi starb im Jahr 2000, ein Jahr nach Butzi und fünf Jahre vor Helga. Ihre letzten Jahre verbrachte sie im jüdischen Seniorenheim in San Francisco, in das sie nach einer schweren Krankheit gezogen war. Das jüdische Heim machte eine Ausnahme von seinen Regeln und nahm Esi wegen ihres Widerstands gegen den Nationalsozialismus auf, aber auch, weil sie gefährdeten Juden geholfen hatte. Es war ihre Enkelin, Rabbi Sara Paasche Orlow, die dem Heim die für die Aufnahme entscheidenden Argumente geliefert hatte. Alexander Raffaeli schrieb aus Jerusalem einen Brief, der zusätzlich half, genau wie Günter Nobel, Werner Nobels Bruder, und Ernst Scholem, Werners Neffe. Nun erhielt sie die Pflege und Aufmerksamkeit, die ihr drei schöne letzte Jahre bescherten. Willkommen geheißen und bewundert wurde Esi im jüdischen Seniorenheim von vielen Überlebenden, darunter Männer und Frauen, die der Belagerung Leningrads entkommen waren. Obwohl sich Esi in dem Heim sehr wohl fühlte, äußerte sie in diesen letzten Jahren häufig, sie wolle zurück nach Berlin, und beim Blick auf die Hügel San Franciscos hatte sie manchmal das Gefühl, es sei Berlin. Ihrs Sanftmut leuchtete noch immer aus ihren Augen, was noch in ihren letzten Tagen sogar auf Fremde anziehend wirkte.

Zwei von Esis Töchtern, Joan und Vergilia, studierten Rudolf Steiners Waldorfpädagogik. Vergilia gründete mit ihrem Mann die San Francisco Waldorf School, die bis heute besteht. Esis dritte Tochter, Michaela, wurde Expertin für die Renaissance und erfüllte Esi damit einen Traum. Ich, Gottfried, war viele Jahrzehnte lang Professor für Soziologie an der York University in Toronto, Kanada.

Dass meine Eltern viele Jahre versucht hatten, von Japan aus nach Kanada zu emigrieren, erfuhr ich erst nach ihrem Tod, lange nachdem ich aus den USA nach Kanada gezogen war. Als ich kanadischer Staatsbürger wurde, sagte mein Vater spöttisch: „Kanada hat kein moralisches Rückgrat.“

Meine frühesten Erinnerungen an meine Eltern verbinde ich mit dem Haus, das wir in Tokio bewohnten. Offenbar kommt es der Fähigkeit, sich zu erinnern, zugute, wenn man als Kind häufig umzieht, insbesondere in unterschiedliche Länder und Kulturen. Bei mir war das der Fall. Bald nach unserer Emigration in die Vereinigten Staaten begann ich, Fragen über meine Herkunft und nach der Geschichte meiner Familie zu stellen. In Japan gab es keine Großeltern, Onkel oder Tanten, nicht einmal Cousins oder alte Freunde der Familie, die mir hätten vermitteln können, wer wir waren. Plötzlich war ich in einem neuen Land und in einem Alter, in dem ich mich für meine eigene Identität zu interessieren begann. Meine Eltern waren dabei keine große Hilfe. In der High School fiel mir zum ersten Mal auf, dass ich den Namen „Kurt Hammerstein" in Geschichtsbüchern nachschlagen konnte, was ich verstohlen immer wieder tat. Ich wusste aber nicht, welchen Reim ich mir auf das, was ich las, machen sollte, denn vieles war widersprüchlich. Großen Nutzen zog ich aus den ersten Seiten von William Shirers „Aufstieg und Fall des Dritten Reichs", auf denen Hammerstein als Hitler-Gegner porträtiert wird. Als ich diese Stelle den Verwandten meiner jüdischen Verlobten zeigte, waren sie einigermaßen beruhigt. Rückblickend wird mir klar, dass ich meinen Eltern nicht die richtigen Fragen gestellt habe, weil ich sie nicht kannte – vermutlich ein weitverbreitetes Phänomen zwischen Eltern und Kindern. Jochen und Esi hatten bereits in Japan gelernt, darauf zu achten, was sie vor ihren Kindern sagten. Das war auch notwendig. Sie gewöhnten sich daran und taten es noch in den Neunzigerjahren, als ihre Enkelkinder begannen, Fragen zu stellen. Die lakonische Antwort ihrer Großmutter Esi war: „Das sind genau die Fragen, die uns so viel Ärger eingebracht haben."

Enttäuscht darüber, wie schwer es meinen Eltern fiel, mit mir über ihre Erfahrungen während des Nationalsozialismus zu sprechen, begann ich mich ab 1974 mit der Generation meiner

Urgroßeltern und Großeltern zu beschäftigen. Ich las Walther von Lüttwitz' „Im Kampf gegen die November-Revolution". Als ich meiner Mutter davon erzählte, antwortete sie nur: „Aber wir haben uns so für ihn geschämt." Ich besorgte ihr auch eine Ausgabe, aber ich glaube nicht, dass sie das Buch jemals gelesen hat. Als ich nach dem Tod meines Vaters mit ihr zusammen in das Archiv ging, das ich über ihn in der Hoover Library in Stanford eingerichtet hatte, wollte sie nicht, dass irgendjemand Zugriff auf das hatte, was sie über Kurt Schleicher geschrieben hatte. Sie hatte immer noch das Gefühl, ihn beschützen zu müssen.

Anfang der Achtzigerjahre ließ Esi sich von ihrer amerikanischen Freundin Sandra Marshall Finley interviewen. Das Ergebnis war ein ansehnliches und nützliches Textkonvolut, das jedoch viele kritische Themen außer Acht ließ. Erst nach Esis Tod im Jahr 2000 stieß ich auf ihre eigenen Schriften – ein Schatz, der sich auf mehrere Kisten verteilte, die mir meine Schwester aus Kalifornien schickte. Ich brauchte fast ein Jahr, um alles durchzusehen. Vieles war mit der Schreibmaschine geschrieben und teilweise mehrfach abgetippt. Auch die Briefe, die sie während des Krieges an ihre Mutter gerichtet und später zurückbekommen hatte, fanden sich hier, zudem sorgsam aufbewahrte Briefe, die sie und die Schöns ausgetauscht hatten, sowie einige wenige Briefe, die sie selbst hatte aufbewahren können. Ich habe Esi nur einmal „offiziell" interviewt. Sie hat meine Fragen knapp beantwortet, aber auch nicht mehr. Hätte sie lange genug gelebt, um zu erfahren, dass ich über sie schreiben wollte, hätte sie sicher gesagt, ich sollte Besseres mit meinem Leben anfangen. Wie sehr sie sich getäuscht hätte!

Butzi, Esi und Helga trafen schon früh im Leben Entscheidungen, die weitreichende Folgen für sie haben sollten. Butzis politische Haltung führte dazu, dass sie 1949 in die DDR zog, wo sie sich nach kurzen „Flitterwochen" jedoch fast ihr ganzes langes Leben lang darauf beschränkte, ihr Privatleben zu pflegen und zu schützen. In ihren Träumen blieben die Ideale lebendig, die sie in den Zwanziger- und Dreißigerjahren mit so vielen geteilt hatte. Esis Entscheidung, Jochen zu heiraten, bedeutete, ein Leben lang an der Seite dieses verletzten Mannes zu bleiben und für ihn zu sorgen. Mit seiner Persönlichkeit und seinem familiären Hintergrundes stand er für das Deutschland, das sie schätzte und bewunderte. So schwer das Leben mit ihm auch war, sie blieb bei ihm. Als sie ihn beerdigte, wusste sie, dass sie die Aufgabe erfüllt hatte, die sie sich 1934 gestellt hatte. Helgas Entscheidung, eine private wie „politische" Beziehung mit Leo Roth einzugehen, hatte zur Folge, dass sie über diesen wichtigen Teil ihres Lebens glaubte schweigen zu müssen. Noch Jahrzehnte später erwähnte sie Leo, den sie geliebt und verloren hatte, mit keinem Wort. Auch die Geschichte ihrer gemeinsamen Arbeit in den Jahren vor und nach 1933 war ein absolutes Tabu. Sie wollte ihren zweiten Mann, Walter, und ihre eigene Familie, die Hammersteins, in einer Ära beschützen, in der Deutschland noch nicht bereit gewesen war, ihre Lebensgeschichte zu respektieren und zu würdigen. Doch Leo blieb für sie unvergessen.

Butzi ließ in ihrem Leben nicht viel Platz für Reflexionen zu und gab nicht zu erkennen, dass die Entwicklung in der DDR sie desillusioniert hatte. Stoisch suchte sie nach den Erfolgen, die ihre neue Heimat vorzuweisen hatte. Esis Tagebücher zeugen zwar von den schwierigen Zeiten ihres Lebens an Jochens Seite. Kritik von außen an ihm verbat sie sich jedoch mit der ihr eigenen Vehemenz. Helga ging darin auf, ihre Familie zu umsorgen und eine charmante Gastgeberin für den Freundeskreis der Rossows zu sein. Liebevoll kümmerte sie sich um Maria in deren letzten Lebensjahren. Jede der drei Hammerstein-Schwestern fand Wege, das Glück wie das Unglück, das ihnen begegnete, mit Gleichmut zu tragen. Darin waren sie wahrhaftige Töchter von Maria und Kurt von Hammerstein.

Dank

Zum Zustandekommen dieses Buches haben viele Menschen beigetragen und es dadurch überaus bereichert. Um nur einige zu nennen: Joaquin Kuhn, Helen Breslauer, Christoph Blome, Joe Davies, Gerry Seigel, Peter Clark, Cecilia Paasche, Uwe Naumann, Andreas von Klewitz, Anne Marie Paasche und Hans Magnus Enzensberger. Besonders hervorheben möchte ich das Lektorat von Knud von Harbou, der diese komplexe Lebensgeschichte dank seiner Beziehung zur Familie von Hammerstein und auch als Zeithistoriker um wichtige Punkte ergänzt hat. Friedrich Veitl und Dr. Nicole Warmbold vom Metropol Verlag haben mit großem Engagement und Professionalität aus dem vielfach überarbeiteten Manuskript dieses Buch werden lassen. Ihnen allen bin ich zu großem Dank verpflichtet.

Quellen und Literatur

Quellen

Die wichtigste Quelle für dieses Buch sind die unveröffentlichten Briefe und Schriften meiner Mutter, Maria Therese (Esi). Die Zitate stammen aus ihrem Tagebuch, das sie zwischen 1920 und 1925 geführt hat. Die Briefe, die sie aus Japan an ihre Familie in Berlin schickte, sind zum größten Teil erhalten und wurden ihr nach dem Krieg zurückgegeben. Sporadisch führte sie auch in Japan und Amerika Tagebuch. Als sie Mitte sechzig war, schrieb sie nieder, woran sie sich aus ihrer Kindheit und frühen Jugend erinnerte. In den Achtzigerjahren war sie an der privaten Veröffentlichung zweier kleiner Broschüren beteiligt, für die sie auf Englisch über ihre Jugend und ihr Leben in Japan interviewt wurde (Maria Therese Paasche, „Our Thanks to the Fujisan und Early Life and Family". Interview Sandra Marshall Finley, San Francisco, Privatdruck 1984).

Maria Therese nahm die Leica, die sie 1932 erworben hatte, mit nach Japan und hielt so ihre Familie in Berlin fotografisch über ihr Leben auf dem Laufenden. Nach 1941 konnte sie kaum noch fotografieren, weil es schwierig war, Filme zu beschaffen. 1946 tauschte sie die Leica gegen eine Uhr ein, die Jochen für seine tägliche Arbeit brauchte. Maria hat die Fotos aufbewahrt und sie Esi in den Siebzigerjahren zurückgegeben.

Nach dem Tod meines Großvaters Kurt von Hammerstein im Jahr 1943 erhielt meine Mutter auf diplomatischen Wegen von Maria, Ludwig und Hildur Briefe aus Berlin. Nur diese – zusammen mit denen ihres Vaters – blieben in Maria Thereses Besitz.

Mein Vater Jochen Paasche verfasste systematischer als meine Mutter Tagebucheinträge. Er hatte den Anspruch, Schriftsteller zu sein, schrieb erst auf Deutsch und später auf Englisch. Sprache hatte für ihn eine hohe Bedeutung. Ich habe alle Textstellen genutzt, die ich in seinen Tagebüchern über meine Mutter finden konnte.

Eine unerwartete Quelle waren die Briefe von Jochen und Esi, die die Familie Schön aufbewahrt hat. Robert Schön besaß außerdem Abschriften der Briefe, die er Jochen geschrieben hatte. Er gab sie an Paasches zurück, als diese nach Amerika kamen. Diese Quelle war für die Jahre in Japan und die unmittelbare Nachkriegszeit besonders wertvoll. Sowohl von diesen Briefen als auch von denen, die meine Mutter nach dem Tod ihres Vaters erhielt, sowie von Schriftstücken, die sie nach Berlin sandte, erfuhr ich erst nach ihrem Tod.

Eine weitere Quelle waren die „Erinnerungen" von Friedemann von Münchhausen, die er 1992 im Selbstverlag herausbrachte und die mir weitere Einblicke in sein Leben und das von Marie Louise (Butzi) verschafften.

Walther Lüttwitz schrieb, als er im Ruhestand war, umfassend über sein Leben. Seine Memoiren wurden von seinem Enkel Dr. Franz Graf Du Moulin-Eckart transkribiert und privat verlegt. 1934 wurde Lüttwitz' Buch „Im Kampf gegen die November-Revolution" publiziert (Vorhut Verlag, Berlin 1934). Ich habe mit Graf Du Moulin, dem Familienhistoriker der Lüttwitz', viele Gespräche geführt und von ihm Kopien der frühen Briefe erhalten, die Maria an ihre Familie schrieb.

Knud von Harbou, der Sohn von Mogens, ist Verfasser einer Biografie über den Mitbegründer der Süddeutschen Zeitung Franz Josef Schöningh (Allitera Verlag, München 2013), die mit Blick auf Irmgard Wegner-Schöningh sehr hilfreich war.

Joseph Dunner hat in seinem Buch „Zu Protokoll gegeben. Mein Leben als Deutscher und Jude" (Kurt Desch Verlag, München 1971) von seinen Verbindungen zu den Hammersteins, insbesondere zu Marie Louise, berichtet.

Reinhard Müller hat mir Dokumente über Leo Roth und Helga zur Verfügung gestellt, die er in Moskauer Archiven gefunden hat. Sie halfen, wichtige Aspekte ihres Lebens nachzuzeichnen.

Siegfried Grundmann, Autor unter anderem von „Einsteins Akte. Wissenschaft und Politik – Einsteins Berliner Zeit" (Springer Verlag, Berlin/Heidelberg 2004), fand Dokumente über Helga und Leo Roth, die ich einsehen durfte. Grundmann gab mir außerdem das Fragment eines Manuskripts, in dem es unter anderem um Helga und Leo Roth geht.

Mein Onkel Kunrat von Hammerstein veröffentlichte den Band „Spähtrupp" (Henry Goverts Verlag, Stuttgart 1963), eine äußerst wertvolle Quelle zu Leben und Wirken seines Vaters Kurt. Ich habe mich über Jahre immer wieder mit Kunrat unterhalten und hatte unbegrenzten Zugang zum Archiv der Familie

Hammerstein, das sich inzwischen im Institut für Zeitgeschichte in München befindet.

Seit 1960 und bis kurz vor ihrem Tod im Jahr 1999 führte ich immer wieder Gespräche mit meiner Tante Marie Louise. Schriftliches hat sie, soweit bisher bekannt ist, nicht hinterlassen, abgesehen von den Kopien einiger offizieller Dokumente und einem Lebenslauf.

Auch meine Tante Helga hinterließ bis auf die Ausnahmen, die in diesem Buch dokumentiert sind, nichts Schriftliches. Mit ihr konnte ich mich ebenfalls über viele Jahre immer wieder unterhalten, auch wenn sie mir wenig Informationen, aber viel Einblick in ihr Gefühlsleben vermittelt hat.

Hans Magnus Enzensbergers „Hammerstein oder Der Eigensinn. Eine deutsche Geschichte" (Suhrkamp Verlag, Frankfurt a. M. 2008) war insofern hilfreich, als ich in diesem Buch auf wichtige Informationen stieß, die sonst nirgends zu finden waren, insbesondere mit Blick auf Helga und Leo Roth. Der Suhrkamp Verlag veröffentlichte nach Erscheinen des Buches ein im Internet zugängliches pdf, „Nachträge und Ergänzungen zu Hammerstein oder Der Eigensinn", das faszinierende Beiträge von Lesern enthält, die Enzensbergers Material kommentieren oder ergänzen.

2014 erschienen zwei Bücher über Werner Scholem, die aus ganz unterschiedlicher Perspektive geschrieben wurden: Mirjam Zadoff, Der rote Hiob. Das Leben des Werner Scholem (Carl Hanser Verlag, München 2014), und Ralf Hoffrogge, Werner Scholem. Eine politische Biographie (1895–1940) (UVK Verlag, Konstanz 2014). Beide Werke ermöglichten es mir, Stationen des Lebenswegs von Werner Scholem zwischen 1933 und 1940, dem Jahr, in dem er im KZ Buchenwald ermordet wurde, zu ergänzen.

Literatur

Dunner, Joseph, Zu Protokoll gegeben. Mein Leben als Deutscher und Jude, München 1971.

Eschenburg, Theodor, Zur Ermordung des Generals Schleicher, in: Vierteljahrshefte für Zeitgeschichte 1 (1953), S. 71–95.

Enzensberger, Hans Magnus, Hammerstein oder Der Eigensinn. Eine deutsche Geschichte, Frankfurt a. M. 2008.

Gahlen, Gundula/Segesser, Daniel M./Winkel, Carmen (Hrsg.), Geheime Netzwerke im Militär 1700–1945, Paderborn 2016.

Grundmann, Siegfried, Einsteins Akte. Wissenschaft und Politik – Einsteins Berliner Zeit, Berlin/Heidelberg 2004.

Hammerstein, Kunrat von, Spähtrupp, Stuttgart 1963. Eine kürzere Fassung erschien erstmals 1956 in den Ausgaben 1–3 der Frankfurter Hefte, ein Zusatz in Nr. 5.

Hammerstein, Kunrat von, Flucht. Aufzeichnungen nach dem 20. Juli, Olten 1968.

Harbou, Knud von, Wege und Abwege. Franz Josef Schöningh, Mitbegründer der Süddeutschen Zeitung. Eine Biografie, München 2013.

Hoffrogge, Ralf, Werner Scholem. Eine politische Biographie (1895–1940), Konstanz 2014.

Jäger, Lorenz, Hammerstein-Fragen. Das Leck, in: Frankfurter Allgemeine Zeitung vom 26. 3. 2008.

Keyserlingk-Rehbein, Linda von, Nur eine „ganz kleine Clique"? Die NS-Ermittlungen über das Netzwerk vom 20. Juli 1944, Berlin 2018.

Kluge, Ulrich, Soldatenräte und Revolution. Studien zur Militärpolitik in Deutschland 1918/19, Göttingen 1975.

Malinowski, Stephan, Vom König zum Führer. Der deutsche Adel und der Nationalsozialismus, Frankfurt a. M. 2004.

Mayenburg, Ruth von, Blaues Blut und rote Fahnen. Ein Leben unter vielen Namen, Wien/München/Zürich 1969.

Offiziere gegen Hitler. Nach einem Erlebnisbericht von Fabian v. Schlabrendorff. Bearbeitet und hsrg. von Gero von Schulze-Gaevernitz, Zürich 1946.

Orth, Rainer, Der SD-Mann Johannes Schmidt. Der Mörder des Reichskanzlers Kurt von Schleicher?, Marburg 2012.

Plehwe, Friedrich-Karl von, Reichskanzler Kurt von Schleicher. Weimars letzte Chance gegen Hitler, Esslingen 1983.

Pohl, Dieter, Nationalsozialistische Judenverfolgung in Ostgalizien 1941–1944. Organisation und Durchführung eines staatlichen Massenverbrechens, München 1996.

Pufendorf, Astrid von, Die Plancks. Eine Familie zwischen Patriotismus und Widerstand, Berlin 2006.

Richardi, Hans-Günter, SS-Geiseln in der Alpenfestung. Die Verschleppung prominenter KZ-Häftlinge aus Deutschland nach Südtirol, Bozen 2006.

Rothfels, Hans, Die deutsche Opposition gegen Hitler. Eine Würdigung, Frankfurt a. M. 1958.

Shirer, William L., Aufstieg und Fall des Dritten Reiches, Köln 1961.

Vogelsang, Thilo, Kurt von Schleicher. Ein General als Politiker, Göttingen 1965.

Zadoff, Mirjam, Der Rote Hiob. Das Leben des Werner Scholem, München 2014.

Zeidler, Manfred, Reichswehr und Rote Armee 1920–1933. Wege und Stationen einer ungewöhnlichen Zusammenarbeit, Berlin 1994.

Personenregister

Für einige Mitglieder der Familien Hammerstein-Equord und Paasche sind wegen allzu häufiger Nennung keine Seitenzahlen angegeben.